Der Garten-Coach

Der
Garten-Coach

DAS ERSTE-HILFE-BUCH FÜR IHREN GARTEN

DR. FOLKO KULLMANN

4

Inhalt

Liebe Leserin, lieber Leser.

Gärtnern ist in, mehr denn je, und der Garten wird – zum Glück – von den meisten Menschen heute als schöne Bereicherung des eigenen Lebens betrachtet, als Erlebnisraum für Natur. Das perfekte Gartenglück versprechen viele ansprechende Gestaltungsbücher. Und jetzt noch ein weiteres Gartenbuch? Mit Antworten auf die wichtigsten Fragen und zu den häufigsten Problemen? In den Zeiten des Internets, so könnte man meinen, braucht man doch nur ein paar Klicks durch die zahlreichen Foren, und schon bekommt man auf jede Frage eine Antwort. Schnell. Unkompliziert. Kostenlos.

Bei der Recherche für die Fragen, die am häufigsten in den Internetforen auftauchen, haben wir schnell gemerkt, dass es zwar nicht lange dauert, bis man auf eine Frage in einem sogenannten „Thread" auch Antworten bekommt. Aber man bekommt zum Teil sehr viele, noch dazu sehr unterschiedliche und oft widersprüchliche Antworten. Was anfangs als schnelle Suche nach einer Antwort beginnt, kann durchaus in einer mehrstündigen Odyssee durch Webseiten und Blogs enden, aus der man nicht unbedingt schlauer als vorher hervorgeht. Außerdem sind viele Ratschläge und Antworten nicht immer auf die eigene Situation übertragbar und manche sogar illegal (wie das Vergiften von Tauben auf dem Balkon, ein „Tipp", der leider viel zu oft gegeben wird).

Wir haben uns im Internet umgesehen und für Sie die häufigsten Fragen und Probleme rund ums Gärtnern herausgesucht, von Gestaltungsfragen über schwierige Standorte, die Bereiche Rasen, Bäume und Sträucher, Blumen, Gartenteich, Obstbaumschnitt, Gemüsegarten, Kompost und lästige Gartenbesucher, die man wieder loswerden will. Und daraus haben wir für Sie einfache Lösungen ohne lange Ausführungen zusammengestellt. Dabei liegt uns ein Aspekt besonders am Herzen: der Verzicht auf chemische Pflanzenschutzmittel und Pestizide, denn auf diese sollte man im Hausgarten eigentlich immer verzichten.

WAS TUN, WENN …? Diese Frage zieht sich als Leitfaden durch dieses Buch. Und selbst wenn es in Ihrem Garten nicht akut ein Problem gibt, so ist es doch immer gut zu wissen, was man im Falle eines Falles tun kann – und wie man ärgerliche und kostspielige Fehler vermeidet. So machen Sie das Beste aus Ihrem Garten und können sich an Blüten, Pflanzen und Tieren erfreuen, Feste feiern, eigenes Obst und Gemüse ernten und das Ganze mit so wenig Arbeitsaufwand wie nötig.

Knifflige Gestaltungsfragen

Was tun, wenn der Garten sehr klein ist?

Ein kleiner Garten stellt gestalterisch eine wirkliche Herausforderung dar. Bedingt durch die geringe Größe sind Oberflächen wie der Rasen stärkeren Belastungen ausgesetzt als in einem großen Garten, die Nachbarn sitzen einem manchmal förmlich auf der Pelle und man kann von fast jeder Stelle im Garten denselben komplett übersehen. Alle damit verbundenen Probleme lassen sich durch eine geschickte Planung, sorgfältige Material-, Farb- und Pflanzenwahl sowie multifunktionale Nutzung lösen.

Wer nutzt den Garten?

Ein ganz entscheidender Faktor bei der Neu- oder Umplanung eines kleinen Gartens ist die Frage, wer den Garten überhaupt nutzt. Auch die Tageszeit, während derer der Garten genutzt wird (eher abends oder auch tagsüber?), sowie die Art der Nutzung haben große Auswirkungen auf die Gestaltung. Bei der Planung sollten sich alle beteiligten Familienmitglieder an einen Tisch setzen und jeder seine Wünsche zu Papier bringen dürfen. Frei und ohne Beurteilungen entsteht so eine Liste an Gartenelementen, die die Grundlage für die weitere Planung sind. Die Checkliste auf Seite 14 kann Ihnen dabei als Vorlage dienen.

Bei begrenztem Platz müssen in der Regel Kompromisse eingegangen werden, und nicht jeder Wunsch wird auch in Erfüllung gehen können. Die Kunst liegt dann darin, verschiedene Bereiche im Laufe der Zeit miteinander zu kombinieren: Ein Tisch mit einer Bohrung in der Mitte, in die der Sonnenschirm beim Essen gesteckt wird, kann tagsüber eine Wäschespinne aufnehmen. Der Platz, der von einem Sandkasten eingenommen wird, solange die Kinder klein sind, kann später, wenn diese größer sind, in einen Gartenteich verwandelt werden. Und dort, wo der Kaninchenstall seinen Platz fand, kann später ein Gartengeräteschrank platziert werden.

Den Raum optisch vergrößern

Mit einigen einfachen Tricks lässt sich ein kleiner Garten optisch vergrößern – und fast alle dieser Kniffe lassen sich auch ohne große Umgestaltung nutzen:

SICHTACHSEN SCHAFFEN – UND DURCHBRECHEN Als Sichtachse wird eine Linie bezeichnet, der das Auge ungezwungen folgt und an deren Ende sich ein Blickfang befindet. Diese Achse kann über eine Rasenfläche, entlang eines Weges oder durch ein Beet verlaufen. Der Blickfang am Endpunkt wird zum Beispiel von einer Solitärpflanze, einem großen Kübel, einer kleinen Statue, einer Rosensäule oder einem Gartenhäuschen gebildet. Wenn das Auge auf dem Weg zu diesem Endpunkt nicht abgelenkt wirkt, entsteht ein langweiliges Bild. Sind die Randbereiche der Achse jedoch abwechslungsreich gestaltet, zum Beispiel durch bunte Beete, Pflanzen, die in den Weg oder auf die Rasenfläche hängen, oder Beetausbuchtungen, hangelt sich der Blick von Randobjekt zu Randobjekt, braucht länger bist zum Endpunkt, und der Garten wirkt dadurch viel weiträumiger. Auch eine quer oder diagonal zur Sichtachse verlaufende Linie – eine niedrige Hecke, ein schmaler Weg oder eine Reihe von Trittplatten – durchbricht diese und lenkt den Blick vom Endpunkt ab.

TIPP GEFAHRLOS MÄHEN

Damit beim Rasenmähen empfindlichere Stauden und Sommerblumen am Beetrand nicht in Mitleidenschaft gezogen werden, ist eine Kantenleiste aus eingelassenen Klinkersteinen oder Ziegeln ratsam. So können Sie mit dem Rasenmäher dicht an der Beetkante entlangfahren, ohne die Pflanzen im Beet abzuschneiden.

DIE UMGEBUNG NUTZEN Wenn der Garten zu klein ist, als dass man darin den Endpunkt einer Blickachse setzen kann, so ist es manchmal möglich, diesen in der Umgebung zu finden. Das kann ein Kirchturm in der Nachbarschaft oder ein anderes Gebäude sein, ein großer Baum im Nachbargarten oder an der gegenüberliegenden Straßenseite. Englische Gartengestalter haben für diesen Gestaltungstrick den Begriff „borrowed view" – geborgte Aussicht – geprägt.

GESCHWUNGENE BEETE ANLEGEN UND GERADE LINIEN VERMEIDEN Wie bereits erwähnt, gleitet unser Blick an geraden Linien und Kanten (Beetkanten, Rasenkanten) „ungebremst" und schnell entlang. Schlangenlinienartig geschwungene Beetränder, Ausbuchtungen und auch einzelne, außerhalb des Beetes gesetzte Pflanzen durchbrechen diese Monotonie und gliedern die Fläche – mit dem angenehmen Effekt, dass der Garten größer wirkt.

DIE WIRKUNG VON FARBE Wenn man in einer weiten Landschaft in die Ferne schaut und den Blick zum Horizont schweifen lässt, fällt auf, dass Gegenstände und Pflanzen umso heller erscheinen, je weiter sie vom eigenen Standort entfernt sind. Dinge in der Nähe wirken kräftiger, dunkler und farbintensiver. Dieser Effekt trägt maßgeblich zum räumlichen Empfinden bei – und er lässt sich mit einfachen Mitteln in der Gartengestaltung einsetzen. Setzen Sie in die vom Sitzplatz im Garten am weitesten entfernten Stellen oder dort, wohin der Blick aus der Wohnung in den Garten fällt, Pflanzen mit hellen Blütenfarben. Weiß, Hellblau und Hellrosa in allen Abstufungen sind am besten geeignet. Denselben Effekt haben Pflanzen mit hellen, silbrigen oder weiß panaschierten (weiß-grün gemusterten) Blättern. Die hellen Blüten- und Blatttupfer fangen auch in dunklen Ecken das Licht ein und lassen sie freundlicher, heller und offener erscheinen. Durch eine geschickte Auswahl an Pflanzen anhand der Tabelle „Stauden mit hellen Blüten" auf Seite 13 können Sie so von Frühjahr bis in den Herbst für Lichtblicke in dunklen Gartenecken sorgen.

WENIGER IST MEHR In einem kleinen Garten gilt: Weniger ist mehr. In jeder Hinsicht. Ein vielfältiges Durcheinander an Pflanzen und Blütenfarben und -formen wirkt in einem weitläufigen großen Bauerngarten ansprechend; bei begrenztem Platz heißt die Devise: Beschränken Sie sich bei der Auswahl der Blütenpflanzen für den Garten auf zwei, maximal drei Grundfarben. Das sorgt für Ruhe und damit Weite. Dasselbe gilt auch für die Auswahl der Materialien für die Bodenbeläge und die Gestaltung der Gartengrenzen. Ein Mix aus Rasen, Kiesflächen, Trittsteinen, Wegplatten aus unterschiedlichen Gesteinsarten, vielleicht sogar noch kombiniert mit einem Holzdeck oder einem aus unterschiedlichen Holzarten zusammengestückelten Zaun wirkt unordentlich, kleinteilig und zerstückelt. Ein grüner Rasen, ein Material für den Belag von Wegen und Sitzplatz sowie eine aus maximal zwei Materialien bestehende Gartengrenze sorgen für Ruhe und weiten den Garten optisch.

WEGE UND PLATTENBELÄGE Die Verlegerichtung von Platten und Trittsteinen beeinflusst die Blickführung und räumliche Wirkung. Und sie hat sogar Auswirkungen auf die Geschwindigkeit, mit der ein Weg begangen wird. Im Fischgrätverband verlegte Klinker ziehen den Blick in Richtung Ziel des

Stauden mit hellen Blüten

DEUTSCHER NAME	BOTANISCHER NAME	BLÜTEZEIT (MONAT)
Schneeglöckchen	*Galanthus nivalis*	II–III
Krokus	*Crocus*	III–IV
Christrose	*Helleborus niger*	III–IV
Gänsekresse	*Arabis caucasica*	III–V
Tulpen	*Tulipa*	IV–V
Bergenie	*Bergenia ‹Silberlicht›*	IV–V
Tränendes Herz	*Dicentra spectabilis ‹Alba›*	V–VI
Akelei	*Aquilegia*	V–VI
Pfingstrose	*Paeonia x lactiflora*	V–VI
Mädesüß	*Filipendula vulgaris*	VI–VII
Pfirsichblättrige Glockenblume	*Campanula persicifolia ‹Alba›*	VI–VIII
Astilbe	*Astilbe thunbergii*	VII–IX
Japanische Herbstanemone	*Anemone.hupehensis*	VII–IX
Silberkerze	*Cimicifuga racemosa*	VIII–IX
Herbstanemone	*Anemone x hybrida*	VIII–X
Herbstaster	*Aster divaricatus u.a.*	VIII–XI

Weges und verleiten zum schnellen Durchschreiten. Sie strecken den Weg optisch in die Länge. Quer zur Laufrichtung verlegte Steine „bremsen" den Schritt und lenken den Blick immer wieder auf links und rechts vom Weg liegende Elemente. Man „wandelt" langsamer und bewusster durch den Garten und nimmt ihn dadurch als größer wahr, als er tatsächlich ist.

Einen ähnlichen Effekt erzielen Sie, wenn Sie einen Weg in einer geschwungenen, organischen Kurve verlegen und nicht schnurgerade vom Anfangs- zum Zielpunkt. Zu verschlängelt sollte er

jedoch auch nicht sein, sonst bilden sich schnell Trampelpfade auf Abkürzungsstrecken. Wichtig ist es, eine Balance zwischen dem uns innewohnenden Drang, schnell ans Ziel zu kommen und der Wegführung zu finden.

DIE OBERFLÄCHENWIRKUNG „Think big!" – Was für die Einrichtung im Haus gilt, kommt auch im Garten gut an. Ein kleiner Sitzplatz wirkt, mit Kieseln oder Katzenkopfpflaster belegt, so wie er ist: klein. Legt man ihn aber mit großformatigen Platten aus, so erscheint er viel großzügiger. Platten und

CHECKLISTE GARTENNUTZUNG

Wer nutzt (hauptsächlich) den Garten?
- Erwachsene
- Kinder
- Haustiere

Wie möchten Sie Ihren Garten nutzen?
- Dekorative Zierde fürs Auge
- Entspannen
- Feste feiern und Grillen
- Sonnenbaden
- Obst und Gemüse anbauen
- Spielen

Welche Gestaltungselemente möchten Sie im Garten haben?
- Kräuterbeet oder -spirale
- Blumenbeete
- Schattiger Sitzplatz
- Platz zum Entspannen und Sonnenbaden
- Rasen
- Gartenteich und Wasserspiele
- Pergola

Welche Einrichtungen brauchen Sie?
- Werkzeugschuppen
- Wäscheleine
- Spielgeräte und Sandkasten für Kinder
- Platz für Mülleimer
- Kompostplatz
- Parkplatz, evtl. mit Pergola

Oberflächen in kleinen Gärten sollten nicht zu stark gemustert oder kleinteilig sein. Einfarbiger Kies, Sandsteinplatten oder Betonsteine sind besser geeignet als bunter Flusskiesel, Marmor oder stark gemaserte Natursteinplatten.

DIE GARTENGRENZEN MIT EINBEZIEHEN Mit Gartengrenzen sind alle Elemente gemeint, die den Garten zum Nachbarn, zur Straße oder zu angrenzenden Gebäuden abtrennen. Eintönige, blickdichte Sichtschutzzäune oder Mauern können Sie mit in regelmäßigen Abständen montierten Rankgittern auflockern, an denen Kletterpflanzen mit hellen Blüten wie Clematis ‹Madame Le Coultre› oder rankende Rosen wie ‹Elfe› oder ‹Guirlande d'amour› wachsen. Auch ein Wechsel aus einer beschnittenen Hecke mit Mauerwerk oder einem Lattenzaun ist denkbar. Auch hier gilt: Beschränken Sie sich auf zwei Materialien, nur so wirkt das Gesamtbild abwechslungsreich und nicht unruhig.

Was tun, wenn
der Garten sehr schmal ist?

Sie haben einen „Handtuchgarten"? 8 Meter breit und 40 Meter lang? Gestalterisch betrachtet eine Herausforderung, aber kein unlösbares Problem. Wichtig ist, dass die verwendeten Gartenelemente die schmale, längliche Gartenform optisch nicht noch unterstützen, sondern sie durchbrechen. Dies ist durch quer zur Längsrichtung verlaufende Linien in Form von Wegen, Hecken, Zäunen oder Beeten möglich.

Die Gartengrenzen unterteilen

Eine rhythmische Unterteilung der Gartengrenze in mehrere unterschiedlich strukturierte Oberflächen sorgt schon für eine optische Stauchung der Länge. Wechseln Sie Hecken und Mauer- oder Zaunelemente ab, durchbrechen Sie einen langen Zaun nicht nur durch Pfosten, sondern durch gemauerte Stützen; pflanzen Sie eine Hecke nicht nur aus einer Pflanzenart. Die unterschiedlichen Elemente sollten sich aber nicht in zu vielen Punkten unterscheiden, denn sonst entsteht eine – unerwünschte – Unruhe. Gerade bei gemischten Hecken ist es ratsam, sich auf wenige Arten oder auch Sorten einer Art zu beschränken und nicht zu viele Blütenfarben zu kombinieren. Von vielen Pflanzenarten gibt es Gartensorten mit unterschiedlichen Blattfarben wie grün-, rot- und weiß-grün-laubige Buchen oder grün- und gelbnadelige Lebensbäume *(Thuja)* oder Scheinzypressen. Pflanzen Sie die Sorten in einem sich wiederholendem Rhythmus, der sich entlang der Grenzlinie mindestens dreimal wiederholen sollte.

Lattenzäune können mit Holzschutzfarben in Segmente unterteilt werden. Wer sagt denn, dass ein Zaun immer braun, grün oder weiß gestrichen sein muss? Einen Maschendrahtzaun können Sie mit in gleichmäßigen Abständen gepflanzten Solitärsträuchern in seiner Geradlinigkeit unterbrechen, gemauerte Gartengrenzen mit Platten aus Metall oder Kunststoff in der Textur Ihrer Oberfläche abwechslungsreicher gestalten.

Unterteilung der Gartenfläche

Eine lange schmale Rasenfläche kann auf vielfältige Weise in ihrer Monotonie unterbrochen werden:

FAHRTRICHTUNG BEIM RASENMÄHEN Am einfachsten lässt sich in die Grasfläche eine Struktur bringen, indem man die Fahrtrichtung beim Rasenmähen bewusst wählt. Wird der Rasenmäher in Längsrichtung des Grundstücks geführt, entstehen viele nebeneinander liegende, schmale „Mäh-"Linien, die die Schmalseite der Fläche zusätzlich betonen. Mähen Sie quer zur Fläche, auch wenn Sie dann öfter wenden müssen; so ist das Ergebnis eine breiter wirkende Fläche – und ein größer wirkender Garten.

BODENSCHWELLEN Quer zum Grundstück und bündig mit der Rasenoberfläche verlegte Bahnschwellen, Kantensteine oder ein Band aus Ziegelpflaster durchbrechen die Fläche und gliedern den Rasen in unterschiedlich große Bereiche.

GRÄBEN Bei der etwas fortgeschreiteneren Variante kann die Unterteilung des Rasens mit Gräben oder wassergefüllten Rinnen erfolgen.

Bei einem sehr schmalen Garten kann durch quer verlaufende oder geschwungene Linien die Länge optisch verkürzt werden.

DIAGONALE LINIEN Die Linienführung muss nicht zwingend rechtwinklig zur Längsrichtung der Rasenfläche liegen. Diagonale oder geschwungene Linien wirken dynamisch und gliedern den Rasen gleichermaßen.

BEETE Statt fester Gartenelemente wie Wege oder Steinplatten kann die Gliederung der Rasenfläche auch durch bunte Blumenbeete oder …

NIEDRIGE HECKEN aus immergrünen geschnittenen Sträuchern wie Liguster und Buchsbaum erfolgen.

TRITTPLATTEN Der Hauptweg wird in der Regel an der Grundstücksgrenze entlang der Längsrichtung der Fläche verlaufen. Legen Sie in regelmäßigen Abständen Verbreiterungen an oder Abzweigungen, von denen Trittplatten andere Gartenbereiche erschließen.

SOLITÄRPFLANZEN Bewusst gesetzte Akzentpflanzen ziehen den Blick auf sich und lenken vom Ende des Handtuchgartens ab.

Gartenräume schaffen

Gerade ein schmaler Garten kann sehr davon profitieren, wenn man ihn in zwei oder mehr separate, mehr oder weniger quadratische oder breit rechteckige Bereiche einteilt. Diese Gartenräume oder Gartenzimmer können permanent durch Hecken, Zäune, Sichtschutzwände oder Beete mit hohen Stauden voneinander getrennt werden oder durch mobile Paravents bei Bedarf vom übrigen Garten abgeteilt werden. So kann ein Raum mit Tisch, Bank und Stühlen als Sitzplatz und zum Essen dienen, einer mit Kräuter- und Gemüsebeeten als Nutzgarten und einer mit Rosen, Blumen und anderen Gartenpflanzen zum Sonnen und Genießen.

Sind diese Gartenzimmer größer, so können Sie nicht nur einzelne Gartenbereiche anlegen, sondern thematisch voneinander getrennte

Gärten – einen modernen formalen Garten, einen bunten Blumengarten, einen Nutzgarten zum Anbau von Obst und Gemüse und einen Spielgarten mit Sandkasten und Klettergeräten für Kinder. So

lässt sich zum Beispiel ein 40 x 8 m schmaler Garten in vier 10 x 8 m große, annähernd gleichmäßig aufgeteilte Bereiche mit Hecken, Sichtschutzwänden, Spalieren oder Beeten aufteilen.

Was tun, wenn der Garten völlig verwildert ist?

Brennnesseln, Brombeerranken, Wildtriebe von Rosen, Flieder und Haselnusssträuchern haben sich über längere Zeit unkontrolliert ausbreiten können und sind aus den Beeten durch den Garten gewandert? Die Natur ist manchmal sehr aktiv und holt sich in kürzester Zeit zurück, was ihr frühere Gärtner in mühevoller Arbeit abgerungen haben.

Systematisch vorgehen

Wenn es darum geht, einen verwilderten Garten von unerwünschten Sträuchern und Unkräutern zu befreien, müssen Sie systematisch vorgehen. Nehmen Sie sich den Garten in Teilabschnitten vor. Es ist befriedigender, wenn man sich Stück für Stück vornimmt und schon nach einigen Stunden ein Ergebnis sieht anstatt überall ein wenig „rumzuzupfen".

Ein toniger oder lehmiger Boden sollte nicht zu trocken sein, sonst lassen sich Wurzeln nur schwer entfernen. Ist er jedoch zu feucht, zum Beispiel wenn es tags zuvor geregnet hat, so besteht die Gefahr, ihn durch das häufige Betreten und die Belastung beim Graben zu verdichten. Die später einzusetzenden neuen Pflanzen werden dann Startschwierigkeiten beim Anwachsen haben.

Beginnen Sie mit dem Rückschnitt zu stark wuchernder Sträucher und Bäume. Wenn diese ganz entfernt werden sollen, ist es ratsam, vom Stamm oder den Grundtrieben etwa ein Meter lange Stücke stehen zu lassen. An diesen können Sie die Wurzelstöcke später besser entfernen. Sollen sie

nur zurückgeschnitten werden, so geschieht dies dem Wuchs entsprechend nach den ab Seite 73 ff. beschriebenen Schnittregeln.

Befinden sich in der zu säubernden Fläche noch Stauden und Sträucher oder andere Gartenpflanzen, die erhalten und später im Garten wieder eingepflanzt werden sollen, so gräbt man diese vorher vorsichtig aus und deponiert sie an einer schattigen Stelle im Garten, provisorisch in Töpfe oder Kübel gestellt, bis man sie wieder einpflanzen kann. An warmen Tagen müssen die Wurzeln mit dem Schlauch bewässert werden, damit sie nicht austrocknen.

Wurzelstöcke werden mit einer Grabegabel gelockert und dann durch Hin- und Her-Bewegen des Stumpens aus dem ehemaligen Pflanzloch entfernt. Lose an den Wurzeln hängende Erde kann abgeschüttelt und abgeklopft werden.

Unkräuter wie Brennnesseln, Quecken und Taubnesseln werden mit einer Grabegabel gelockert und vorsichtig mitsamt den Wurzeln aus dem Boden gezogen. Beachten Sie, dass Wurzelstücke, die nicht entfernt werden, später wieder austreiben. Sorgfalt beim Roden und Jäten macht sich also bezahlt.

Bei stark verunkrauteten Flächen empfiehlt es sich, nach der ersten Säuberungsaktion nach zwei bis drei Wochen eine zweite durchzuführen, bei der aus Wurzel- und Triebstücken wieder austreibende Unkräuter entfernt werden.

Die gerodete Fläche wird zum Schluss von groben Pflanzenresten und größeren Steinen befreit, sie ist dann bereit neu bepflanzt zu werden.

WERKZEUG UND MATERIAL ZUM „AUSMISTEN"

- Feste Gartenhandschuhe
- Grabegabel
- Spaten
- Gartenschere
- Astschere
- Astsäge
- Eventuell Gartenhäcksler
- Schnur zum Zusammenbinden von Schnittgut
- Papiersäcke zum Grüngutsammeln
- Schubkarre

Einfach abflammen?

Im Handel erhältliche Abflammgeräte versprechen ein sicheres Abtöten von Unkräutern aller Art. Die Erfahrung zeigt jedoch, dass der Energie- und Zeitaufwand in keinem Verhältnis zum Ergebnis steht. Außerdem kann es passieren, dass durch die Hitze im Boden ruhende Samen zum Keimen angeregt werden – so hat man kurze Zeit nach der Unkrautentfernungsaktion dann sogar mehr unerwünschtes Grün im Garten als vorher. Außerdem werden durch die Hitze im Boden lebende Kleinstlebewesen und Insekten geschädigt, die für eine gute Bodenstruktur und damit für einen ausgeglichenen Wasser- und Nährstoffhaushalt verantwortlich sind.

Chemische Unkrautvernichter

Unkrautvernichtungsmittel, sogenannte Herbizide, haben im Privatgarten nichts verloren. Sie schädigen das Bodenleben nachhaltig, viele Mittel werden nicht völlig abgebaut und die Rückstände mit dem Regen ins Grundwasser gespült, sodass sie dieses auf Jahre oder Jahrzehnte in der Zukunft belasten. Reste, die im Boden verbleiben, behindern das Wachstum von Pflanzen, die neu gesetzt werden und führen zu Wachstumsstockungen. So verlockend die Versprechungen auf der Verpackung auch sein mögen, konventionelles Hacken, Jäten und Roden ist immer noch die umweltschonendste und langfristig erfolgreichste Methode, Unkräuter in Schach zu halten.

TIPP

Viele Sträucher bilden lange gerade Triebe, die sich hervorragend zum Stützen und Stäben (Anbinden) von Stauden und anderen Blumen eignen. Bevor diese verwendet werden, sollte man sie allerdings gut durchtrocknen lassen. Steckt man sie frisch geschnitten in den Boden, so bilden viele – besonders Weiden, Hasel und Hartriegel – Wurzeln. Achtet man nicht darauf, so hat man statt des gewünschten Blumenbeets schnell eine wilde Hecke.

Was tun, wenn der Garten zu viel Arbeit macht?

Ein Garten macht Arbeit, daran lässt sich nicht rütteln. Rasen mähen, Unkraut jäten, Hecken schneiden, Laub zusammenharken, Zäune streichen, Pflanzen gieße... Die Liste der mehr oder weniger angenehmen Gartenarbeiten ist lang. Mit dem richtigen Werkzeug, kleinen Umgestaltungen, der richtigen Pflanzenwahl und vielleicht einer etwas anderen Betrachtung der Garten-„Arbeit" lassen sich das wöchentliche Pensum durchaus verringern und die verbleibenden Arbeiten angenehmer gestalten.

Das richtige Werkzeug

Gutes Werkzeug zahlt sich aus. Eine scharfe Astschere, breite Rechen für große Rasenflächen und ein guter Spaten zum Pflanzen und Umgraben erleichtern anstrengende Gartenarbeiten.

Maßgeblich für die Entscheidung, welche Geräte Sie anschaffen, sind die Gegebenheiten im eigenen Garten und die voraussichtliche Nutzungshäufigkeit. Ein guter Spaten und eine hochwertige Rosenschere halten ein Leben lang; wer diese Geräte häufiger braucht, sollte in diesem Punkt nicht sparen. Andere Geräte, die seltener benötigt und nicht so stark beansprucht werden, kann man dafür preiswerter erstehen. Geräte mit Wechselstiel sind für Werkzeuge sinnvoll, die Sie selten benötigen. Bei regelmäßiger Nutzung wird dieses Stecksystem schnell lästig – die Zeit, die Sie damit verbringen, vom Garten zum Geräteschuppen oder ins Haus zu Laufen, um den passenden Aufsatz zu holen, lässt sich sinnvoller nutzen.

> ## TIPP
> **Sie sind Linkshänder? Achten Sie beim Kauf auf spezielle Geräte, die die Arbeit erleichtern und Gelenke und Sehnen schonen.**

Auch die richtige Wahl des Rasenmähers erleichtert die Gartenarbeit. Es macht wenig Sinn, für eine kleine Rasenfläche jede Woche einen großen schweren Benzinmäher aus dem Keller zu holen, genauso mühsam ist es, eine 500 m^2 große Rasenfläche mit einem kleinen Rasenmäher mit 25 cm Schnittbreite bewältigen zu müssen. Die Tabelle auf Seite 21 hilft Ihnen bei der Auswahl.

Umgestaltung problematischer Gartenbereiche

Wem ein wöchentliches Rasenmähen (im Sommer) zu anstrengend ist, der kann überlegen, ob man nicht vielleicht komplett auf eine grüne Grasfläche verzichten will. Anstelle des Rasens kann eine Kiesfläche, bei kleinen Gärten auch ein Holzdeck oder eine befestigte (gepflasterte) Fläche treten. Die Pflege beschränkt sich dann auf ein gelegentliches Abfegen oder Absammeln welker Blätter und das Entfernen vorwitziger Unkräuter.

Pflegeleichte Pflanzen

SCHNITTHECKEN sind natürliche, Sauerstoff, Schatten und Kühle spendende Gartengrenzen. Durch die Wahl der Pflanzen lässt sich der Pflegeaufwand reduzieren. Während Ligusterhecken im Sommer alle zwei bis drei Wochen geschnitten werden

Achten Sie beim Kauf von Werkzeug auf Qualität. Die hat zwar ihren Preis, Sie werden aber langfristig mehr Freude an den Werkzeugen haben, denn sie erleichtern die Arbeit und halten auch länger.

Der richtige Rasenmäher

RASENMÄHERTYP	FÜR WELCHEN GARTEN?
Handmäher	Bis 100 m² Rasenfläche Kleine, gestückelte Flächen
Akkumäher	50 – 300 m² Rasenfläche Viele Bäume und Sträucher an und auf der Rasenfläche, Hanglagen
Elektromäher	50 – 600 m² Rasenfläche Wenig Bäume und Sträucher an und auf der Rasenfläche
Benzinmäher	Erst ab Flächen über 600 m² empfehlenswert Wuchshöhe bis 15 cm
Balkenmäher	Rasen und Wiesen ab 500 m² Wuchshöhen über 15 cm
Aufsitzmäher	Erst ab über 600 m² Wenig Bäume und Sträucher an und auf der Rasenfläche Für Hanglagen problematisch bis ungeeignet

sollten, damit sie in Form bleiben und nicht von innen verkahlen, reicht bei Hainbuchen und Rotbuchen ein Rückschnitt im Frühjahr, eventuell ein Pflegeschnitt im Sommer und ein Schnitt vor dem Winter. Eiben müssen meistens nur ein- bis zweimal im Jahr geschnitten werden. Der Schnitt großblättriger Heckenpflanzen wie Lorbeerkirschen ist zeitaufwändiger, da die Triebe einzeln von Hand geschnitten werden müssen. Mit der Heckenschere würde das große Laub zerschnitten und wären bald unschöne trockene Ränder zu sehen.

BEI ROSEN gibt es mittlerweile viele Sorten, die eine gute „Selbstreinigung" haben. Das bedeutet, dass welke Blütenblätter von alleine abfallen und nicht, wie bei vielen alten Sorten, als unschöne braune Blütenmumien an der Pflanze bleiben.

STAUDEN sind pflegeleichter als saisonale Sommerblumenbeete, die viel mehr Aufmerksamkeit, Unkrauthacken, Gießen und Düngen erfordern.

Gartenarbeit konzentrieren und genießen

Stellen Sie sich einen Gartenarbeitsplan auf und konzentrieren unliebsame Arbeiten so auf ein oder zwei Tage im Monat. So haben Sie die übrige Zeit mehr Muße, den Garten zu genießen.

Abgesehen davon hilft vielleicht noch ein kleiner Trick: Sehen Sie die Gartenarbeit viel mehr als willkommenes Fitnesstraining an der frischen Luft an. In der Zeit, in der Sie im Sportstudio auf dem Laufband schwitzen, können Sie auch schwungvoll den Rasen mähen, die Hecke schneiden oder einmal durch die Beete nach Unkraut grasen.

Was tun, wenn der Garten am Hang liegt?

Ein steiler Hanggarten stellt eine wirkliche Herausforderung dar. Während sich ein leicht geneigter Hang noch fast normal nutzen lässt, erfordern steilere Neigungen besondere Lösungen für Sitzplätze, Beete und Wasserflächen.

Flachere Hänge können zur Stabilisierung und zur Verhinderung von Bodenerosion (Wegspülen von feinen Bodenpartikeln bei Regen) mit Rasengitter aus Kunststoff versehen werden oder mit einem langsam verrottenden Jutegewebe abgedeckt werden, in das Löcher zum Pflanzen geschnitten sind. Sind die Pflanzen einmal etabliert, sorgen sie mit ihren Wurzeln für eine Hangstabilisierung.

Terrassierung

Steile Hänge können nur bepflanzt und nutzbar gemacht werden, wenn sie terrassiert werden. Dazu müssen Stützmauern angebracht werden, die ihrerseits nicht zu hoch sein dürfen und die, da sie den Druck des darüber liegenden Hangs auffangen sollen, ein tiefgründiges Fundament haben müssen. Daher ist bei Ihrer Anlage immer ein Fach-

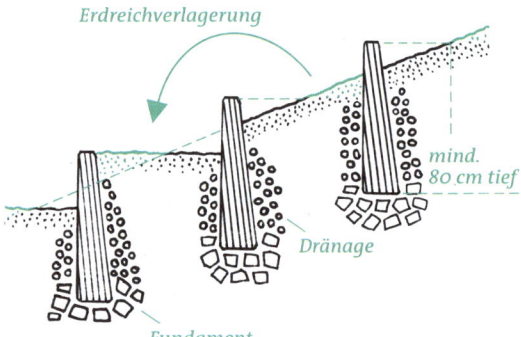

Wichtig bei der Terrassierung sind tiefgründige Fundamente und eine Dränage für die Stützmauern.

mann (Garten- und Landschaftsbauer) hinzuzuziehen. Bei der Terrassierung werden quer zum Hang liegende Bereiche hangaufwärts abgegraben, das Material hangabwärts aufgefüllt (siehe Skizze unten) und mit einer Mauer oder Stützvorrichtung abgestützt. So entstehen mehrere übereinander liegende „Bänder" mit einer ebenen Oberfläche.

Halbiertes Hochbeet

An einem leicht geneigten Hang kann man auch mit halbierten Hochbeeten eine Anlage errichten, um zum Beispiel Gemüse und Kräuter besser kultivieren zu können. Gerade Gemüse, die eine gleichmäßige Wasserversorgung bevorzugen, gedeihen in Hanglagen besser, wenn sie in ebenen Beeten wachsen können. Da die oberen Hangbereiche in der Regel trockener sind (Regen- und Gießwasser läuft immer hangabwärts nach unten) ist eine gleichmäßige Wasserversorgung innerhalb des Beetes und der Reihen schwierig.

Das Hochbeet kann temporär, sogar mobil mit Brettern und Holzstützen in den Ecken gebaut werden, mit Gabionen abgestützt oder auch massiv gemauert aus Ziegeln oder Naturstein oder als Trockenmauer errichtet werden.

Trockenmauer

Als Trockenmauer bezeichnet man eine Mauer, deren Steine lose, also ohne Mörtel oder Zement befestigt, aufeinander geschichtet werden. Ihre Stabilität erhält sie nur durch das Gewicht und die

Ineinanderverkeilung der Steine. Bei der Anlage ist auf eine gute Dränage hinter der Mauer und am Mauerfuß zu achten, damit diese bei stärkeren Regenfällen nicht unterspült werden. Trockenmauern bieten zahlreiche biologische Nischen, nicht nur für Eidechsen, Insekten und allerlei anderes Getier, auch viele, vor allem mediterrane Kräuter fühlen sich auf der trockenen, heißen Mauerkrone und zwischen den Steinen wohl.

Stufen und Treppen

Um durch einen terrassierten Garten vom Hangende zum oberen Bereich zu kommen und umgekehrt, müssen Stufen und Treppen angelegt werden. Wenn genug Platz vorhanden ist, lohnt sich die Anlage einer glatten Fahrrinne an der Seite der Treppe, über die zum Beispiel eine Schubkarre geschoben werden kann. Je nach Anzahl der Stufen sollte auch ein Geländer eingeplant werden, ab fünf Stufen ist dies sogar gesetzlich vorgeschrieben. Das Geländer dient nicht nur der Bequemlichkeit und eigenen Sicherheit, sondern auch der von Gartenbesuchern – denn: Für Unfälle haftet der Besitzer!

Bachlauf statt Teich

An einem Hang einen Teich anzulegen ist schwierig bis unmöglich, soll das Ergebnis natürlich aussehen. Im Prinzip ist nur ein langes, schmales Becken quer zum Hang möglich.

Viel natürlicher sieht jedoch ein kleiner Bachlauf mit Fallstufen und einem Wasserfall aus, der sich über die Stützmauern und kleine Auffangbecken ergießt, dann ein Stück über die ebene Terrassierung fließt, um sich über die nächste Mauer den Weg zum Fuß des Hanges zu bahnen. Dort kann das Wasser von einer passend dimensionierten Pumpe wieder nach oben befördert werden. Während ein Bachlauf in einem ebenen Garten oft unnatürlich wirkt, da das Gefälle in der Ebene künstlich geschaffen werden muss, bereichert er den Hanggarten ganz selbstverständlich.

Oben: Terrassierung durch vorgefertigte Röhrenelemente
Mitte und unten: Bachläufe mit Stufen sind besonders reizvoll.

Was tun, wenn der Garten langweilig ist?

Ob ein Garten abwechslungsreich, spannend, reduziert oder langweilig erscheint – die Wahrnehmung liegt im Auge des Betrachters. Wer allerdings das Gefühl hat, seinem Garten fehle das gewisse Etwas, der letzte Schliff, ein kleiner Pep: Hier sind ein paar schnell und einfach umsetzbare Tricks, die den Garten verschönern.

Triste Rasenflächen aufpeppen

Eine große Rasenfläche wirkt schnell trist, kann aber leicht mit einem Vogelbad und darum platzierten Findlingen aufgepeppt werden. Diese Elemente durchbrechen nicht nur die Eintönigkeit der Rasenfläche, sie locken auch zahlreiche Vögel und Insekten und bringen so Leben in den Garten. Einen ähnlichen Effekt erzielen Sie, wenn Sie im Rasen einen Schmetterlingsstrauch *(Buddleja)* pflanzen, vielleicht flankiert von Verbenen, Sonnenhut und Salvien? Bei warmem Wetter wird diese bunte Blumeninsel zu einem wahren Insektenmagnet.

Langweilige Thujenhecken verschönern

Eintönige Hecken aus Lebensbäumen oder Scheinzypressen wirken abwechslungsreicher, wenn ihre Einheitlichkeit durch andere Pflanzen durchbrochen wird. Dazu eignen sich besonders Kletterpflanzen gut, denn sie können direkt in den Fuß der Hecke gepflanzt werden, ranken sich von Innen durch die Hecke und erscheinen mit ihren Trieben an vielen Stellen an der Heckenoberfläche. Besonders gut eignen sich dafür die in vielen Farben blühenden Clematis-Hybriden, der mit einer fantastischen Herbstfärbung aufwartende Fünfblättrige Wilde Wein und der immergrüne Efeu. Weniger gut sind Kletterrosen, starkwüchsige Ranker und Schlinger wie Glyzine *(Wisteria),* Schlingknöterich und Waldrebe geeignet.

Sichtschutzwände begrünen oder streichen

Dunkelbraune Sichtschutzwände wirken viel ansprechender und lebendiger, wenn sie mit einer frischen hellen Farbe gestrichen werden oder von Kletterpflanzen begrünt sind. Arten wie Wilder Wein, Efeu, Kletterhortensie und Trompetenblume klettern mit Haftwurzeln oder Haftranken, sie benötigen keine Kletterhilfe. Rankende und schlingende Arten wie Glyzine, Geißblatt (Jelängerjelieber), Clematis und Wein sowie Kletterrosen brauchen Rankgerüste oder Spanndrähte an der Oberfläche der Sichtschutzwand, an denen sie sich emporhangeln können.

Kübelpflanzen als Blickfang

Langweilige Gartenecken lassen sich in kürzester Zeit mit Kübelpflanzen aufpeppen. Kübelpflanzen gedeihen auch noch dort, wo keine Pflanzen im freien Boden wachsen können, zum Beispiel unter der Dachtraufe oder direkt an der Hauswand, wenn das Fundament dicht bis unter die Erdoberfläche reicht. Voraussetzung für ein Gedeihen sind natürlich regelmäßige Wassergaben, Dünger und genügend Licht. Denken Sie daran, dass Kübelpflanzen auch an Standorten im Freien, die dem Regen ausgesetzt sind, gegossen werden müssen, da die Regenmenge selten ausreicht, um den Wasserbedarf der Pflanze zu decken. Das meiste Regenwasser tropft nämlich über die Blätter über den

Topfrand hinaus ab und gelangt gar nicht an den Wurzelballen. Und die Erdmenge im Kübel kann auch nur sehr begrenzt Wasser speichern.

Kübelpflanzen lassen sich auch in Blumenbeeten platzieren und wirken dort als Blickfang, füllen Lücken, die abgeblühte Sommerblumen hinterlassen haben, oder geben einer gleichförmigen Pflanzung durch ihre Höhe und Erhabenheit eine neue Wirkung.

Deko im Garten

Die Auswahl an Dekoelementen, die in Gartencentern, auf Gartenmessen und -märkten, in Versandkatalogen und im Internet zum Kauf angeboten werden, ist riesig, und viele überschreiten die Grenze des guten Geschmacks oder sind kitschig. Denken Sie bei der Auswahl und Verwendung von Dekoelementen auch an alle anderen Gartennutzer und die Nachbarn, die Ihren Garten betrachten (müssen). Und wenn Kinder in Ihrem Garten spielen sollen, macht es ohnehin wenig Sinn, empfindliche und teure Schmuckstücke aufzustellen.

Hecken in Form schneiden

Formschnitthecken aus Liguster, Eibe, Hainbuchen und Rotbuchen müssen nicht immer akkurat entlang einer gespannten Schnur in eine rechteckige Kastenform geschnitten werden. Probieren Sie einmal etwas organischere Formen aus, Wellen und Kugeln, führen Sie die Heckenschere beim Entlanglaufen an der Hecke frei über die Heckenkrone, sodass sich jede Bodenwelle in der Form der Hecke niederschlägt.

Wellen- oder wolkenförmig geschnittene Hecken wirken streng und natürlich zugleich und passen daher sowohl in formalere Gärten als auch in den wilderen Naturgarten.

Und wenn Sie bei einer großen Eibenkugel nicht mehr an die Spitze kommen – lassen Sie sie stehen. Vielleicht entsteht so eine neue Form, eine Doppelkugel vielleicht?

Neuer Anstrich für Gartenmöbel

Gartenmöbel aus Holz oder Metall lassen sich mit einem frischen Anstrich zu neuem Leben erwecken. Dabei dürfen Sie ruhig auch einmal zu gewagteren Farben greifen. Warum kann ein Klappstuhl aus Metall nicht auch pink sein? Oder streichen Sie die Stühle Ihrer Sitzgruppe in unterschiedlichen Farben, sodass jedes Familienmitglied seinen persönlich Thron erhält. Wenn es nicht mehr gefällt, lässt sich der alte Anstrich ja auch flott wieder überstreichen.

AUSGEBLICHENE POLSTER können schnell die ganze Sitzgarnitur alt und unmodern wirken lassen. Wer handwerklich begabt ist, kann neue Polsterüberzüge nähen oder gleich den ganzen Stuhl in einer Husse verpacken.

TEAK: ÖLEN ODER NICHT ÖLEN?

Teakmöbel, die im Freien stehen und Wind und Wetter ausgesetzt sind, sollten nicht geölt werden. Das Öl wird bei Regen aus dem Holz gewaschen, und die Möbel sehen schnell fleckig und ungepflegt aus. Wer den schönen warmen Rotton von Teakholz bevorzugt, sollte die Möbel wettergeschützt aufstellen können. Für alle anderen gilt: Erfreuen Sie sich an der edlen silbergrauen Patina, die sich nach kurzer Zeit bildet. Übrigens: Hände weg von Billigangeboten! Diese stammen ausnahmslos aus nicht kontrolliertem Holzeinschlag und meist aus Raubbau. Nur das FSC-Logo (Forest Stewartship Council) garantiert, dass das Holz der Möbel aus einer nachhaltigen Forstwirtschaft stammt.

Schwierige Standorte

Was tun, wenn
nichts richtig wächst?

Kümmerliches Pflanzenwachstum kann viele Ursachen haben. Sie reichen von Bodenverdichtungen über unpassende Pflanzenauswahl und falsche Bodenbearbeitungsmaßnahmen bis hin zu Überdüngung oder Salzanreicherung durch Streusalzeinschwemmungen im Winter.

Ursachen finden

Um herauszufinden, warum die Gartenpflanzen an einem bestimmten Platz nicht so recht wachsen wollen, kümmern, eingehen oder von anderen immer wieder überwuchert werden, ist es wichtig, die genaue Ursache zu bestimmen. Natürlich vorkommende „Unkräuter" (siehe Tabelle „Zeigerpflanzen" auf der nächsten Seite) geben einen ersten Hinweis auf den Bodentyp und damit mögliche Ursachen für Wachstumsstörungen von Gartenpflanzen. Ursachen können sein:

ZU WENIG NÄHRSTOFFE / DÜNGER Dieses Problem tritt auf normalen Gartenböden eher selten auf. In der Regel ist es so, dass Gartenböden durch Kompost- und Düngergaben eher ein Zuviel an Nährstoffen aufweisen. Eine Laboruntersuchung von Bodenproben schafft Klarheit. Diese wird von vielen guten Gartencentern angeboten, aber auch die im Anhang (siehe Seite 196) genannten Bodenuntersuchungsinstitute helfen weiter. Abhilfe: Boden nach Empfehlung des Bodenuntersuchungsinstituts gezielt mit den einzelnen Nährstoffen aufdüngen.

DIE NÄHRSTOFFE SIND NICHT VERFÜGBAR Oft kommt es vor, dass ein Nährstoff zwar in genügender Menge im Boden vorliegt, aber von der Pflanze nicht aufgenommen werden kann, zum Beispiel weil der Boden zu trocken ist (seltener) oder der Säuregehalt (pH-Wert) des Bodens zu hoch ist. Besonders

viele Spurenelemente wie Eisen können von den Pflanzenwurzeln nur dann aufgenommen werden, wenn der Boden-pH im sauren Bereich liegt (unter 6,5). Abhilfe: Boden mit sauer wirkenden Düngern (zum Beispiel Ammon-Salpeter) düngen. Dabei regelmäßig den pH-Wert mit Test-Kits (aus dem Gartenfachhandel) prüfen, damit der Boden nicht zu sauer oder überdüngt wird.

DER BODEN IST ZU TROCKEN Gerade in Hausnähe unter dem Dachtrauf gelangt wenig Regenwasser an die Pflanzen, und der Boden ist, bedingt durch Verdichtungen beim Bau, das Fundament und die Dränage an der Hauswand, nicht besonders gut geeignet für das Pflanzenwachstum. Abhilfe: Ein zu trockener Boden lässt sich durch regelmäßiges Einarbeiten von Kompost und Rindenhumus langfristig verbessern. Auch moderne Bodenhilfsmittel wie Geohumus® verbessern die Wasserkapazität und das Speichervermögen zuverlässig.

DER BODEN IST ZU NASS Staunässe deutet immer auf Bodenverdichtungen hin. Diese entstehen oft schon beim Hausbau, wenn der Boden durch die schweren Baumaschinen verdichtet wird, Bauschutt im Boden verbleibt und nach dem Bau nur eine dünne Schicht Mutterboden aufgebracht wird. Abhilfe: Eine tiefgründige Bodenlockerung ist nur durch sehr tiefes Umgraben möglich. Ist die Verdichtung nicht zu stark, so können Gründüngungspflanzen wie Senf, Phacelia und vor allem Lupinen ausgesät werden, die tief wurzeln und so die verkrusteten Bodenschichten aufbrechen, damit das Wasser wieder abfließen kann. Schwere Böden wie Lehm- oder Tonböden sollten bei Nässe nicht bearbeitet werden, da sie besonders schnell verdichten.

NICHT STANDORTGERECHTE PFLANZEN Manchmal muss man sich einfach der Natur beugen und auf bestimmte Pflanzen verzichten, wenn man keinen kompletten Bodenaustausch durchführen will. Ein Rhododendron, der einen durchlässigen, feuchten und sauren Boden braucht um zu gedeihen, wird sich nie auf einem trockenen Knollenmergel wohl fühlen – und das auch mit Kümmerwuchs deutlich zeigen. Abhilfe: Schauen Sie sich in den Gärten der Nachbarschaft um: Was wächst dort besonders gut und üppig? Diese Pflanzen werden auch bei Ihnen gedeihen. Und lassen Sie sich in einer Gärt-

nerei vor Ort beraten, mit welchen Pflanzen gute Erfahrungen in der Region gemacht wurden.

Zeigerpflanzen

An natürlicherweise im Garten vorkommenden Wildpflanzen und Wildkräutern lässt sich oft erkennen, um welchen Bodentyp es sich handelt. Ob ein Standort sonnig oder schattig ist, erkennt man natürlich am Verlauf der Sonne im Garten, aber Bodenart und der pH-Wert lassen sich nicht ganz so leicht bestimmen. Durch die Zeigerpflanzen erhalten Sie erste Hinweise, ob der Boden leicht oder schwer, überdüngt oder ausgemergelt ist, und Sie können die entsprechenden Bodenverbesserungsmaßnahmen veranlassen.

Bestimmung des Bodentyps

Gartenböden werden in drei Grundtypen eingeteilt: sandig (leicht), lehmig (mittelschwer) und tonig

Zeigerpflanzen zur Bestimmung des Bodentyps

BODENART	TYPISCHE PFLANZEN
Stickstoffreicher Boden	Brennnessel, Hahnenfuß, Klettenlabkraut, Kerbel, Kreuzkraut, Löwenzahn, Melde, Vogelmiere
Stickstoffarmer (karger) Boden	Hundskamille, Mauerpfeffer (Fetthenne), Salbei, Wilde Möhre
Sauer	Ackerminze, Heidelbeere, Heidekraut, Honiggras, Hundskamille, Kleiner Sauerampfer
Alkalisch (kalkhaltig)	Luzerne, Leinkraut, Ackersenf, Vogelmiere, Acker-Stiefmütterchen
Kalkhaltiger Boden	Acker-Rittersporn, Hahnenfuß, Kuhschelle
Feuchter Boden	Ampfer, Kohldistel, Trollblume, Wiesenschaumkraut
Staunasser Boden	Ackerschachtelhalm, Mädesüß, Ackerminze, Huflattich
Sandiger Boden	Vogelmiere, Königskerze
Verdichteter Boden	Breitwegerich, Gänsefingerkraut, Gemeine Quecke, Kriechender Hahnenfuß
Trockener Schatten	Giersch, Taubnessel, Efeu, Knoblauchsrauke

(schwer). Natürlich gibt es zahlreiche Übergangs- beziehungsweise Mischformen. Mit Hilfe der Röll- chenprobe können Sie den Bodentyp in Ihrem Gar- ten bestimmen.

➤ Nehmen Sie dazu ein paar Schaufeln Erde auf, zerbröseln diese und feuchten Sie die Erde gut an.

➤ Nehmen Sie dann eine Handvoll Erde in die Hand, formen eine Kugel und rollen diese dann auf einer glatten Unterlage zu einer kleinen wurstför- migen Rolle.

➤ Ist dies gar nicht möglich, zerbröselt der Erd- klumpen beim Ausrollen, so haben Sie einen leich- ten, sandigen Boden im Garten. Sandige Böden halten nur wenig Wasser und Nährstoffe und soll- ten verbessert werden.

➤ Lässt sich eine Rolle formen, die Sie zu einem Ring biegen können, so haben Sie hingegen einen schweren, tonigen Boden. Tonböden halten zwar Wasser und Nährstoffe gut, verdichten aber leicht, daher sollten auch sie verbessert werden.

➤ Bei lehmigen Böden entsteht eine Rolle, die aber beim Biegen zerbricht. Ein idealer Gartenboden ist sandig bis lehmig, also durchlässig, hält Wasser und Nährstoffe und verdichtet sich beim Betreten oder bei der Gartenarbeit nicht.

Die folgenden Anleitungen zeigen Ihnen, wie Sie mit mehr oder weniger Aufwand den Boden in Ihrem Garten verbessern können.

Sandige Böden verbessern

Ein leichter Sandboden hat Vor- und Nachteile. Vorteile sind die leichte Bearbeitbarkeit, der gute Wasserabzug – Staunässe wird kaum auftreten – und die leichte Anpassung an die Bedürfnisse ver- schiedenster Pflanzenarten. Die Nachteile sind das schnelle Austrocknen und die geringe Fähigkeit, Nährstoffe zu speichern.

WASSERSPEICHERFÄHIGKEIT ERHÖHEN Die Wasserspei- cherkapazität von Sandböden lässt sich durch die kontinuierliche Einarbeitung von Grüngutkompost und Rindenhumus verbessern. Für kleinere Berei- che, zum Beispiel an Rasenkanten hat sich das Ein- arbeiten von wasserspeichernden Spezialsubstra- ten oder Substratzuschlagstoffen wie Lavagrus oder Geohumus® bewährt. Letzteres ist ein Kunst- stoffpolymer, das ein Vielfaches seines Eigenge- wichts an Wasser aufnehmen kann, dies bei Tro- ckenheit langsam an die Pflanzenwurzeln abgibt und trotzdem nicht künstlich oder unappetitlich aussieht wie viele Wasserspeichergele, die für Bal- konkästen erhältlich sind. Aus ökologischer Warte ist das synthetische Substrat im Garten sicher nicht die beste Wahl, es wird aber im Lauf von Jahrzehnten ohne schädliche Reststoffe abgebaut.

NÄHRSTOFFSPEICHERKAPAZITÄT ERHÖHEN Nährstoffe wie Stickstoff, Phosphat und Kalium sind für das Pflanzenwachstum unentbehrlich. Wasserlösliche Nährstoffe werden mit dem Regen leicht ausgewa- schen, da sie sich in Sandböden nicht an die Bo- denmineralien anheften können. Eine Anreiche- rung mit Humus (Kompost und Rindenhumusga- be) schafft Abhilfe, ebenso die regelmäßige Gabe von Ton- und Gesteinsmehl wie Bentonit. Gesteins- mehl verbindet die Bodenpartikel untereinander und sorgt so zusätzlich für eine höhere Wasser- speicherkapazität.

TORF BRINGT'S NICHT

Das Einarbeiten von Torf zur Bodenverbes- serung ist wenig sinnvoll. Die Torffasern verrotten im Boden schnell, der Effekt der Humusanreicherung und Absenkung des pH-Werts hält nur kurz an. Mittel- und langfristig erfolgversprechender ist die regelmäßige Einarbeitung von Grüngut- kompost und Rindenhumus.

Tonige Böden verbessern

Schwere Tonböden sind für die Kultur der meisten Gartenpflanzen weniger geeignet. Sie lassen Wasser nur schlecht abfließen, es kommt leicht zu Staunässe, der dichte Boden kann von feinen Pflanzenwurzeln nur schwer durchbrochen werden, und die vielen feinen Tonpartikel binden Nährstoffe, sodass diese nicht mehr von den Pflanzen aufgenommen werden können. Bei der Verbesserung muss sehr behutsam vorgegangen werden, um die Probleme nicht zu vergrößern. Da Tonböden bei Nässe schnell verschlämmen und sich bei Belastungen (Betreten, Hacken, Umgraben) verdichten, erfolgt eine Bearbeitung nur bei trockenem Wetter. Wenn es länger geregnet hat, müssen Sie mindestens eine Woche warten, bevor größere Bodenbearbeitungsmaßnahmen durchgeführt werden können.

Eine Spatenprobe gibt Aufschluss: Stechen Sie mit dem Spaten oder einer Schaufel in den Boden. Wenn sich beim Herausziehen der Spaten nur schwer aus dem Beet ziehen lässt und Erde am Spatenblatt kleben bleibt, ist der Boden zu nass.

DRÄNAGE VERBESSERN Um Tonböden durchlässiger zu machen, müssen Sand und feiner bis mittelfeiner Kies tiefgründig eingearbeitet werden. Am besten geschieht dies im späten Herbst. Der Boden wird dazu grob aufgehackt, eine 5–10 cm dicke Sandschicht aufgeschüttet und diese mit einer Grabegabel eingearbeitet.

Sie können den Boden auch mit einem Spaten grob umbrechen und die Schollen über den Winter offen liegen lassen. So kann der Frost tiefer in den Boden eindringen. Da sich Wasser beim Gefrieren ausdehnt, werden verkrustete und verschmierte Bodenpartikel quasi aufgesprengt und gelockert.

HUMUSGEHALT VERBESSERN Gleichzeitig sollte bei der Bodenverbesserung der Humusgehalt erhöht werden, indem Grüngutkompost und Rindenhumus locker in die oberste Bodenschicht eingearbeitet werden. Man kann diese Arbeit schonend von den Bodenorganismen erledigen lassen. Tragen Sie

Bodenproben geben Aufschluss über Bodenbeschaffenheit, pH-Wert und Nährstoffversorgung.

dazu auf die grob gelockerte Bodenoberfläche eine 5–10 cm dicke Schicht Grüngut wie Hecken- und Rasenschnitt sowie halbverrotteten Kompost auf. Dieser wird von Regenwürmern, Asseln und allerlei anderen Bodeninsekten nach und nach zerkleinert und in tiefere Bodenschichten transportiert. Je lebendiger ein Boden ist, desto besser wachsen die Pflanzen!

BODENVERBESSERUNG MIT GRÜNDÜNGUNGSPFLANZEN

Gründüngungspflanzen wie Lupinen und Sonnenblumen dringen mit ihren Wurzeln tiefer in den Boden ein, als viele andere Pflanzen, und lösen sogar Verdichtungen im Unterboden. Wenn diese Pflanzen im Herbst absterben und ihre Wurzeln verrotten, bleiben die feinen Kanäle im Boden erhalten – durch sie kann Wasser besser abfließen, andere Wurzeln können in den Boden eindringen und Luft wieder in tiefere Bodenschichten gelangen.

VORSICHT VOR ZU VIEL KALK

Lassen Sie vor dem Ausbringen von Gartenkalk bei einem guten Gartencenter unbedingt eine Bodenprobe untersuchen und überprüfen Sie mit einem Schnelltest aus dem Gartencenter den pH-Wert des Bodens. Fast alle Gartenböden sind ausreichend mit Kalk versorgt. Zu viel Kalk erhöht den pH-Wert und verschlechtert die Nährstoffverfügbarkeit für die Pflanzen.

Zu viel Unkraut

Stark verunkrautete Stellen im Garten zeugen meist von zu großzügiger Düngung. Eine Bodenprobe gibt Aufschluss über den Nährstoffgehalt des Gartenbodens. Viele Gartenpflanzen können mit dem raschen Wachstum der eher unerwünschten „Wildkräuter" wie Giersch, Quecke, Taubnessel und Knoblauchsrauke nicht mithalten und werden einfach überwuchert. Hier hilft nur: Jäten, jäten, jäten.

Zusätzliche Düngergaben sollten Sie eher vermeiden. Hier heißt die Devise: Aushungern. Oft hilft es auch, den Boden einige Zeit (vier bis sechs Wochen) mit einer dunklen Mulchfolie abzudecken. Durch das warme, feuchte Klima unter der Folie treiben im Boden ruhende Unkrautsamen aus, die Keimlinge gehen aber nach kurzer Zeit ein, da ihnen unter der Mulchfolie das zum Wachsen notwendige Sonnenlicht fehlt. Nach dem Entfernen der Folie wird der Boden mit einer Mulchschicht abgedeckt, die neuen Unkrautwuchs verhindert (siehe Seite 33).

Bodenerosion

An Stellen, an denen durch Wind und Regen die obersten Bodenschichten immer wieder abgetragen werden, hilft es, durch eine dichte Bepflanzung den Boden „geschlossen" zu halten. Pflanzenwurzeln halten die Bodenpartikel zusammen und verhindern, dass sie von einem plötzlichen Regenguss fortgespült oder nach einer längeren Trockenperiode vom Wind davongeblasen werden. Besonders an Hanglagen ist die Gefahr der Erosion groß. Zur Vermeidung der Abtragung von Bodenpartikeln gibt es zahlreiche Maßnahmen, die am besten in Kombination wirken:

BODENBEARBEITUNG Die Bodenbearbeitung erfolgt immer quer zum Hang, damit keine „Rillen" und „Kanäle" entstehen, in denen der Boden bei Regen noch schneller abfließen könnte. Die Pflanzreihen in Gemüsebeeten werden ebenso nur quer zum Hang angelegt.

BODENDECKER Vermeiden Sie gerade im Gemüsebeet längere Perioden ohne Bodenbedeckung. Schnellwachsende Gründüngungspflanzen wie Senf und Bienenfreund (Phacelia) bedecken den Boden rasch. Im Staudenbeet können Lücken nach der Pflanzung von Sommerblumen wie Kapuzinerkresse, Ringelblumen, Tagetes und Schmuckkörbchen ausgefüllt werden, bis die Stauden eine geschlossene Pflanzendecke gebildet haben.

BODENVERBESSERUNGEN Bodenverbesserungsmittel wie Gesteinsmehl, Ton und Kompost verbinden lose Bodenpartikel und sorgen so für einen besseren Zusammenhalt des Bodens. Feine Bodenteilchen werden bei Regen nicht mehr so leicht ausgespült oder bei Trockenheit vom Wind verweht.

TERRASSIERUNG Ist das Gefälle steiler, hilft eine leichte Terrassierung mit quer zum Hang in den Boden eingelassenen dicken Ästen oder einer Reihe von Steinen, sodass weniger steile „Miniterrassen" entstehen. Damit die Erde gut gehalten wird, sollten die flach liegenden Stämme oder Bohlen mindestens bis zur Hälfte eingegraben werden und zusätzlich auf der hangabwärts gerichteten Seite durch senkrecht in den Boden geschlagene Pflöcke gesichert werden. Bei größerem Gefälle lohnt es sich zu überlegen, ob der Hang nicht komplett terrassiert (siehe Seite 22) werden sollte.

Alleskönner Mulch

Als Mulch bezeichnet man eine Abdeckung der Bodenüberfläche mit den unterschiedlichsten Materialien. Dies können sowohl natürliche organische wie Rindenhumus, Holzhäcksel, Nadelstreu und Kompost sein, natürliche mineralische wie Kies, Splitt, Schotter und Schieferbruch oder künstliche wie Folie. Diese Mulchmaterialien unterscheiden sich in ihren Eigenschaften und wirken sich unterschiedlich auf den darunterliegenden Boden und die in ihm wachsenden Pflanzen aus:

RINDENHÄCKSEL Gehäckselte Rinde wird zur Bedeckung von weniger häufig begangenen Wegen eingesetzt. Sie verhindert durch die Gerbstoffe, die sie abgibt, die Keimung von Unkräutern. Der Humusgehalt wird mittelfristig erhöht, es kann zu einem leichten Anstieg des pH-Werts im Boden kommen,

der durch eine sauer wirkende Stickstoffdüngung ausgeglichen werden kann.

RINDENHUMUS wirkt ähnlich wie Rindenhäcksel, ist aber nicht so langlebig, da die Rinde schon teilweise verrottet ist. Eigenschaften wie Rindenhäcksel.

GRÜNGUTKOMPOST sollte wegen seines hohen Nährstoffgehalts nur dünn als Mulch ausgebracht werden. Er verhindert ein rasches Austrocknen des Bodens und sorgt für eine langsame, gleichmäßige Nährstoffversorgung der Pflanzen.

RASENSCHNITT verhindert die Keimung von Unkräutern und Abschwemmungen des Bodens bei Regen. Nicht zu dick ausbringen, da sonst eine zu dichte Schicht entsteht, die den Luftaustausch zum Boden verhindert.

NADELSTREU wirkt pH-senkend (säuert den Boden also an) und ist ideal zum Mulchen für Schattengärten und für Pflanzen, die eher saure Böden bevorzugen.

HOLZHACKSCHNITZEL dienen als verdunstungsmindernde Schicht auf Wegen und verhindern das Verdichten des darunterliegenden Bodens. Da beim Abbau des Holzes Stickstoff verbraucht wird, sollte beim Ausbringen etwas Kalkstickstoff oder Hornspäne mit ausgebracht werden.

STROH hält die Oberfläche trocken und wird von Schnecken nicht so gerne „überkrochen". Strohmulch verhindert bei Erdbeeren das Verschimmeln der Früchte. Beim Einarbeiten etwas Stickstoffdünger (Hornspäne) mit untergraben.

KIES, SCHOTTER UND SCHIEFERBRUCH dienen der Abdeckung und verhindern ein schnelles Austrocknen des Bodens. Außerdem erwärmen sie sich bei Sonneneinstrahlung.

Feldmaikäfer beim ausgiebigen Fraß. Im Detailbild seine als Engerling bekannte Larve

Erdraupen sind die Larven von Eulenfaltern, hier eine Gammaeule mit charakteristischer Flügelzeichnung.

VLIES UND FOLIE kommen hauptsächlich im Nutzgarten zum Einsatz und dienen zur Unkrautunterdrückung, fördern das Wachstum, weil sich der Boden unter der Folie schneller erwärmt und nicht so schnell austrocknet. Bedenken muss man jedoch immer, dass diese Kunststofffolien mit dem Restmüll entsorgt werden müssen.

Schädlinge im Boden

Schlechtes Pflanzenwachstum kann auch durch Schädlinge im Boden verursacht werden. Die schädigen durch ihre Fraßtätigkeit die Wurzeln der Pflanzen, sodass diese nicht mehr genug Wasser und Nährstoffe aufnehmen können und welken beziehungsweise kümmern.

ENGERLINGE Engerlinge sind die Larven der Mai- und Junikäfer und leben zwei bis vier Jahre im Boden, bevor sie sich verpuppen, um sich in den Käfer zu verwandeln. Man erkennt sie an ihrem dicken, weißen Körper und dem kleinen braunen oder schwarzen Kopf. Ernähren sie sich in den ersten Wochen noch von Humus, so beginnen sie bald, an feinen Wurzeln von Rasen und Stauden oder Kräutern zu fressen. Ältere Engerlinge ernähren sich auch von den Wurzeln von Bäumen und Sträuchern. Bei ei-

nem stärkeren Befall können sie in Rasenflächen oder an Gehölzen durchaus größere Schäden verursachen, die sogar zum Absterben der Pflanzen führen können. Bekämpfung: Pflanzen Sie im Staudengarten für Engerlinge giftige Pflanzen wie Rittersporn und Storchschnabel in die Beete, dann breiten sie sich dort nicht so schnell aus. Engerlinge lassen sich am besten im Herbst beim Unkrautjäten oder Umgraben absammeln und vernichten. Ansonsten hilft es, die natürlichen Feinde in den Garten zu locken. Für Vögel, Igel und bestimmte Schlupfwespen sind die dicken Insektenlarven ein gefundenes Fressen. Je naturnäher der Garten gestaltet ist, desto eher finden sie sich ein und unterstützen Sie bei der Bekämpfung.

ERDRAUPEN sind die Larven von Eulenfaltern, einer Gattung von Nachtschmetterlingen. Die Falter sind braun oder grau gefärbt und im Gemüsegarten lästige Schädlinge. Sie legen die Eier an der Blattunterseite von Gemüse- und Erdbeerpflanzen ab, die Larven fressen an den Blättern und Wurzeln. Einem solchen Angriff von oben und unten können verständlicherweise nur wenige Pflanzen widerstehen. Einen Befall mit Erdraupen erkennen Sie an den zerfressenen Blättern und Wurzeln und den

*Typischer Fraßschaden des Dickmaulrüsslers an Rhododen-
dron. Im linken Detailbild seine im Boden lebende Larve*

welken Trieben. Erdraupen sind nachtaktiv und rollen sich bei Berührung sofort zu einem dicken Ring
zusammen. Bekämpfung: Eine Mischkultur von Salat, Möhren und Kohl mit aromatisch riechenden
Pflanzen wie Sellerie oder Tomaten ist empfehlenswert, da dies die Falter abwehrt. Suchen Sie die
Unterseite der Blätter von Kohl- und Erdbeerpflanzen nach Eigelegen ab. Nachts lassen sich die Raupen mit einer Taschenlampe finden und absammeln. Biologisch lassen sie sich mit nützlichen Nematoden (Fadenwürmern) bekämpfen, die mit dem
Gießwasser verteilt werden. Entsprechende Präparate sind im Gartenfachhandel oder bei Nützlingsversendern (Adressen siehe Seite 198) erhältlich.

DICKMAULRÜSSLER Der Gefurchte Dickmaulrüssler ist
ein gefürchteter Schädling an vielen Pflanzen, besonders an Kübelpflanzen, an Rhododendren und
anderen immergrünen Laubgehölzen. Der 10 bis
12 mm lange Käfer mit dem charakteristischen
Rüsselkopf frisst nachts halbmondförmige Löcher
in die Blattränder. Zu allem Überfluss ernähren
sich die Larven von den Wurzeln, sodass die ganze
Pflanze absterben kann. Bekämpfung: Im Frühsommer (Mai und Juni) lassen sich die Käfer
nachts von den Blättern absammeln. Die Larven

lassen sich nur durch parasitierende Nematoden
bekämpfen, die mit dem Gießwasser ausgebracht
werden. Sie sind im Gartenfachhandel oder bei
Spezialversendern (Adressen siehe Seite 198) erhältlich. In einem naturnahen Garten, in dem sich
Insektenfresser wie Igel und Spitzmaus wohl fühlen, treten Dickmaulrüssler seltener auf.

NEMATODEN Pflanzenschädigende Nematoden sind
winzige Fadenwürmer, die über die Wurzeln in die
Pflanze eindringen und sich dort in den Leitungsbahnen von den Pflanzensäften ernähren. Sie verursachen Wachstumsstörungen und können zum
Absterben der Pflanzen führen. Bekämpfung: Etliche Pflanzen wie Tagetes, Ölrettich und Senf geben mit ihren Wurzeln Stoffe in den Boden ab, die
Nematoden vertreiben und sogar abtöten. Daher
empfiehlt sich eine regelmäßige Ansaat dieser als
Gründüngung, Zwischenfrucht oder eine Aussaat
zwischen den Gemüsereihen im Nutzgarten. Eine
Bekämpfung von Nematoden ist durch eine Bodenentseuchung durch Dämpfen möglich.

Bodenmüdigkeit

Die sogenannte Bodenmüdigkeit beschreibt ein
Phänomen, dass bei der Kultur von Pflanzen im
Garten (oder auch in der Landwirtschaft) im Laufe
der Zeit die Erträge nachlassen, neue Pflanzen
schlecht anwachsen oder die Pflanzen immer küm-
merlicher werden. Bodenmüdigkeit tritt besonders
dann auf, wenn immer die gleichen Pflanzen auf
demselben Standort gepflanzt werden. Viele andere Pflanzen wachsen und gedeihen, nur diejenigen,
die man eigentlich gepflanzt hat, kümmern, obwohl sich Vertreter derselben Art lange Jahre am
gleichen Standort wohl gefühlt haben.

Neben Kümmerwuchs sind kurze, pinselartige
Wurzeln typisch für Bodenmüdigkeit. Da diese
auch bei verdichtetem Boden oder Staunässe vorkommen, ist es ratsam, ein zwei bis drei Spatenblatt tiefes Loch zu graben, um zu prüfen, ob der

Boden verdichtet ist. Die genauen Ursachen für die Bodenmüdigkeit gehören immer noch zu den großen Mysterien der Gartenwelt. Nahm man früher an, dass der Kümmerwuchs durch den einseitigen Nährstoffentzug der Kulturpflanzen verursacht wird, weiß man heute, dass auch andere Faktoren eine Rolle spielen.

NÄHRSTOFFENTZUG Werden immer wieder dieselben Pflanzen am selben Standort gepflanzt, kann es zu einem einseitigen oder unausgewogenen Nährstoffentzug kommen, zum Beispiel wenn immer wieder stark stickstoffzehrende Pflanzen angebaut werden.

SCHÄDLINGSANSAMMLUNGEN Krankheiten wie Kraut- und Knollenfäule bei Kartoffeln oder Kohlhernie können sich lange im Boden halten und Pflanzen, die im Folgejahr gesetzt werden, erneut infizieren.

VERARMUNG DES BODENLEBENS Dauernde Bodenbearbeitung und der Einsatz von Pflanzenschutzmitteln können zu einem Rückgang der Bodenlebewesen führen. Da diese für den Abbau organischer Substanzen verantwortlich sind, werden Nährstoffe nicht aus ihrer organischen Form in eine für Pflanzen verfügbare mineralische umgewandelt.

PH-ÄNDERUNG Durch einseitige Düngung und Stoffe, die die Pflanzen mit den Wurzeln abgeben, ändert sich mittelfristig der pH-Wert des Bodens und damit die Verfügbarkeit der Nährstoffe.

Maßnahmen bei Bodenmüdigkeit

Um einem einseitigen Nährstoffentzug entgegenzuwirken, ist besonders im Gemüsebau ein Fruchtwechsel mit der richtigen Fruchtfolge wichtig. Die Tabelle ab Seite 144 gibt darüber Aufschluss, welche Pflanzen sich nebeneinander im Beet im Wachstum fördern oder hemmen. Nach Kohlgewächsen dürfen auf keinen Fall andere Kohlgewächse – also kein Kohlrabi oder Rettich nach Kohl – gepflanzt werden, sonst kann sich die Kohlhernie im Boden manifestieren.

Eine regelmäßige organische Düngung mit Hornspänen, Kompost, verrottetem Mist oder Dung sowie Spurenelemente-Düngern wie Algendünger sorgen dafür, dass das Bodenleben aktiv bleibt und es keine Verschiebung im Nährstoffgleichgewicht gibt. Dazu gehört aber auch – besonders im Nutzgarten – regelmäßig, am besten zwei- bis dreimal im Jahr Bodenproben untersuchen zu lassen.

Im Gemüsegarten fördert eine Gründüngung mit Senf und Tagetes die Humusanreicherung. Tagetes scheiden zusätzlich mit ihren Wurzeln Stoffe aus, die Nematoden vertreiben – eine biologische Bodenentseuchung sozusagen, die man nutzen sollte!

Ist die Bodenmüdigkeit durch Mikroorganismen wie Bakterien und Pilze verursacht, hilft ein Dämpfen des Bodens. Dabei wird mit einer speziellen Maschine heißer Dampf in den Boden geleitet, der Schaderreger abtötet. Der Nachteil ist, dass auch alle anderen Bodenlebewesen abgetötet oder geschädigt werden und es oft Jahre dauert, bis sich wieder eine gesunde Bodenflora gebildet hat.

Bei der sogenannten ROSENMÜDIGKEIT hilft nur ein kompletter Austausch des Bodens bis in eine Tiefe von 60–80 cm. Dieses Phänomen tritt leider nicht nur auf, wenn man in ein altes Rosenbeet neue Rosen setzen möchte, sondern auch an Stellen, an denen andere Rosengewächse – Erdbeeren, Äpfel, Birnen, Kirschen, Zwetschen, Brombeeren und Himbeeren – gewachsen sind. Auch Doldenblütler, zu denen viele Gemüse (zum Beispiel Möhre, Pastinaken, Fenchel, Sellerie) und Kräuter (Anis, Dill, Petersilie) gehören, reagieren empfindlich, wenn sie direkt hintereinander angebaut werden. Geben Sie bei einem Bodenaustausch keinesfalls der Versuchung nach, die befallene Erde in größeren Mengen auf andere Beete zu verteilen.

Was tun bei schwierigen Standorten?

Bei manchen Stellen im Garten hat man als Gärtner das Gefühl, man müsste verzweifeln. Die Pflanzen, die man setzt, wollen einfach nicht gedeihen. Meist sind dies schattige Stellen oder knochentrockene, sonnenverwöhnte Plätze. Aber auch in zugigen Ecken oder kalten Senken fühlen sich nur wenige Pflanzen wohl.

Kann man als Gärtner auf den Gartenboden in begrenztem Umfang noch Einfluss nehmen, indem man diesen verbessert, teilweise oder komplett austauscht, so lassen sich das örtliche Klima, die Ausrichtung nach Himmelsrichtung oder Schatten von benachbarten Gebäuden nicht oder nur unwesentlich beeinflussen.

In solchen Fällen gilt es, aus der Not eine Tugend zu machen und mit den örtlichen Begebenheiten zu arbeiten. Die Auswahl an Pflanzen ist riesig, und auch für schwierige Stellen lassen sich geeignete Gewächse finden. Vielleicht müssen Sie auf die eine oder andere Wunschpflanze verzichten und dafür einen ähnlich wachsenden oder blühenden Ersatz pflanzen.

STANDORT SCHATTIGER HINTERHOF In einem schattigen Hinterhofgarten gedeiht weit mehr als nur Efeu. Die Blätter der Kletterhortensien zum Beispiel haben ein frischeres Grün, außerdem hat sie weiße Blüten, die Licht in schattigen Ecken einfangen, und im Herbst glänzen die Hortensien durch eine leuchtend gelbe Herbstfärbung der Blätter. Funkien gibt es in unzähligen Sorten in vielen Blattfarben und -formen von winzigen Zwergen bis zu mächtigen Blattriesen. Alle lassen sich hervorragend in Töpfen pflegen.

STANDORT SONNIGER BALKON Ein sonnig-heißer Balkon ist prädestiniert, um mit mediterranen Pflanzen wie Thymian, Rosmarin und Lavendel bepflanzt zu werden. Unter den Kübelpflanzen vertragen Agapanthus, Olivenbäumchen und Zwergpalme Trockenheit. Eine Mulchschicht aus Rindenhäcksel oder Kies auf der Substratoberfläche vermindert die Verdunstung etwas. Wenn Sie nicht jeden Tag gießen möchten oder können, sollten Sie sich auf jeden Fall Kästen und Kübel mit eingebauten Wasserreservoirs anschaffen. Der Wasservorrat hält je nach Größe, Bepflanzung, Sonneneinstrahlung, Temperatur und Wind einige Tage und ermöglicht so auch einmal übers Wochenende wegzufahren, ohne eine Urlaubs-Gießvertretung organisieren zu müssen.

STANDORT WINDIGE DACHTERRASSE Dachterrassen sind aufgrund ihrer erhöhten Lage Wind und Wetter viel intensiver ausgesetzt als ein geschützter Innenhof. Hier ist auf Dauer nur eine Bepflanzung mit echten Trockenkünstlern erfolgversprechend. Yucca, aber auch Wacholder und Latschenkiefer sowie Gräser wie Blauschwingel, Lampenputzergras, Hasenschwanzgras, Stauden wie Eselsdistel und Fetthenne sowie mediterrane Kräuter gedeihen auch bei Hitze sowie Trockenheit und trotzen kräftigen Winden.

STANDORT GARAGENDACH Zur Begrünung eines Garagendachs eignen sich verschiedene Fetthennen, Mauerpfeffer, Zwerg-Iris, Salbei, Klappertopf

ALTERNATIVE: KÜBELPFLANZEN

An schwer zu bepflanzenden Standorten ohne oder mit nur sehr wenig Mutterboden wie in einem Hinterhof, auf einer Dachterrasse oder unter Vordächern sind Kübelpflanzen eine ideale Alternative. Sie benötigen zwar etwas mehr Pflege, da sie regelmäßig gegossen und gedüngt werden müssen und im Winter gegebenenfalls einen Schutz gegen Nässe oder Frost brauchen, ermöglichen aber die Begrünung von Ecken, die sonst kahl und trist bleiben würden. Prinzipiell können Sie fast alle Gartenpflanzen in Kübeln pflegen. Starkwüchsige Arten und Sorten fühlen sich aber nach einigen Jahren nicht mehr richtig wohl. Besser ist es, von vornherein eher kleinwüchsige Sorten zu wählen.

Viele Gräser und manche Stauden sind im Winter gegenüber zu viel Nässe empfindlich. Da sie in der kalten Jahreszeit nicht wachsen und kaum Wasser verdunsten, faulen die Wurzeln schneller. Besonders, wenn der Topfballen noch durchgefroren ist und bei wärmerem Wetter die Schneeschicht auf der Substratoberfläche abtaut, kommt es im oberen Bereich des Kübels zu Staunässe – das Wasser kann durch den gefrorenen Ballen ja nicht abfließen. Im Winter ist daher für Pflanzen, die das Laub abwerfen oder einziehen, ein Regenschutz empfehlenswert.

Immergrüne Kübelpflanzen wie Buchs, Bambus, Lorbeer und Nadelbäumchen sollten gegossen werden, wenn es ein paar Tage frostfrei bleibt,. Sie verdunsten auch im Winter Wasser (bei Bambus an den eingerollten Blättern erkennbar) und können genauso vertrocknen wie im Sommer.

Kübelpflanzen sind immer gut, um Lücken auszufüllen.
Die zierliche Walderdbeere gedeiht an schattigen Standorten.

und Gamander. Je nach Tragfähigkeit des Daches (unbedingt einen Statiker hinzuziehen) kann die Substratauflage auch dicker sein, sodass dann auch kleinere Halbsträucher wie Lavendel gepflanzt werden können.

Schattiger, trockener Garten

Die Auswahl an Pflanzen für den Schatten scheint auf den ersten Blick kleiner als für sonnige und halbschattige Standorte, ist aber immer noch riesig. Zwar gibt es nicht so viele Pflanzen mit gelben oder roten Blüten, die im Schatten gedeihen, die Farben Weiß, Rosa und Blau überwiegen, aber trotzdem lässt das Angebot an geeigneten Farben, Formen und Größen keine Wünsche offen.

Problematischer zu bepflanzen ist der trockene Schatten, da viele Schattenpflanzen eher an das Klima im Unterholz feuchter, kühler Wälder angepasst sind. Mit trockenem Schatten ist man als Gärtner relativ häufig konfrontiert, an der Hauswand unter dem Dachtrauf, unter und vor Koniferenhecken, besonders auf der Ostseite (dort, wo weniger Regen hingelangt), unter Balkonen oder Dachvorsprüngen sowie generell unter Bäumen.

Als Pflanzen für den trockenen Schatten haben sich folgende Arten besonders bewährt:

ARONSTAB Im Frühjahr erscheinen die frischgrünen Blätter und die exotischen, an Calla erinnernden Blüten. Im Spätsommer leuchten dann die mit roten Beeren geschmückten Fruchtstände. Giftig.

ASTILBE Ein Klassiker unter den Schatten- und Halbschattenstauden mit roten, cremefarbenen, rosa und weißen Blüten.

KLEINER KAUKASUS-BEINWELL Besonders diese cremeweiß blühende Form des Beinwells ist für den Schatten geeignet.

BERGENIE Eine fast unverwüstliche Staude mit ledrigen, immergrünen Blättern, die vom Schatten bis im direkten Sonnenschein fast überall gedeiht. Die Blüten erscheinen sehr früh im Jahr und sind je nach Sorte weiß, rosa oder rosarot.

BUSCHWINDRÖSCHEN Diese kleine Anemonenart blüht im Frühling unter laubabwerfenden Bäumen und Sträuchern, bevor diese ihre Blätter bilden. Im Sommer zieht sie sich wieder ganz zurück und erscheint erst wieder im nächsten Jahr.

EFEU Ein wahrer Überlebenskünstler, den es in zahlreichen Formen und Sorten gibt. Die gelb und weiß panaschierten Sorten sorgen mit ihrem hellen Laub für Lichtblicke im Schatten, sind aber nicht ganz so winterhart wie die grünen. Da Efeu eigentlich eine Kletterpflanze ist, lässt er sich verhältnismäßig leicht leiten.

ELFENBLUME Elfenblumen sind wintergrüne Stauden, das heißt ihre Blätter bleiben auch in der kalten Jahreszeit grün und ziehen sich erst im folgenden Frühjahr zurück. Somit sorgen sie auch im tristen Grau des Winters für Farbe im Garten. Die Blüten sind je nach Sorte weiß, rosa oder gelb.

GEDENKEMEIN Das blau blühende Gedenkemein ist eine wenig bekannte Schattenstaude, die mehr Aufmerksamkeit verdient hat. Sie hat kleine blaue oder blau-weiß gestreifte Blüten, die an die des Vergissmeinnicht erinnern.

GEISSBART Höher werdende Waldstaude für die Hintergrundbepflanzung mit gefiederten Blättern und fedrigen, weißen oder cremefarbenen Blütenrispen.

GOLDNESSEL Eine bodendeckende Taubnessel mit weiß geaderten Blättern und weißen oder gelben Lippenblüten, die von Hummeln geliebt werden.

Breitet sich über oberirdische Ausläufer rasch aus und bedeckt schnell große Flächen.

HÄNGESEGGE Ein Waldgras mit großer Standortamplitude, das bedeutet, dass es sich sowohl an feuchten wie auch an trockeneren halbschattigen bis schattigen Stellen wohl fühlt. Die hängenden Blütenrispen stehen hoch über dem glänzend dunkelgrünen Laub.

IMMERGRÜN Sowohl das Große wie auch das Kleine Immergrün gedeihen an den schwierigsten Standorten. Sie breiten sich durch flach über dem Boden liegende Ausläufer aus, haben glänzende, dunkelgrüne und – wie der Name vermuten lässt – immergrüne Blätter sowie je nach Sorte hellblaue, rosafarbene, violette oder weiße Blüten.

KAUKASUS-VERGISSMEINNICHT Eine anspruchslose Schattenstaude, die sich durch Selbstaussaat schnell ausbreitet und auch größere Flächen überdeckt. Die blauen kleinen Blüten stehen über dem Laub und ähneln denen des Vergissmeinnicht. Besonders schön, aber nur durch Teilung zu vermehren, ist die silberlaubige Sorte ‹Jack Frost›.

KRIECHENDER GÜNSEL Von manchen als Unkraut geschmäht, ist dieses anspruchslose Kraut ein willkommener Bodendecker für den tiefen, trockenen Schatten. Die blauen Blüten locken viele Insekten an.

LUNGENKRAUT Die silbergrau gefleckten Blätter mit der haarig-rauen Oberfläche sind nur ein schönes Merkmal dieser Wildstaude. Die Blüten wechseln beim Verblühen die Farbe von Rosa nach Blau, es gibt auch weiße Sorten.

SCHNEE-MARBEL Ein Sauergras mit duftigen, weißen Blütenständen über dunkelgrünen Blättern.

STORCHSCHNABEL Die Arten- und Formenfülle der Gattung *Geranium* ist legendär. Es gibt kaum einen besseren dauerblühenden Bodendecker für den Schatten und Halbschatten. Von Spätfrühling bis in den Herbst erscheinen die je nach Art und Sorte weißen, rosa, lilafarbenen, hellblauen oder blauvioletten Blüten.

VERGISSMEINNICHT Zweijährige Schattenpflanze, die sich durch Selbstaussaat schnell vermehrt und hält. Da die Blüten erst im zweiten Standjahr erscheinen, pflanzt oder sät man sie in zwei aufeinander folgenden Jahren, dann hat man in der Folgezeit jedes Jahr Blüten. Es gibt hellblaue, rosa und weiß blühende Sorten.

WALDASTER Diese Asternart fühlt sich auch an weniger sonnigen Stellen im Garten wohl und hat filigrane, helle Blütensterne, die im Herbst für Farbe im Garten sorgen.

WALDERDBEERE Ein unverwüstlicher Bodendecker mit zarten weißen Blüten im Frühjahr, denen kleine, rote Erdbeerfrüchtchen folgen. Breitet sich durch lange fadenförmige Ausläufer, an deren Spitzen kleine Tochterpflanzen sitzen, aus.

WALDMEISTER Unentbehrlich für jede Maibowle und dankbarer Bodendecker für den Schatten. Die sternförmig um den Stängel angeordneten Blätter sind ein schöner Kontrast zu Maiglöckchen oder Bärlauch.

BALKAN-WOLFSMILCH Breitblättrige und ausläuferbildende Bodendeckerstaude mit wintergrünen Blättern und grüngelben Blüten.

WURMFARN Trichterförmig wachsender Farn mit im Austrieb bräunlichen Wedeln, die dann matt dunkelgrün werden. Wird bis 1,2 m hoch und breit.

GÄMSWURZ Gelb blühende Schattenstaude, die sich durch Ausläufer schnell ausbreitet. Ihr leicht wuchernder Wuchs ist auf problematischen Schattenstandorten willkommen.

ALPENVEILCHEN Je nach Art im Frühjahr, oft noch bei Schnee, oder im Herbst blühende Knollenstaude mit weißen oder rosa Blüten und ledrigen, dunkelgrün-silbrig gezeichneten, herzförmigen Blättern.

MAIGLÖCKCHEN Betörend duftende Schattenstaude mit weißen Blütenglöckchen im Mai und roten Beeren im Spätsommer. Es gibt auch eine Sorte mit gelb-grün gestreiften Blättern und eine mit zart-rosa Blüten. Die ganze Pflanze ist giftig und darf nicht mit dem essbaren Bärlauch verwechselt werden.

GELBER LERCHENSPORN Dauerblüher mit zierlichem Laub und gelben Blüten. Pflanzen Sie einige Mutterpflanzen an bessere Standorte, dann breiten sich die zahlreichen Sämlinge schnell auch an den unwirtlichsten Stellen, in Mauerritzen und Fugen aus.

HERZBLATTASTER Buschig wachsende Aster, die sich über ihren kriechenden Wurzelstock ausbreitet. Besonders schön mit ihrem kräftigen Laub im lichten Gehölzschatten.

ECHTES SALOMONSSIEGEL *(Polygonatum odoratum)*, auch WOHLRIECHENDE WEISSWURZ Nordamerikanische Schattenstaude mit überhängenden Trieben, an deren Unterseite die weißen, hängenden Glockenblüten erscheinen. Braucht recht viel Platz.

TÜPFELFARN Kleiner Farn mit kriechendem Wurzelstock, aus dem die einfach gefiederten Blätter an langen, drahtigen Stielen erscheinen.

GLANZ-SCHILDFARN Einheimischer Farn mit festen, glänzenden Fiederwedeln, die in großen Trichtern stehen.

GROSSE STERNMIERE Einheimische Waldstaude mit schmalen Blättern und weißen Sternblüten. Durch den überhängenden Wuchs auch für Kübel oder schattige Mauern geeignet.

WALDSTEINIE Auch „Ungarwurz" genannter guter Bodendecker, der sich allerdings mit anderen Pflanzen nicht so gut verträgt. Gedeiht auch im trockenen Wurzelbereich großer Bäume.

SCHATTIGER, FEUCHTER GARTEN

Für feuchte, schattige Stellen gibt es viel mehr Pflanzen, die hier gedeihen. Daher ist die Bepflanzung solcher Standorte im Garten eigentlich kein Problem. In guten Gartencentern, Staudengärtnereien und Baumschulen finden Sie jede Menge Pflanzen, die im kühlen, feuchten Schatten und Halbschatten gedeihen. Stellvertretend seien die Farne, Funkien oder Hosta, Elfenblumen, Geißbart, Astilben, Fächerahorne, Rhododendren, Sauergräser, Seggen, Schaumblüte, Rodgersien und Purpurglöckchen genannt.

Zu sonniger Garten

Genau wie zu wenig Licht, kann auch ein Zuviel an Sonnenstrahlung zu Schäden an den Pflanzen führen. Da Schattenpflanzen wie Farne und Funkien an ihren natürlichen Standorten im eher feuchtkühlen Wald oder Waldrand keinen Schutzmechanismus gegen starke Sonnenstrahlen entwickelt haben, können sie bei unpassendem Standort regelrecht verbrennen. Stehen sie nur zu hell, ist der Wuchs gehemmt, die Pflanzen bleiben gedrungen, haben oft kleinere und hellere Blätter und die Blüten erscheinen nicht so üppig wie gewünscht. Bei einem echten Sonnenbrand verfärben sich die Blätter anfangs weißlich oder gelblich, später werden sie braun und trocknen ein. Diese Schäden sind irreversibel, das heißt die Pflanze erholt sich

Oben: Im Kiesgarten fühlen sich wärme- und trockenheitsliebende Pflanzen wohl.

Unten: Steinmauern und Gabionen schaffen windgeschützte, besonders warme Standorte im Garten.

nicht davon! Besonders bei Immergrünen heißt es daher aufpassen, denn sie brauchen sehr lange, bis die verbrannten Blätter und Triebe von neuem Laub überwachsen werden. Als anfällig seien Rhododendren und Nadelgehölze genannt, die im Schatten oder Halbschatten von Laubbäumen wachsen und im Winter nicht von einem schützenden Blätterdach überragt werden. Ein klarer Sonnentag während der kalten Jahreszeit reicht dann schon aus, um die Blätter verbrennen zu lassen.

Abhilfe: Vorbeugen ist besser als heilen. Wählen Sie den Standort mit Bedacht. In kritischen Fällen kann auch ein Schattiernetz, wie es im Obstanbau oder zur Schattierung von Gewächshäusern und Frühbeeten verwendet wird, über die Immergrünen gespannt werden. Spannen Sie das Schattiergewebe mit einem Abstand von 30–50 cm oder mehr über den Pflanzen auf; es auf die Pflanze zu legen, ist nicht ratsam, da der Schattiereffekt dann nicht eintritt. Vor einem Schneefall müssen Sie das Gewebe wieder einholen, damit es nicht unter der Schneelast zusammenbricht.

Wenn es schon zu Verbrennungen gekommen ist, hilft nur, die befallenen Blätter und Triebe im Frühjahr herauszuschneiden und auf den Neuaustrieb zu warten.

Im Obst- und Gemüsegarten kann es an Früchten zu Hitzeschäden kommen, wenn an heißen Sommertagen Früchte wie Äpfel oder Brombeeren der gleißenden Sonne ausgesetzt sind. Sie heizen sich dann so stark auf, dass es zu Gewebeschäden kommen kann. Sonnenbrand an Brombeeren ist an aufgehellten kreisförmigen Flecken auf der Frucht erkennbar, bei Äpfeln und Birnen kommt es zu hellen, bräunlichen Flecken. Auch hier hilft gegebenenfalls das Anbringen eines Schattiernetzes. Bei Obstbäumen sollten Sie beim Schnitt beziehungsweise beim Ausdünnen der Früchte (siehe Seite 128) darauf achten, dass Triebe mit Blättern so stehen bleiben, dass sie die Früchte wie ein natürlicher Sonnenschirm schattieren.

AN HITZESTAU im Wintergarten oder Gewächshaus denkt man automatisch und sorgt (hoffentlich) mit Schattier- und Lüftungsmöglichkeiten vor. In einem geschlossenen Wintergarten heizt sich die Luft bei voller Sonneneinstrahlung schnell auf über 50 °C auf – eine Temperatur, die sogar Kakteen und Wüstensukkulenten an die Grenzen ihrer Toleranz bringt. Palmen, Ficus und Schefflera verbrennen bei diesen Temperaturen regelrecht. Aber auch in kleinen Gärten, besonders wenn sie von Mauern umgeben sind, in Innenhöfen oder auf (Dach-)Terrassen mit großen Plattenbelägen kann die Temperatur gefährlich ansteigen. An oder in der Nähe solcher Standorte gedeihen nur hitzeverträgliche Stauden und Gehölze. Der seit einigen Jahren anhaltende Trend zu pflegeleichten Kies-, Steppen- und Präriebeeten hat glücklicherweise dazu geführt, dass die Auswahl an trockenheitsliebenden Stauden wie Yucca, Eselsdistel, Lampenputzergras, Wolfsmilch und Zistrosen immer größer wird.

KIESGARTEN – BLÜTENPRACHT GANZ OHNE GIESSEN

Pflanzen, die von Natur aus an trockene, heiße Standorte angepasst sind, erkennen Sie an den silbrigen, bläulichen oder weißfilzig behaarten Blättern wie sie Woll-Ziest, Fetthennen, Schwertlilien und viele Zwiebelblumen besitzen. Auch Königskerzen, Spornblumen und Edeldisteln machen in heiße Trockenbeeten eine gute Figur. Bei den Sträuchern und Halbsträuchern sind es Lavendel und Bartblume sowie die Weidenblättrige Birne, die ohne volle Sonne nicht auskommen.

Windige und zugige Ecken

Luftbewegung ist für die Gesundheit der Gartenpflanzen notwendig, denn bei stagnierender Luft siedeln sich rasch Pilze wie Grauschimmel, Mehltau und Sternrußtau auf den Blättern, Blüten und

Trieben an. Nach einem Regenschauer oder tau-
reichen Nächten trocknet das Laub schneller ab,
wenn die Pflanzen nicht zu dicht stehen und sie
von einem leichten Luftzug umweht werden.

Anders sieht es hingegen aus, wenn der Wind
an exponierten Stellen wie der Grundstücksgrenze, um die Ecken von Gebäuden oder zwischen
engstehenden Gebäuden „hindurchpfeift", durch
die Architektur vielleicht sogar noch beschleunigt
wird und die Pflanzen zerzaust. Eingetrocknete
Blattränder bei Bambus, trockene Triebspitzen bei
weichlaubigen Gehölzen wie Ahorn und vergilbte
Nadeln bei Koniferen sind das unschöne Resultat.
Triebe brechen und knicken ab, große Blätter werden zerrissen und zerfleddert, das Wachstum
stockt oder wird ganz eingestellt. Bei Kübelpflanzen kann es durch die höhere Verdunstung zu einem rascheren Austrocknen des Wurzelballens im
Topf kommen, was an heißen Sommertagen auch
Trockenkünstlern wie Rosmarin oder Oliven den
Garaus machen kann.

WINDSCHUTZ Um zu verhindern, dass Pflanzen an
zugigen Stellen im Garten leiden (und wir Garten-
besitzer auch), kann man höhere Sichtschutzzäune, Mauern, Paravents und Bretterwände als Wind-
brecher einsetzen. Undurchlässige Windschutzwände bieten jedoch nur begrenzt Schutz, denn
wenn der Wind auf sie trifft, staut sich die Luft vor
ihnen, wird nach oben und zur Seite gedrückt, um
dann über der Mauer- oder Zaunkrone in heftigen
Wirbeln nach unten zu fallen. Ist genug Platz vorhanden, kann dieser Effekt gemildert werden,
wenn man zwei Windschutzwände im Abstand
von zwei bis drei Metern aufstellt.

Besser noch ist es jedoch, den Wind nicht zu
brechen oder zu stoppen, sondern ihn zu verlangsamen. Diese Funktion übernehmen Hecken oder
Strauchpflanzungen. Auch an mit Kletterpflanzen
begrünten Sichtschutzelementen oder Mauern hat
der Wind keine Chance, heftige Wirbel zu bilden.

Für Windschutzhecken bieten sich bei den Laubgehölzen robuste Arten wie Liguster, Hainbuche,
Rotbuche, Rot- und Weißdorn sowie Hartriegel an,
bei den Nadelgehölzen erfüllen Eiben, Wacholder
und Lebensbaum diesen Zweck. Um den Wind
besser abzubremsen, macht es Sinn, die Pflanzung
stufig anzulegen, also keine Hecke mit mehr oder
weniger senkrechter Schnittwand, sondern in
Höhen gestaffelt zu pflanzen.

BODENEROSION DURCH WIND Den Abtrag von Oberbo-
den durch Wind verhindern Sie durch eine Mulchschicht aus Rindenhäckseln, Holzhackschnitzeln
oder Kies (siehe auch Seite 33) oder natürlich
durch eine dichte Bepflanzung mit Bodendeckern,
die mit ihren Wurzeln das Erdreich befestigen und
mit den oberirdischen Trieben den Wind bremsen.

KÜNSTLICHER WIND BEIM TRANSPORT

Der Fahrtwind beim Transport auf einem
offenen Hänger oder im offenen Koffer-
raum ist für Bambus, Laubgehölze und
Stauden eine wahre Tortur und entspricht
je nach Geschwindigkeit einem starken
Sturm oder einem Orkan mit Böen von
100 km/h. Verpacken Sie neu gekaufte
Pflanzen beim Transport also immer in
einer kräftigen Folie.

Kälte- und frostempfindliche Lagen

Selbst in relativ milden oder gemäßigten Regionen
gibt es Lagen oder Stellen im Garten, an denen
sich Kaltluft sammelt oder die, bedingt durch ganz-
tägige Beschattung, kühler sind oder sich nicht so
schnell erwärmen wie die übrige Luft:

SENKEN UND TÄLER Kalte Luft sinkt nach unten und
sammelt sich an tieferen Stellen, wie in Senken.
Dieser Effekt ist nicht nur im „Kleinen" bemerkbar,
zum Beispiel an einem Treppenabgang zum Keller,

sondern auch in größeren Senken und Tälern. Hinzu kommt, dass die Sonne nicht so lange den Boden bescheinen und erwärmen kann, besonders wenn das Tal in Ost-West-Richtung ausgerichtet ist. Kalte Winde und Luftströmungen können Sie etwas abbremsen, indem Sie Windschutzpflanzungen quer zur Talneigung errichten. Sie verhindern aber nicht, dass sich in einer Senke die kühlere Luft sammelt. Empfindliche Pflanzen wie Pfirsich und Aprikosen, Mandelbäumchen, Lavendel und Rosmarin fühlen sich an solchen Stellen nicht wohl und kümmern. Besser ist, Sie verzichten ganz auf sie und wählen robustere und unempfindliche Alternativen.

HANGSOHLE Durch den Effekt, dass kühle Luft zu Boden sinkt, ist die Temperatur am Fuß eines Hanges immer etwas niedriger als in den oberen Bereichen. Auch die Sonne erreicht im Tagesverlauf die Hangsohle später und verlässt sie früher, das Erdreich kann sich nicht so lange erwärmen und bleibt kühler. Auch hier ist nur durch die Wahl robuster Pflanzen Abhilfe zu schaffen.

NORDSEITE An der Nordseite von Gebäuden, die nur im Hochsommer frühmorgens oder spätabends etwas Sonne abbekommen, setzen Sie am besten nur Schattenpflanzen. Zwar profitiert man in der Regel im innerstädtischen Bereich von der Wärmeabstrahlung der Gebäude, richtig sonnig-warm wird es hier nie und Sonnenkinder wie Blauregen, Wein und Wacholder fühlen sich nicht wohl.

Spätfrost

Spätfrost ist bei Gärtnern besonders gefürchtet, denn er tritt im April oder Mai auf und kann an den sich gerade öffnenden Knospen und entwickelnden Trieben große Schäden verursachen. Ist Spätfrost angekündigt, können Sie gefährdete Kübelpflanzen über Nacht wieder einräumen oder mit einem über sie gespannten Sonnenschirm die schlimmste Kälte abhalten. Größere Pflanzen oder Bäume, die spätfrostgefährdet sind, profitieren von der Nähe zu Gebäuden, die Wärme abstrahlen. Übrigens sind viele Pflanzen, die aus kalten Regionen stammen und eigentlich sehr niedrige Temperaturen überstehen, besonders gefährdet, da sie schon bei wenigen Grad über Null austreiben.

Barfrost

Von Barfrost spricht man, wenn im Winter der Himmel klar ist, die Temperaturen stark sinken und der Boden nicht von einer schützenden Schneedecke bedeckt ist. Barfröste sind bei umgegrabenen Beeten im Nutzgarten ideal, um Bodenverdichtungen aufzubrechen, aber für viele Pflanzen stellen die schnell absinkenden Temperaturen eine echte Herausforderung dar. Bedecken Sie gefährdete Pflanzen mit einem Vlies, das wie eine Decke verhindert, dass der Boden und die Pflanzen die verbleibende Wärme abstrahlen und dadurch zu stark auskühlen und einfrieren.

Wechselfrost

Ein tückisches Wetter, das dazu führen kann, dass sich durch das wiederholte Einfrieren und Auftauen des Bodens die Wurzeln lösen und die Pflanze locker wird, sich quasi „losfriert" oder „vom Frost aus dem Boden gehoben wird". Eine 5–15 cm dicke Mulchschicht verhindert, dass der Boden in den oberen Schichten zu schnell durchfriert.

VORBEUGEN

Durch gezielte Düngemaßnahmen können Sie die Frosthärte Ihrer Gartenpflanzen stärken. Geben Sie ab spätestens Mitte August keine Stickstoffdünger mehr, damit das Wachstum der Triebe langsam zurückgeht und die Triebe ausreifen können. Auch eine kalibetonte Düngung im Spätsommer / Frühherbst stärkt die Frosthärte der Pflanzenzellen.

Probleme mit dem Rasen

Was tun, wenn sich Moos im Rasen breit macht?

Ein makelloser „englischer" Rasen ist der Traum vieler Gärtner und gilt immer noch als Sinnbild eines gepflegten Gartens. Damit eine Rasenfläche gleichmäßig grün bleibt und das ganze Jahr gut aussieht, ist ein großer Pflegeaufwand nötig – so manches Staudenbeet macht da weniger Arbeit.

Moos im Rasen

An schattigen Stellen gedeihen Rasengräser selten wirklich gut. Wenn der Boden dann auch noch feucht ist, breitet sich schnell Moos aus. Auch an staunassen Stellen oder wenn der Boden versauert, hat es das Gras nicht leicht und wird von Moos überwachsen:

URSACHE NÄHRSTOFFMANGEL Die wichtigste Ursache für Moos im Rasen ist eine mangelnde oder falsche Düngung. Moos ist an extrem nährstoffarme Standorte angepasst und kann daher Baumrinde und Steine besiedeln, auf denen keine Erde aufliegt. Rasen hingegen braucht viele Nährstoffe, vor allem Stickstoff im Frühjahr und Sommer. Schließlich ist es für die Gräser eine große Leistung dauernd zu wachsen. Mit dem Schnittgut werden dem Rasen Nährstoffe entzogen, die ihm wieder zugeführt werden müssen! Geschieht dies nicht oder nur unregelmäßig, laugt der Boden langsam aus. Das Gras wächst schlechter, und Pflanzen (nicht nur Moos), die an nährstoffärmere Standorte angepasst sind, können sich ausbreiten. **Abhilfe:** Düngen Sie den Rasen regelmäßig und der Jahreszeit angepasst. Dazu gibt es spezielle Langzeitdünger, die nur alle drei Monate ausgebracht werden müssen. Die Düngung im Frühjahr erfolgt nach dem ersten Schnitt im März oder April und ist eher stickstoffbetont. Stickstoff fördert das Wachstum und gibt dem Rasen Kraft für die kommenden Monate. Im Spätsommer und Herbst gilt es, den Rasen fit für den Winter zu machen, Kalium hilft der Graspflanze, resistenter gegen Frost, Krankheiten und Trockenheit zu werden.

Bei starker Vermoosung ist eine Bekämpfung mit chemischen Moosvernichtern möglich. Diese enthalten Eisen-II-Sulfat, welches das Moos abtötet, für den Rasen aber ein willkommener Eisendünger ist. Vorsicht: Bringen Sie die Mittel nicht auf Plattenbelägen oder Trittsteinen aus, sonst können unschöne Verfärbungen auftreten. Nach dem Ausbringen des Moosvernichters wird das Moos meist innerhalb von zwei bis drei Tagen schwarz und trocknet ein. Es lässt sich dann mit einem Vertikutierer gut entfernen. Da dieser aber keinen Unterschied zwischen Rasen und Moos macht, sieht der vom Moos befreite Rasen nach einer solchen Maßnahme sehr mitgenommen und zerrupft aus, daher empfiehlt sich eine Nachsaat mit speziellem Nachsaatrasen, der etwa zwei Wochen nach der Moosentfernungsmaßnahme eingesät wird. Damit die Rasensaat gut keimt und anwächst, ist es am besten, Moos im Frühjahr zu bekämpfen. Dann hat die Nachsaat genug Zeit, vor den ersten heißen Hochsommertagen anzuwachsen.

URSACHE SCHATTEN Gras braucht Licht, Luft und Sonne. Das gilt auch für Rasen, der ja aus unterschiedlichen Grasarten und -sorten besteht. An halbschattigen Stellen oder dort, wo das Sonnenlicht mindestens fünf Stunden täglich scheint, fühlt er sich noch wohl. Wird es dunkler und schattiger, wächst der Rasen langsamer, und andere Pflanzen, die besser an die vorhandenen Lichtverhältnisse angepasst sind, wie Moos und Günsel haben gute Voraussetzungen sich auszubreiten. Abhilfe: Lichten Sie hohe Bäume und Sträucher am Rand der Rasenfläche aus. Soll der Rasen bis direkt an eine hohe immergrüne Hecke reichen, so sollte diese leicht konisch geschnitten werden, also oben schmaler als an der Basis, damit immer genug Licht auf den Boden kommt. Alternativ können Sie den Raum vor einer Hecke oder vor Gehölzgruppen auch mit Stauden bepflanzen, die einen Übergang zur Rasenfläche bilden. Lassen Sie den Rasen im Schatten etwas länger wachsen, eine Schnitthöhe von 45–50 mm ist besser als die sonst üblichen 35–40 mm, denn ein längerer Halm gibt dem Gras mehr Kraft, sich gegen konkurrierendes Moos zu behaupten.

URSACHE ZU VIEL FEUCHTIGKEIT Moos als Waldpflanze liebt einen feuchten Boden. An Stellen, an denen der Boden durch dauernde Belastung (Trittwege) verdichtet wird, kann das Wasser nicht so schnell versickern, es bleibt an der Oberfläche stehen. Dies führt dazu, dass die Grastriebe langsamer abtrocknen und nach einem Regen (oder einer Bewässerung) länger feucht bleiben. Moos kann sich so schneller ansiedeln und ausbreiten. Abhilfe: Vertikutieren Sie den Rasen regelmäßig, so wird vorhandenes Moos mechanisch entfernt und die verfilzte Grasnarbe aufgerissen. Luft gelangt wieder an die Bodenoberfläche, diese trocknet schneller ab, und Moos hat weniger Chancen sich zu halten oder erneut anzusiedeln.

Ist der Boden verdichtet, hilft es, ihn mithilfe eines Aerifizierers tiefer zu durchlüften. Dazu werden die langen Metallstifte des Geräts in den Boden gestochen, durch die Wasser schneller versickert und wieder Luft in tiefere Bodenschichten gelangt. Eine praktische Alternative, die Arbeit erleichtert, sind „Aerifiziersohlen" mit langen Stahlstiften, die man sich unter die Schuhe schnallen kann (siehe Seite 51 unten).

URSACHE VERSAUERUNG Moos ist nicht nur ein Zeiger für Nährstoffmangel im Allgemeinen und Stickstoffmangel im Besonderen, sondern auch für sauren Boden. Ursachen für einen absinkenden pH-Wert des Bodens können eine falsche (ammoniumbetonte) Düngung sein (oder gar keine Düngung) sowie eine vermeintlich gut gemeinte Bodenverbesserung durch Torf. Abhilfe: Eine ein- bis zweimalige Gabe von Rasenkalk ist meist schon ausreichend, um den pH-Wert im Boden auf ein für den Rasen optimales Niveau zu erhöhen. Dann fühlt sich Moos nicht mehr wohl und verschwindet meist von ganz alleine. Bevor Sie den Rasen kalken, sollten Sie immer eine Bodenprobe untersuchen lassen oder den pH-Wert messen. Denn wenn dieser normal ist oder gar leicht alkalisch, richtet eine gut gemeinte Kalkung eher Schaden an.

VERBÜNDEN STATT BEKÄMPFEN

Eine Möglichkeit ist auch, sich einfach mit dem „Feind" des Rasens zu verbünden. Eine geschlossene Moosdecke ist genauso grün, weicher und muss nicht einmal gemäht werden! An halbschattigen Stellen können Sie statt Rasen auch Mastkraut oder Sternmoos säen, das schnell eine geschlossene frischgrüne Oberflächenbedeckung bildet. Das ist zwar etwas teurer als Rasensaatgut, aber billiger als alle acht Wochen zu vertikutieren und nachzusäen. Allerdings ist Sternmoos nicht so trittfest wie Rasen und daher nur für weniger stark begangene Bereiche geeignet.

Mikroklee in Rasenmischungen

In den letzten Jahren wurden von Rasensaatgutproduzenten Saatmischungen entwickelt, die nicht nur Gräser, sondern auch eine besonders kleinblättrige Kleesorte enthalten. Diese sind genauso grün wie Rasen und ergänzen die Rasengräser ideal, denn sie können – wie alle Schmetterlingsblütler – durch besondere Bakterien in ihren Wurzeln Stickstoff aus der Luft binden und speichern. So profitieren auch die Rasengräser vom erhöhten Stickstoffangebot im Rasen, wachsen besser, Moos hat als „Stickstofffflieher" hier keine Chance mehr.

Vertikutieren – wirklich nötig?

Auch wenn es in Gartencentern, im Internet und in Ratgebern immer wieder empfohlen wird: Regelmäßiges Vertikutieren ist für den Rasen eine echte Tortur. Im Privatgarten ist Vertikutieren nur dann sinnvoll und angebracht, wenn man wirklich viel Moos im Rasen hat, das entfernt werden soll und der Rasen danach durch eine Nachsaat erneuert wird.

Was tun, wenn der Rasen Lücken hat?

Lücken im Rasen können durch Trockenheit, Algen, Krankheiten, aber auch punktuelle Überbelastung, Überdüngung (auch durch Tierkot und -urin) und fehlende Düngung sowie falsche Rasensaatgutmischungen verursacht werden.

Lücken und Löcher

Braune Flecken, kahle Stellen, Verfärbungen und unregelmäßiger Wuchs auf der Rasenfläche haben verschiedenste Ursachen und können alle relativ einfach bekämpft werden:

URSACHE TROCKENHEIT An Stellen wie dem Rand von Terrassen oder Plattenbelägen, an denen der Unterboden nicht so tiefgründig ist oder Mörtelfundamente unter dem Rasen liegen, oder unter Bäumen, wo die Wurzeln der Gehölze dem Rasen das Wasser entziehen, trocknen die Gräser schneller aus als in der übrigen Rasenfläche. Abhilfe: Gegen Wassermangel hilft nur eine gezielte, zusätzliche Bewässerung. Unter Gehölzen wird man, wenn diese im Sommer auch noch dicht belaubt sind und wenig Licht durchlassen, kapitulieren müssen. Solche Stellen sind einfach kein Platz für Rasen.

An Terrassenrändern ist es einfacher, beim Gießen dem Rasen eine zusätzliche Portion lebenswichtiges Nass zu verpassen. Bei einer Neuanlage achten Sie darauf, dass das Mörtelband, das die Randplatten an ihrem Platz fixiert, nicht zu flach und breit verlegt wird.

URSACHE ALGEN Wird der Rasen immer dünner, und macht sich auf der Erdoberfläche ein dunkelbrauner bis schwärzlicher Film breit, der bei Nässe unangenehm glitschig ist, dann breiten sich Algen aus. Diese haben zwar mit jenen aus dem Gartenteich nichts gemein, sind aber genauso lästig und schwer zu bekämpfen. Abhilfe: Da Algen wie Moos davon profitieren, wenn der Rasen kümmert, müssen die Ursachen abgestellt werden: Eine Kalkung mit kohlensaurem Kalk (etwa $100\,g/m^2$) ist empfehlenswert. Meist bilden sich an Stellen,

Lücken im Rasen können viele Ursachen haben: Trockenheit, Nährstoffmangel oder -überschuss, Urin von Tieren, Pilzkrankheiten oder auch Bodenverdichtungen, die zu Staunässe und Algenwachstum führen.

Hexenringe und Hunde verunstalten den schönen Rasen. Wenn die Schadstelle gesäubert ist, kann gezielt nachgesät werden, um die Lücken wieder zu schließen.

an denen nach einem Regen oder der Bewässerung das Wasser stehen bleibt, Algen. Daher muss der Wasserabzug im Boden verbessert werden, zum Beispiel durch Aerifizieren und anschließendes Abstreuen mit Rasensand (2–3 l/m^2). Eine weitere Maßnahme ist ein konsequenter Schnitt – unter langem, sich flach legenden Rasen fühlen sich Algen und Moos wohl. Daher gehört das wöchentliche Rasenmähen in Kombination mit einer regelmäßigen Düngung zum wichtigen Vorsorgeprogramm.

URSACHE SCHNEESCHIMMEL Er tritt auf, wenn sich im Winter unter der Schneedecke Feuchtigkeit sammelt und der Rasen lange Zeit keine „Luft" bekommt. Man erkennt Schneeschimmel an den gräulichen, weißen oder rosafarbenen Flecken auf den Halmen. Abhilfe: Schneeschimmel wird vorgebeugt, wenn der Rasen im Herbst kalibetont gedüngt wird und im Oktober oder November ein letztes Mal gemäht wird, damit er nicht zu lang in den Winter geht. Bei Schnee und Frost sollten Sie Ihren Rasen nicht zu oft, besser gar nicht betreten, da dadurch Grashalme brechen und an den Verletzungen die Pilzsporen in den Halm eindringen können. Im Frühjahr sorgt eine Stickstoffdüngung für einen kräftigen Wachstumsschub. Befallene Grasflecken entfernen und nachsäen.

URSACHE KALIUMMANGEL Braune Flecken, die nicht durch Dürre (Austrocknen) oder Nässe (Verfaulen) verursacht sind, deuten auf einen Kaliummangel hin. Abhilfe: Kalibetont düngen.

URSACHE HEXENRINGE Hexenringe entstehen durch im Boden wachsende Pilze, die sich von einem Punkt aus kreisförmig ausbreiten und dann gleichzeitig Fruchtkörper (Pilze) bilden. Abhilfe: Regelmäßig düngen, gleichmäßig bewässern, Trockenheit vermeiden und erscheinende Fruchtkörper vorsichtig absammeln, bevor sie ihre Sporen verbreiten.

URSACHE GRASMÜCKENLARVEN Braune Flecken an feuchten Stellen sind ein Zeichen für unter der Erde an den Graswurzeln fressenden Larven der Grasmücke. Sie bevorzugen einen feuchten Boden. Abhilfe: Die befallenen Stellen abtragen und entfernen. Die Lücken müssen dann mit neuem Rasen eingesät werden.

URSACHE ÜBERDÜNGUNG Wird Dünger zu hoch dosiert, so kann es an den Rasenpflanzen zu regelrechten Verbrennungen durch die Düngesalze kommen. Besonders, wenn man mit der Hand breitwürfig streut, kann es zu einer unregelmäßigen Verteilung kommen, auch beim Wenden von Düngestreuern in der inneren Kurve fällt oft zu viel Dünger auf den Rasen. Abhilfe: Vorsicht beim Ausbringen von Düngern. Bemerkt man Stellen mit zu viel Dünger, kann eine sofortige durchdringende Bewässerung dabei helfen, die Düngerkonzentration im Boden zu verringern.

URSACHE STÄNDIGE BELASTUNG An Stellen, die häufig begangen werden, zum Beispiel zu einem Sitzplatz, entlang von Abkürzungen durch den Garten oder auf schmalen Rasenstellen zwischen Beeten oder Sträuchern wird der Boden mehr und mehr verdichtet und das Wachstum des Rasens beeinträchtigt. Abhilfe: Da sich „alte Pfade und Angewohnheiten" schlecht abgewöhnen lassen, bringt es voraussichtlich nichts zu versuchen, die belasteten Stellen durch dauerndes Auflockern und Nachsäen wieder zu begrünen.

Überlegen Sie stattdessen, Trittplatten, ein Rasengitter aus Kunststoff oder Rasengittersteine zu verlegen, die die Belastung durch die Tritte abfedern und auffangen. Da es ein natürlicher Instinkt des Menschen ist, von einem Punkt zu einem anderen immer den kürzesten Weg zu nehmen, kommt hier der Planung der Wege besondere Bedeutung zu. Gewohnte Abkürzungen über den Rasen lassen sich nur unterbinden, indem man sie mit Barrieren wie stachligen oder dornigen Sträuchern oder einem Zaun versperrt.

URSACHE TIERE Hunde oder Katzen, die regelmäßig den Rasen nutzen, sorgen mit ihrem Urin für eine permanente Überdüngung auf wenigen Stellen des Rasens. Die Graswurzeln und Halme „verbrennen" förmlich im Lauf der Zeit. Abhilfe: Gehen Sie mit Ihrem Hund nach draußen und lassen Sie ihn nicht mehr in den Garten, wenn er „raus muss". Katzen ist es schwieriger abzugewöhnen, dass sie an bestimmten Stellen abkoten und urinieren. Hier helfen nur Katzenvertreiber, zum Beispiel von Variona, die, mit einem Bewegungsmelder gekoppelt, hohe Ultraschalltöne ausstoßen.

URSACHE FALSCHES SAATGUT Es gibt speziell entwickelte Rasensaatgutmischungen, die optimal an unterschiedliche Standorte wie Sonne oder (Halb-)Schatten angepasst sind oder für unterschiedliche Verwendungszwecke (Spielrasen, Sportplatzrasen, Parkrasen) gezüchtet wurden. Wenn Sie einen neuen Garten übernehmen und der Rasen dem intensiven Fußballspiel der Kinder nicht wirklich gut widersteht, so kann es einfach daran liegen, dass die bei der Anlage verwendete Sorte nur für eine weniger strapaziöse Beanspruchung gedacht war. Abhilfe: Achten Sie bei der Neuanlage auf die am besten passende Rasensaatgutmischung. Beim Rasensaatgut gilt auf jeden Fall: Sparen macht sich nicht bezahlt. Billiges Rasensaatgut enthält meist Samen von kurzlebigen, einjährigen Grasarten (weil diese billiger sind) oder ist überlagert und die Keimfähigkeit daher vermindert. Bekannte Saatgutzüchter wie Wolf Garten und Barenbruk bieten eine breite Palette unterschiedlicher Rasensaatgutmischungen für (fast) jeden Zweck.

Was tun, wenn sich Unkraut ausbreitet?

Nicht nur Moos, auch Unkräuter wie Gänseblümchen, Löwenzahn, Wegerich, Klee und etliche andere können die Freude am Rasen trüben. Eine starke Verunkrautung ist meist ein Zeichen für Nährstoffmangel, denn die meisten unerwünschten Kräuter kommen mit weniger Dünger zurecht als der Rasen.

Die Ursachen finden

Bevor Sie mit der Bekämpfung der Unkräuter im Rasen beginnen, müssen Sie die Ursache für die schlechte Entwicklung des Rasens bestimmen, denn nur dann können die verschiedenen Maßnahmen Erfolg haben. Gerade bei der Unkrautbekämpfung heißt es, das Problem im wahrsten Sinne des Wortes „an der Wurzel zu packen".

URSACHE NÄHRSTOFFMANGEL Rasengräser brauchen viele Nährstoffe. Wenn die Rasenfläche nicht regelmäßig mit den Nährstoffen versorgt wird, kümmert das Gras und es können Lücken entstehen, die dann von Unkräutern besiedelt werden, die an nährstoffärmeren Boden angepasst sind, Haben die erst einmal Fuß gefasst, breiten sie sich immer weiter aus. Abhilfe: Achten Sie auf eine ausgewogene Düngung und geben Sie, wenn sich die ersten Unkräuter schon eingestellt haben, einen Rasenvolldünger.

URSACHE TROCKENHEIT Lange Trockenperioden oder regenarme Zeiten ohne zusätzliche Bewässerung, besonders in Kombination mit Nährstoffmangel, setzen den Rasengräsern zu, da sie sich nicht so schnell regenerieren können. Sind erst einmal Lücken entstanden, werden diese schnell von Unkräutern besiedelt. Abhilfe: Bewässern Sie den Rasen in Trockenperioden regelmäßig; aber nicht täglich nur ein paar Minuten, sondern lieber einmal wöchentlich, dann aber ausdauernd, damit das Wasser tief in den Boden eindringen kann. Sind nach einer längeren Abwesenheit im Sommer Lücken im Rasen entstanden, sollten Sie das vertrocknete Gras mit einem Rechen oder Vertikutierer ausharken und die Fläche mit Rasennachsaatgut einsäen, damit das „Loch" schnell wieder geschlossen wird und sich kein Unkraut ansiedeln kann.

URSACHE SCHLECHTES SAATGUT Billige Rasenmischungen wie „Berliner Tiergarten" enthalten einen hohen Anteil einjähriger Futtergräser, die zwar schnell in die Höhe wachsen, aber keine dichte Grasnarbe ausbilden. Außerdem enthalten sie von vornherein deutlich mehr Unkrautsamen als hochwertiges Rasensaatgut, das im Werk einem aufwändigen Reinigungsprozess unterzogen wird. Abhilfe: Sind schon beim Aufgehen / Keimen der ersten Rasengräser einer Neuanlage viele unerwünschte Kräuter erkennbar, sollen Sie über eine Wiederholung der Neuanlage nachdenken. Denn die Unkräuter wachsen schneller als der Rasen und werden sich so immer weiter ausbreiten.

URSACHE FALSCHE SCHNITTHÖHE Fast alle Rasenunkräuter brauchen Licht zum Keimen – deshalb siedeln sie sich auch so schnell in Lücken an. Wird der Rasen zu kurz geschnitten, keimen sie zwischen den Halmen. Abhilfe: Stellen Sie die

Schnitthöhe auf 35 mm (in sonnigen Lagen) bis 45 mm (im Schatten) ein.

Unkrautbekämpfung

Standortgemäße Bewässerung und Düngung sowie regelmäßiges Mähen auf die richtige Schnitthöhe beugen einem Unkrautbefall vor. Haben sich Unkräuter angesiedelt, können diese mechanisch durch Jäten, Ausstechen und Vertikutieren entfernt werden – oder mit chemischen Unkrautvernichtungsmitteln:

MECHANISCHE UNKRAUTBEKÄMPFUNG Unkräuter wie Gundermann, Ehrenpreis und Weißklee, die sich teppichartig ausbreiten, können durch Vertikutieren zurückgedrängt werden. Nach dem Vertikutieren empfiehlt sich eine Neuansaat, damit die Lücken schnell geschlossen werden. Löwenzahn, Breit- und Spitzwegerich sowie Disteln kommen Sie mit Unkrautstechern bei.

CHEMISCHE UNKRAUTBEKÄMPFUNG Unkrautvernichtungsmittel wirken nur für zweikeimblättrige Pflanzen giftig und führen bei diesen zu Wachstumsstörungen, die letztendlich zum Absterben führen. Gräser gehören zu den einkeimblättrigen Pflanzen und werden von diesen Mitteln nicht beeinträchtigt. Damit Unkrautvernichter optimal wirken, muss der Boden warm und feucht sein und die Temperaturen dürfen nachts auch nicht zu kühl werden. Im Frühjahr und Herbst oder gar im Winter hat das Spritzen gegen Unkräuter wenig Aussicht auf Erfolg. Vor dem Ausbringen sollten Sie nicht mähen, denn die Wirkstoffe werden von den Unkräutern über die Blätter aufgenommen. Daher sollte es in den Tagen nach der Maßnahme auch nicht regnen und der Rasen auch nicht bewässert werden. Ideal ist der späte Nachmittag, damit das Spritzmittel möglichst lange auf den Blättern bleibt. Achten Sie unbedingt darauf, dass es nicht vom Wind abgetrieben wird und benachbarte Beete schädigt.

Was tun, wenn ungebetene
Untermieter einziehen?

Maulwürfe und Wühlmäuse gehören zu den Erzfeinden des Gärtners. Während Maulwürfe durch ihre Grabtätigkeit und die Hügel, die sie auf ehemals schönen Rasenflächen hinterlassen, nur lästig sind, können Wühlmäuse durch das Abfressen und Benagen von Pflanzenwurzeln große Schäden verursachen.

Wer gräbt denn da?

Maulwurf oder Wühlmaus? Diese Frage lässt sich durch eine Analyse der Hügel und Gänge recht schnell beantworten.

➤ Bei einem Maulwurfshügel ist das Loch in der Mitte des Haufens, während er bei einem Wühlmaushügel eher seitlich liegt.

➤ Die Gänge von Wühlmäusen sind mindestens 8 cm breit und hochoval, die von Maulwürfen etwas kleiner im Durchmesser und breiter als hoch.

➤ In den Hügeln von Wühlmäusen finden sich häufig Pflanzenteile und Wurzeln, während Maulwurfshügel fast immer nur aus feiner, aufgeworfener Erde bestehen.

➤ Da Wühlmäuse ihre Gänge gerne dicht unter der Erdoberfläche anlegen, sind diese an der aufgewölbten Grasnarbe oder im Gemüsebeet an der aufgewölbten Erde erkennbar.

Maulwürfe vertreiben

Der Maulwurf ist eine geschützte Tierart, daher darf er nicht in Fallen gefangen und getötet werden. Es bleibt nur die Vertreibung aus dem Garten:

GERUCHSMITTEL Maulwürfe haben empfindliche Nasen und suchen schnell das Weite, wenn saure Milch, Jauche aus Wermut oder Brennnesseln oder in Wasser zerquetschte Knoblauchzehen in ihre Gänge geschüttet wird oder chemische Vertreibungsmittel deponiert werden.

Wiederholen Sie die Maßnahme mindestens einen Monat lang einmal pro Woche, damit die Tiere nicht kurz darauf wieder zurückkommen.

AKUSTISCHE VERTREIBUNG Bewährt haben sich in den Boden eingegrabene Flaschen, über deren Öffnung der Wind streicht. Auch quietschende Windräder, die in die Hügel gesteckt werden, verursachen Töne, die Maulwürfe vertreiben können. Wer es „künstlerisch" mag: Durch die Gänge Stahlstangen in den Boden rammen, an deren oberen Enden mit Schnur ein Metallblech befestigen. Dieses soll so leicht sein, dass es vom Wind bewegt gegen die Stange schlägt.

Wühlmäuse

Die ganzjährig aktiven Nager machen mehr Ärger als Maulwürfe, vor allem die große Wühlmaus oder Schermaus. Vertreiben lassen sie sich nur durch saure, gestockte Milch, die in die Gänge geschüttet wird, oder im Handel erhältliche Geruchsmittel, die aber nicht nur für die Wühlmäuse äußerst unangenehm riechen.

Mit Fallen kommt man ihnen kaum bei. Die besten Zeiträume für den Einsatz von Fallen in den Gängen sind der Spätherbst, solange der Boden offen ist, und das zeitige Frühjahr.

Auf Gift sollte man mit Rücksicht auf Beutegreifer verzichten, die durch das Fressen einer vergifteten Wühlmaus sterben können.

Maulwürfe (unten links) und Wühlmäuse (unten rechts) können eine perfekte, grüne Rasenfläche in kürzester Zeit in eine braune Hügellandschaft verwandeln.

Was tun, wenn Blumenrasen und Wiese nicht blühen?

Die Enttäuschung ist groß, wenn nach einem Jahr in der neu gesäten Blumenwiese kaum noch Blüten, dafür aber viele Gräser sprießen. Eine Blumenwiese oder ein Blumenrasen sind zwar pflegeleichter als ein normaler Rasen, brauchen aber eine gewisse Sonderbehandlung – die auch einmal aus „nichts tun" bestehen kann.

Auf die Samenmischung kommt es an

Je nach Standort und Boden ist es wichtig, die passende Saatgutmischung zu wählen. Gute Mischungen erkennen Sie daran, dass sie mindestens 20 bis 30 unterschiedliche Wildblumen und Kräuterarten enthalten und nur wenige oder sogar gar keine Gräser. Ausgesät wird im Frühjahr zwischen April und Juni oder auch im Herbst. Die Fläche muss wie zum Aussähen von Rasen vorbereitet werden, allerdings entfallen jegliche Düngergaben. Wildblumen sind Hungerkünstler und werden auf zu nährstoffreichem Boden schnell von Gräsern und anderen Wildkräutern überwuchert. Nach der Aussaat wird die Fläche feucht gehalten und erst nach einigen Monaten oder sogar erst im Folgejahr gemäht.

URSACHE FALSCHES SAATGUT Billige Blumenmischungen enthalten häufig nur einjährige Blumen wie Klatschmohn und Hundskamille sowie einen hohen Anteil an Grassamen. Abhilfe: Keine Billigmischung verwenden. Kaufen Sie Blumenwiesensaatgut nur bei spezialisierten Saatguthändlern und achten Sie auf die richtige Standorteignung.

URSACHE FALSCH GEMÄHT Viele Wiesenblumen säen sich von alleine aus und erhalten sich so in der Wiese. Gerade diese Dynamik macht den Reiz einer Wildblumenwiese im Garten aus. Wenn Sie die Wiese zu früh im Jahr – Anfang / Mitte Juni mähen, schneiden Sie die noch nicht ausgereiften Samenstände der ersten Blüten ab und so werden im nächsten Jahr diese Arten ausbleiben. Abhilfe: Ist es schon zu spät, so können Sie die Wiese nachsäen – und in den nächsten Jahren nur zweimal, einmal Ende Juni und einmal Ende Oktober mähen.

URSACHE FALSCHE BODENVORBEREITUNG Wenn sich statt Blumen Gras, Löwenzahn, Klee und Wegerich ausbreiten, so ist der Nährstoffgehalt des Bodens zu hoch und raschwüchsige, nährstoffliebende Pflanzen verdrängen die an nährstoffarme Standorte angepasste Wildblumen. Abhilfe: Magern Sie den Boden ab, indem Sie das Schnittgut restlos entfernen und damit die in den abgeschnittenen Pflanzenteilen Nährstoffe. Eine zusätzliche Gabe von Sand, Kies und feinem Schotter, die mit einem Vertikutierer leicht eingearbeitet wird, vermindert den Nährstoffgehalt ebenfalls. Eine Blumenwiese wird nicht gedüngt.

BLUMENRASEN MIT ZWIEBELBLUMEN

Wenn Sie eine Blumenwiese im Spätsommer oder Frühherbst „anlegen", können Sie vor dem Aussäen auf der vorbereiteten Fläche Blumenzwiebeln wie Krokusse, Blausternchen und Winterlinge pflanzen.

Was tun, wenn der Rasen zu lang geworden ist?

Sie waren länger im Urlaub und Ihre Urlaubsvertretung konnte den Rasen nicht mähen, weil es dauernd geregnet hat? Oder Sie haben ein Haus gekauft, und während des Umbaus wurde die Gartenpflege vernachlässigt, weil alle Energie ins Malern, Streichen und Tapezieren gesteckt wurde? Und nun ist aus einem ehemals ebenen grünen Rasenteppich eine buckelige Wiese geworden ...

Unebenheiten im Rasen haben mehrere Ursachen. Zum einen wird eine Rasenfläche von zahlreichen Regenwürmern besiedelt, die den Inhalt der unterirdischen Gänge als kleine wurstförmige Häufchen nach oben schaffen. Normalerweise werden diese beim Mähen und Betreten des Rasens flachgedrückt und verteilt. Geschieht dies aber nicht, werden sie im Laufe der Zeit von Gras überwachsen, das so langsam aber beständig zu kleinen Buckeln aufwächst.

Ein zweiter Grund für die Entwicklung von buckeligen Rasenstöcken ist der natürliche Drang der Graspflanze, die Triebe dem Licht entgegenzustrecken. Wird das Gras lang, wachsen diese nicht mehr waagerecht entlang der Grasnarbe und Bodenoberfläche sondern schräg oder senkrecht nach oben. Werden diese Grastriebe nun beim Mähen zu tief abgeschnitten, entstehen hässliche braune Flecken und Kahlstellen im Rasen.

Abhilfe: Mähen Sie den Rasen über einen längeren Zeitraum von vier bis fünf Wochen jede Woche und beginnen Sie mit der höchstmöglichen Schnitthöhe. Stellen Sie jede Woche die Schneidemesser etwas tiefer, bis sie die gewünschte normale Hohe von 35–45 mm erreicht haben.

Ist diese Maßnahme nicht möglich, weil der Rasen schon zu verwildert ist, lohnt sich eine „Renovierungsmaßnahme" kaum, und eine Neuanlage ist die bessere Alternative. Dazu wird die Rasenfläche umgegraben, eingeebnet und mit Rechen flach abgezogen. Störende Wurzelballen lassen sich so leicht entfernen.

Bei kleineren Rasenflächen lohnt sich das Verlegen eines Rollrasens. Dieser ist zwar etwas teurer, aber sie haben innerhalb weniger Stunden wieder eine komplett grüne Fläche, die Sie nach ein bis zwei Wochen Anwachszeit normal nutzen können. Gerade im Frühsommer oder Sommer ist dies eine echte Alternative zur Aussaat, da man nicht mehrere Wochen warten muss, bis der Rasen betreten werden kann.

Probleme mit Bäumen und Sträuchern

Was tun, wenn Gehölze zu groß werden?

Bäume und Sträucher halten sich mit ihrem Wachstum leider nicht immer an gesetzliche Vorschriften, die Grenzabstände regeln. Oder sie verschatten immer mehr den eigentlich sonnigen Sitzplatz. Da viele Bäume und Gehölze mit der Zeit für die Gärten, in denen sie wachsen, zu groß werden, kommt man um einen gelegentlichen Schnitt nicht umhin.

Bäume zurückschneiden

Vor allem in den 1950er- und 1960er-Jahren wurden vielerorts Bäume gepflanzt, die für die Gärten, in denen sie wachsen, heute zu groß geworden sind. Dies sind insbesondere Birken, Kiefern, Säulenpappeln und -eichen, aber auch Nadelgehölze wie Blaufichten, Blautannen und Serbische Fichten. Sie waren in der damaligen Zeit bei Gartengestaltern sehr beliebt, da sie einen besonderen Wuchs haben wie die Säulenformen, oder weil sie wie die Birken durch ihre weiß gemusterte Rinde auch im Winter schön aussehen. Im Laufe der Jahre werden aber diese Baumarten über 20 m hoch und stellen dadurch nicht nur eine Gefahr für Gebäude, Straßen und Menschen in der Nähe dar, die bei Windbruch gefährdet sind, sie sorgen mit ihren großen Kronen auch für Schatten und saugen mit ihren weitreichenden, bei vielen Arten wie Birke, Kiefer und Fichten dicht unter der Oberfläche kriechenden Wurzeln dafür, dass in ihrer Umgebung fast nichts mehr wächst.

Während viele Laubbäume relativ gut zurückgeschnitten werden können und wieder neu austreiben, kommt bei Nadelbäumen wie Fichten und Tannen nur eine komplette Fällung in Betracht, denn sie wachsen nur an der Spitze weiter und würden sich, wenn man diese kappt, unnatürlich verzweigen und so wachsen, dass ihre Standfestigkeit gefährdet ist. Beachten Sie dabei die gesetzlichen Vorgaben (siehe Seite 63).

DAS FÄLLEN VON ZU GROSS GERATENEN BÄUMEN, besonders in der Stadt, sollten Sie unbedingt von einer Fachfirma ausführen lassen, denn diese verfügt über die notwendigen Spezialwerkzeuge wie lange Leitern, bei Bedarf einen Hebekran mit Drehkorb, Baumsteigeausrüstung, Motorsägen und die Möglichkeit, das Schnittgut zu zerkleinern und abzutransportieren. Der Schaden, der durch einen umstürzenden Baum, der auf Gebäude, auf das Nachbargrundstück oder in Telefon- oder Stromleitungen fällt, kann schnell sechsstellige Summen erreichen. Daher werden Bäume in der Stadt meist sukzessiv von oben nach unten zurückgeschnitten, bis nur noch der Stammstumpf übrig ist.
WICHTIG: Klären Sie mit der Baumfällfirma, was mit dem Stumpf und Wurzelstubben geschieht und ob dieser mit entfernt werden kann und soll.

Kleinere Bäume selbst fällen

Bäume, die kleiner sind als etwa 6–8 m, können mit einer Leiter und einer Astsäge selbst gefällt werden.

➤ Arbeiten Sie immer zu zweit, damit, falls etwas passiert, schnell Hilfe geholt werden kann. Von der Krone aus werden nach und nach die obersten Äste abgesägt. Die zweite Person entfernt diese, wenn sie zu Boden gefallen sind, aus dem Kronentraufbereich, damit die Person, die in der Krone arbeitet, später auch wieder aus dem Baum herausklettern kann.

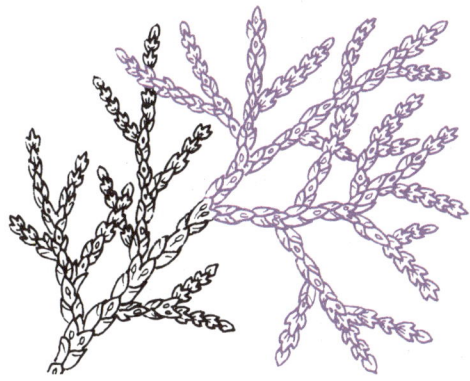

Bei Scheinzypressen und Lebensbäumen werden nur die äußeren Triebenden gekappt.

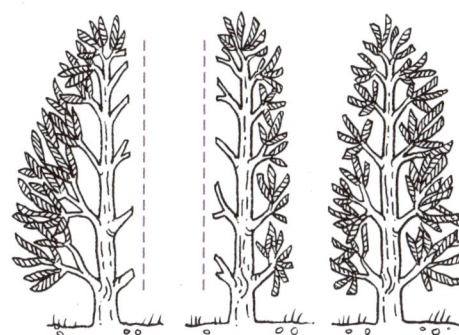

Eiben können radikal verjüngt werden.

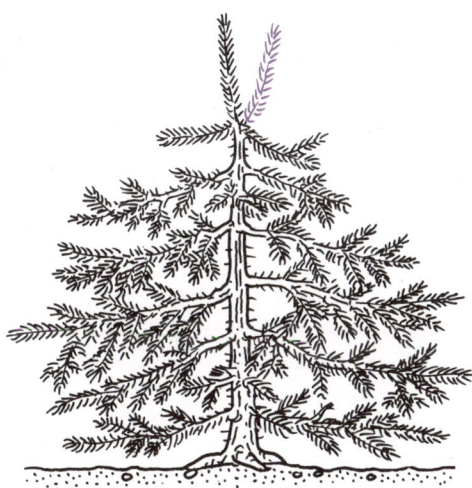

Bei Fichten und Tannen werden doppelte Spitzen entfernt.

☞ Lassen Sie am Stamm anfangs großzügige Aststümpfe stehen, die das Klettern erleichtern.

☞ Große Aststücke sollen mit Seilen gesichert und langsam zum Boden abgeseilt werden, denn sie können beim Herabfallen den Boden verdichten oder anderen Schaden anrichten.

☞ Sind die Äste alle entfernt, kann nach und nach der mittlere Stamm gekappt und der Baum gefällt werden.

Baumstubben entfernen

Damit die Stelle, an der der Baum stand, schnell wieder bepflanzt werden kann, sollten Sie den Wurzelstubben möglichst entfernen. Schaffen Sie das nicht selbst, bitten Sie die Mitarbeiter der Baumfällfirma, den Stamm bodennah abzusägen und mit der Motorsäge tiefe kreuzförmige Schlitze in die Baumscheibe zu sägen.

Streuen Sie etwas Kompost oder Kompoststarter in diese Rillen und Schlitze und halten Sie das Ganze immer gut feucht, dann verrottet der Baumstumpf schneller und kann oft schon nach zwei bis drei Jahren komplett entfernt werden, oder die Stelle kann dann neu bepflanzt werden.

GESETZLICHE VORGABEN

Erkundigen Sie sich vor dem Fällen eines Baumes oder größeren Gehölzes bei der zuständigen Behörde (Ordnungsamt, Landratsamt, Baurechtsamt oder Naturschutzbehörde) nach den örtlichen Vorschriften. In vielen Gemeinden muss das Fällen größerer Bäume genehmigt und gegebenenfalls ein Ersatz gepflanzt werden. Auch während der Brutzeit vieler Vogelarten von Frühjahr bis Herbst ist das Schneiden und Fällen von Gehölzen (und Hecken!) eingeschränkt.

Rückschnitt von großen Sträuchern

Im Gegensatz zu Bäumen wachsen Sträucher nicht spitzen-, sondern basisbetont, das heißt sie können immer wieder aus der Basis am Boden austreiben, fast alle vertragen auch einen radikaleren Rückschnitt. Haselnuss, Forsythien, Felsenbirne, Spieren, viele Hartriegel, aber auch Immergrüne wie Rhododendren und Lorbeerkirschen treiben wieder aus, wenn sie fast ganz zurückgeschnitten wurden.

Beim Rückschnitt zu großer oder vergreister Sträucher ist es wichtig, sich die gewünschte Höhe vorzustellen und den Strauch dann beim ersten Rückschnitt deutlich stärker zurückzuschneiden. Schneidet man nur auf die Höhe zurück, die man dauerhaft haben möchte, treibt der Strauch an den Spitzen der Äste wieder aus und es bilden sich unten kahle, oben buschige „Besen", die immer ausladender und schwerer werden und im Winter bei Schnee den ganzen Strauch auseinanderbrechen lassen können.

Besser ist es, den Strauch auf eine Höhe von 50 – 80 cm zurückzunehmen und in den Folgejahren nach und nach „neu aufzubauen". Um keine großen Lücken zu bekommen, können Sie den Strauch auch in mehreren Etappen zurückschneiden. Dazu kürzen Sie im Frühjahr erst nur etwa die Hälfte der zu großen Triebe und dann im nächsten Jahr, wenn die eingekürzten des Vorjahrs schon wieder ausgetrieben haben, die restlichen langen.

Eiben verjüngen

Eiben sind die einzigen Nadelgehölze, die einen radikalen Rückschnitt „auf den Stock" vertragen und auch aus dem Stamm austreiben können. Daher lassen sich auch größere Eiben leicht auf jede gewünschte Höhe zurückschneiden. Bei größeren Exemplaren ist es wichtig, in zwei Schritten vorzugehen, damit der Schock, den die Pflanze durch den Rückschnitt erleidet, nicht zu groß ist.

Schneiden Sie im ersten Jahr im Frühjahr, etwa ab Anfang / Mitte April, sämtliche Seitenäste aus dem unteren Stammbereich heraus. Dickere Seitenäste können stehen bleiben, wenn sie gut ins Gesamtbild der neuen Form passen. Der oder die Stämme werden nun bis etwa 50 cm über der gewünschten neuen Höhe aufgeastet und die alte Krone nur leicht zurückgeschnitten. Durch das Sonnenlicht, das nun auf den kahlen Stamm fällt, werden unter der Rinde ruhende Knospen (schlafende Augen) zum Austreiben angeregt, und die Eibe hüllt im Laufe des Jahres ihren kahlen Stamm in ein dichtes Kleid aus frischen, grünen Trieben.

Im nächsten Frühling werden die alte Krone entfernt und lange Seitentriebe am Stamm eingekürzt, damit sie sich besser verzweigen. Nun können Sie den Strauch langsam „neu aufbauen", bis er die gewünschte Form und Größe erreicht hat.

BEI NEUANLAGEN UND NEUPFLANZUNGEN BEACHTEN

Achten Sie bei der Auswahl von Bäumen und Sträuchern auf klein bleibende Arten und Sorten, die auch nach Jahren nicht zu groß werden. Von vielen für kleine Gärten eigentlich ungeeigneten Baumarten gibt es Auslesen, die keinen Stamm bilden und die, wenn sie auf einen Stamm der normalen Form veredelt werden, kugelförmig wachsen. Dies sind zum Beispiel die Kugelrobinie (*Robinia pseudoacacia ‹Umbraculifera›*), der Kugeltrompetenbaum (*Catalpa bignoniodes ‹Nana›*) und der Kugelahorn (*Acer platanoides ‹Globosum›*).

Säulenformen von kleiner bleibenden Bäumen wie die Säuleneberesche und die Säulenhainbuche eignen sich auch besser für den normalen Hausgarten. Von etlichen Nadelgehölzen gibt es Sorten wie die Hängefichte (*Picea abies ‹Inversa›*), die eher hängend oder schmal wachsen und die auch nach vielen Jahren noch nicht so groß und ausladend werden.

Was tun, wenn Hecken von unten und innen verkahlen?

Im Laufe der Zeit kann es vorkommen, dass Hecken von unten verkahlen, besonders bei älteren Heckenpflanzungen geschieht dies, wenn sie ihre Endhöhe erreicht haben und nur noch in der Höhe und Breite zurückgeschnitten werden, damit sie nicht zu ausladend werden.

Hecken verjüngen und renovieren

Viele Gehölze, die als Hecke gepflanzt werden, lassen sich behutsam verjüngen, sodass keine komplette Neupflanzung notwendig wird, wenn die Hecke zu breit und innen oder unten kahl geworden ist. Voraussetzung dafür ist jedoch, dass die Baum- oder Strauchart, die zur Pflanzung der Hecke verwendet wurde, die Fähigkeit besitzt, auch „aus dem alten Holz auszuschlagen". Das bedeutet, dass die Pflanze aus ruhenden Knospen (schlafenden Augen) unter der Rinde neue Triebe und Äste bilden kann. Die Anlage dazu ist genetisch bedingt und von Art zu Art verschieden.

☛ Folgende Heckenpflanzen können durch einen radikalen Rückschnitt verjüngt werden: Eibe, Hainbuche, Liguster, Lorbeerkirsche, Rotbuche, Rotdorn, Weißdorn.

☛ Folgende Heckenpflanzen lassen sich nur bedingt verjüngen, da sie aus dem alten Holz nicht mehr austreiben: Lebensbaum, Scheinzypresse, Bastard-Scheinzypresse.

☛ Hecken aus Nadelgehölzen wie der Fichte können nicht verjüngt werden.

VORGEHENSWEISE Die Verjüngung oder Renovierung einer überalterten, zu breiten oder von unten verkahlten Hecke braucht Zeit und beinhaltet, dass man über einen gewissen Zeitraum auch einen unschöneren Anblick aushalten muss.

☛ Im ersten Jahr wird im zeitigen Frühjahr, etwa Mitte/Ende April die eine Seite der Hecke radikal zurückgeschnitten, sodass nur noch die kahlen inneren Stämme und Seitenäste zu sehen sind.

Angeregt durch Licht und Luft treiben die unter der Rinde ruhenden schlafenden Augen im Laufe des Jahres aus, die Hecke wird ansehnlicher.

Da der Anblick der zurückgeschnittenen Seite vor allem in den ersten Wochen und Monaten,

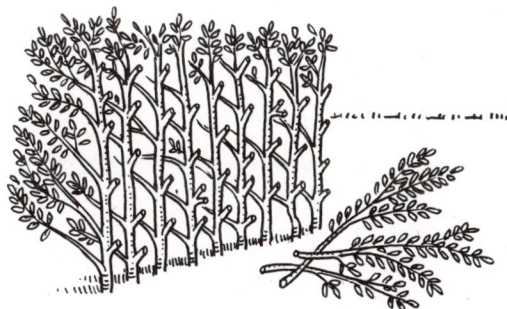
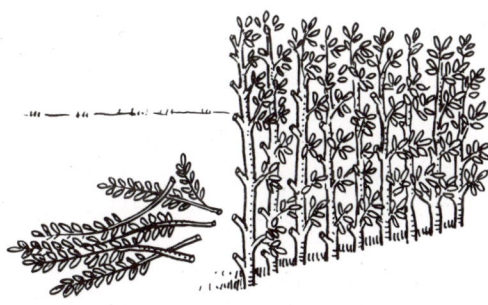

Zur Verjüngung geeignete Heckenpflanzen werden in zwei aufeinander folgenden Jahren zurechtgestutzt.

recht trostlos oder gar hässlich ist, bevor sich neue Triebe zeigen, sollten Sie Ihre Nachbarn in eine solche Maßnahme einweihen und für Verständnis werben.

Die andere Seite der Hecke wird erst einmal nicht geschnitten. Ein radikaler Rückschnitt bedeutet für die Pflanze eine große Belastung und viel Stress. Außerdem muss sie zur Bildung der neuen Triebe ihre Energiereserven aktivieren und braucht grüne und belaubte Triebe, um die Wasserversorgung und Fotosynthese aufrecht zu erhalten. Wenn beide Seiten gleichzeitig zurückgeschnitten

werden, kann es sein, dass zwar ein paar kleine neue Austriebe erscheinen, diese aber nach kurzer Zeit eintrocknen und absterben.

➤ Erst wenn im folgenden Jahr die zurückgeschnittene Seite der Hecke wieder voll begrünt ist, kann die zweite Seite in Angriff genommen werden. Verfahren Sie dabei genauso wie im Vorjahr: Alle alten langen Äste, die nur noch an den Spitzen grün sind, werden radikal bis ins Innere der Hecke zurückgeschnitten.

➤ Ab dem dritten Jahr kann die Hecke wieder normal geschnitten werden.

Was tun, wenn
Blütensträucher nicht blühen?

Eine ausbleibende oder schlechte Blüte von Forsythie, Schmetterlingsflieder, Spierstrauch und Co. lässt sich fast immer durch Düngefehler, einen falschen Standort oder einen Rückschnitt zur falschen Jahreszeit erklären. Um zu wissen, wann welcher Blütenstrauch geschnitten wird, muss man verstehen, wann und an welchen Trieben die Blütenknospen angelegt werden.

Ursachen für ausbleibende Blüten

Wenn Blütensträucher schlecht oder gar nicht blühen, liegt das fast immer an einem der folgenden Gründe (oder einer Kombination):

URSACHE FALSCHER STANDORT Eine optimale Blüte kann nur bei idealen Standortbedingungen erzielt werden. Das bedeutet, dass die Ansprüche der Pflanze an die Lichtverhältnisse (sonnig, halbschattig oder schattig), den Boden (durchlässig, frisch und feucht, sauer, neutral, kalkhaltig, humos, sandig oder lehmig) und die Boden- und Lufttemperatur erfüllt werden müssen. Ein Rhododendron auf einem trockenen Kalkmergel ist viel zu sehr mit dem Überleben be-

schäftigt, als dass er auch noch Blüten ansetzt. Ein weiterer Faktor ist bei vielen Arten die Temperatur im Winter. Apfelbäume zum Beispiel brauchen im Winter eine längere Periode mit frostigen oder zumindest kühlen Temperaturen, sonst werden keine Blütenknospen angesetzt. Das ist auch der Grund, warum in den Tropen keine Äpfel wachsen und geerntet werden können. Abhilfe: Sorgen Sie für optimale Wachstumsbedingungen. Das beginnt bei der standortgerechten, zum vorhandenen Garten passenden Pflanzenauswahl, und geht über eine mögliche Bodenverbesserung, ausreichende, aber nicht zu großzügige Bewässerung und Düngung bis hin zu notwendigen Pflegemaßnahmen.

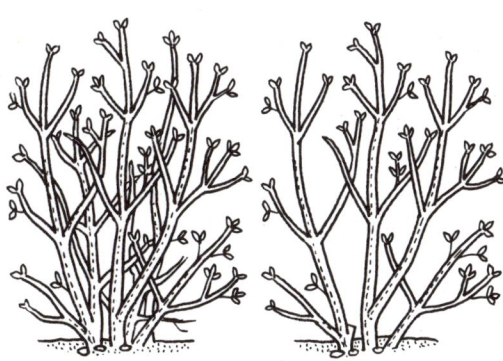

Gehölze wie die Forsythie blühen im Frühjahr an Trieben, die im Vorjahr gewachsen sind. Sie werden direkt nach der Blüte geschnitten, damit sich im selben Jahr neue Triebe bilden können, die im nächsten blühen. Gehölze wie der Schmetterlingsflieder, die im Sommer an Trieben blühen, die im selben Jahr gewachsen sind, werden im zeitigen Frühjahr (April) zurückgeschnitten.

URSACHE FALSCHE DÜNGUNG Zu viel Stickstoff beziehungsweise generell zu hohe Düngergaben führen dazu, dass die Pflanze ihre ganze Wachstumsenergie in die Bildung neuer Blätter und Triebe steckt und keine oder kaum Blüten angesetzt werden. Abhilfe: Während Stickstoff für das Wachstum von Blättern und Trieben wichtig ist, sorgt Phosphor für eine gute Blütenbildung während der Wachstumszeit. Wenn Ihre Blütensträucher zwar saftig grün sind, aber nicht blühen wollen, sollten Sie jegliche Düngergaben erst einmal einstellen. Wenn überhaupt, wird nur Phosphor und Kali gegeben, stickstoffhaltige Dünger wie Hornspäne und Ammoniumnitrat sind tabu.

Ein Rückschnitt zur richtigen Zeit (siehe auch Seite 68) sorgt dafür, dass die Pflanze neue Triebe bilden muss und überschüssige Nährstoffe im Boden aufgebraucht werden. Diese Triebe können nun, da Stickstoff nicht mehr im Überfluss vorhanden ist, gut ausreifen und blühen dann höchstwahrscheinlich schon in der kommenden Saison.

URSACHE KRANKHEITEN Manchmal kommt es vor, dass Blütenknospen oder Blütenanlagen von Krankheiten und Schädlingen befallen werden. Es ist nur logisch, dass dann keine oder keine normalen Blüten mehr ausgebildet werden. Besonders häufig tritt dies bei Rhododendren auf, deren

Knospen von Pilzen befallen werden. Diese trocknen bräunlich ein und werden dann von einem schwarzen Pilzrasen überzogen. Übertragen werden diese Pilze übrigens von der Rhododendron-Zikade, die die Blütenknospen ansticht und den Pflanzensaft aufsaugt. Abhilfe: Da eine Bekämpfung des Pilzes nicht oder nur sehr schwer möglich ist, hilft es nur, die befallenen Knospen sofort auszubrechen und die Triebe zurückzuschneiden. Das Schnittgut darf nicht auf den Kompost, sondern sollte im Hausmüll entsorgt werden. Wenn man im Frühjahr die ersten Zikaden (etwa fünf Millimeter kleine grüne Insekten, die beim Herantreten an den Rhododendron davonspringen) entdeckt, ist eine Bekämpfung dieser mit einem zugelassenen Insektizid, zum Beispiel auf Pyrethrumbasis, möglich.

URSACHE UMPFLANZEN Ein Umpflanzen bedeutet für die Pflanze immer Stress, sie muss sich an den neuen Standort gewöhnen und frische Wurzeln entwickeln. Manchmal ist das Gleichgewicht zwischen Wurzeln und oberirdischen Trieben nicht mehr ausgeglichen und braucht seine Zeit, bis es wieder eingependelt ist. Und die Pflanze muss nach einem Pflanzschnitt wieder neue Triebe bilden. Abhilfe: Geduld. Nach dem Umpflanzen ist es wichtig, dass die Pflanze gut anwächst und ihre

Energie in neue Wurzeln und Triebe steckt. Eine üppige Blüte würde sie nur schwächen, daher ist es völlig unbedenklich, wenn die erste Blüte etwas dürftiger ausfällt.

URSACHE FALSCHER SCHNITT Die häufigste Ursache für ein komplettes Ausbleiben der Blüten ist ein Rückschnitt zum falschen Zeitpunkt. Je nach Art wird im Frühjahr oder Herbst, vor oder nach der Blüte geschnitten. Wird dieser Zeitpunkt verpasst, werden mit den angeschnittenen Trieben auch die Blütenknospen oder die Anlagen für die Blütenknospen entfernt. Abhilfe: Informieren Sie sich genau, wann für Ihre Blütensträucher der Zeitpunkt zum Rückschnitt gekommen ist. Blütensträucher wie der Schmetterlingsstrauch, die im Sommer an Trieben blühen, die im selben Jahr gewachsen sind, werden im zeitigen Frühjahr vor der Blüte geschnitten. Aus den Knospen, die dann austreiben, wachsen kräftige Triebe, die einige Monate reich blühen.

Sträucher, die sehr früh im Jahr blühen wie Forsythie oder Duftschneeball, legen ihre Blütenknospen schon im Vorjahr an. Wenn diese im Frühling geschnitten werden, werden auch die Blütenanlagen entfernt und es erscheinen nur Blätter. Die folgende Auflistung der wichtigsten Blütensträucher gibt Ihnen einen Überblick, wann wie geschnitten wird.

BUDDLEJA, auch SCHMETTERLINGSSTRAUCH und SOMMERFLIEDER Soll der Wuchs nicht zu groß werden, schneiden Sie diesen Blütenstrauch im zeitigen Frühjahr (März / April) radikal auf etwa 50–60 Zentimeter über dem Boden zurück. An den langen Ruten, die dann im Frühjahr wachsen, erscheinen ab Juli lange kräftige Blütenrispen.

Beruhigend für Bequeme: Der Sommerflieder blüht aber auch, wenn man ihn überhaupt nicht schneidet, der Wuchs ist dann eher überhängend und die Blüten erscheinen zahlreich an den äußeren, verzweigten Trieben.

FLIEDER blüht an Trieben, die im Vorjahr gewachsen sind, daher wird sofort nach der Blüte geschnitten.

FORSYTHIEN setzen im Herbst an den im selben Jahr gewachsenen Trieben Blüten an. Sollen sie geschnitten werden, geschieht dies unmittelbar nach der Blüte.

HIBISKUS Im Frühjahr vor dem Neuaustrieb ist der richtige Zeitpunkt, um Freiland-Hibiskus oder Eibisch zu schneiden.

HORTENSIE Bei Hortensien unterscheidet man zwei Gruppen, die unterschiedlich geschnitten werden.

Zur ersten Gruppe gehören alle Sorten der Bauern- und der Tellerhortensie sowie die Arten Eichenblatt-Hortensie, Riesenblatt-Hortensie, Samthortensie und die Kletterhortensie. Sie legen die Blütenknospen im Vorjahr in den Blattachseln der mittleren und oberen Bereiche der Triebe an. Der Rückschnitt erfolgt im zeitigen Frühjahr. Dabei werden nur die abgestorbenen Blütentriebe und gegebenenfalls erfrorene Knospen und Triebteile entfernt, geschnitten wird bis zum ersten kräftigen Knospenpaar. Wenn Sie tiefer schneiden, entfernen Sie die Blütenknospenanlagen und die Hortensie treibt nur Blätter.

Zur zweiten Gruppe gehören die Schneeball- und Rispenhortensie mit ihren Sorten. Sie bilden die Blüten erst im Laufe des Jahres an den neuen Trieben aus. Daher werden Sie im Frühjahr bis knapp über dem Boden auf 10–25 Zentimeter zurückgeschnitten.

Ein Sonderfall sind die beiden Sorten ‹Endless Summer› und ‹The Bride›, die zwar zu den Bauernhortensien gehören, aber auch an Trieben blühen, die im selben Jahr gewachsen sind. Daher können sie im Frühjahr wie Gruppe 2 geschnitten werden und blühen sogar im Spätsommer ein zweites Mal, wenn man die Blüten des ersten Flors zurückschneidet.

Was tun, wenn sich
Blätter oder Nadeln verfärben?

Verfärbungen an Blättern und Nadeln von Bäumen und Sträuchern deuten fast immer auf einen Nährstoffmangel, -überschuss oder einen Befall mit Krankheiten und Schädlingen hin, wenn man einmal von den natürlichen Veränderungen der Blattfarbe im Herbst absieht.

Ursachenbestimmung bei Laubblättern

Um Maßnahmen gegen Blattflecken oder -verfärbungen zu ergreifen, muss man zuerst die richtige Ursache herausfinden. Es bringt nichts, mit Pflanzenschutzmitteln gegen vermeintliche Pilzkrankheiten zu spritzen, wenn die Ursache in einem Nährstoffmangel zu suchen ist oder der Schaden durch Sonnenbrand oder Frostschäden verursacht wurde.

OBERSEITS GELBLICHE ODER RÖTLICHE, SPÄTER SCHWARZE FLECKEN auf Blättern an Rosen, Berberitze, Mahonie, Pflaume, Birne, Beerensträuchern Ursache: Rostpilze Abhilfe: Chemische Pflanzenschutzmittel. Bei Birnengitterrost keinen Wacholder im Garten pflanzen oder diesen beseitigen, da Wacholder hier als Zwischenwirt für den Pilz dient.

OBERSEITS WEISSLICHER ODER GRÄULICHER BELAG AUF BLÄTTERN an vielen Zier- und Obstgehölzen Ursache: Echter Mehltau Abhilfe: Tritt bei warmer, feuchter oder trockener Witterung auf. Für genug Durchlüftung sorgen, nicht zu dicht pflanzen. Nicht zu stark düngen. Anfällige Pflanzen wie viele Rosen prophylaktisch spritzen. Wenn der Befall auftritt, ist es meist schon zu spät. Befallene Triebe ausschneiden.

OBERSEITS GELBLICHE ODER DUNKLE FLECKEN, UNTERSEITS GRAUER PILZRASEN AN BLÄTTERN von vielen Ziergehölzen, Stauden und Sommerblumen Ursache: Falscher Mehltau Abhilfe: Tritt im Gegensatz zum

Von Wacholdern wechselt der Birnengitterrost im Frühjahr auf Birnbäume und verursacht auffällige Flecken.

Blätter mit mehlig-weißem oder gräulichem Belag auf der Oberseite sind deutliche Indizien für den Echten Mehltau.

Echten Mehltau auch bei kühleren Temperaturen auf. Nicht zu dicht pflanzen. Für gute Durchlüftung und Abtrocknen nach Regen sorgen, abends nicht über die Blätter gießen. Da der Pilz innerhalb der Blätter wächst, systemisch (von innen) wirkende Fungizide spritzen.

SCHWARZE KLEBRIGE BELÄGE auf der Oberseite von Blättern Ursache: Rußtaupilze, die sich auf den klebrigen Ausscheidungen von Blatt- und Schildläusen ausbreiten. Abhilfe: Rußtaupilze sind eher lästig und können nur bei starkem Befall zu einer Schwächung der Pflanze führen. Problematischer sind die Verursacher, die Blatt- und Wollläuse, die die Pflanze stärker schädigen und die bei starkem Befall bekämpft werden sollten.

RUNDLICHE BRAUNE, GELBE ODER SCHWARZE FLECKEN AN BLÄTTERN von Sträuchern, Rosen, Ahorn, Rosskastanien, Flieder und vielen Obstgehölzen, die auch wässrig oder ölig sein können. Ursache: Blattfleckenpilze Abhilfe: Bakteriell verursachte Blattflecken können nicht bekämpft werden, da Antibiotika bei Pflanzen nicht eingesetzt werden dürfen (die Gefahr der Resistenzbildung ist zu groß). Von Pilzen verursachte Blattflecken können durch syste-

misch wirkende Fungizide bekämpft werden. Ansonsten gelten die bereits genannten Vorbeugemaßnahmen.

SCHECKIGE BLÄTTER ODER RINGFÖRMIGE FLECKEN in Gelb, Schwarz oder Braun, oft scharf begrenzt. Ursache: Viruskrankheiten Abhilfe: Viruskrankheiten können leider nicht bekämpft werden. Sie werden von stechenden oder saugenden Insekten wie Blattläusen mit dem Pflanzensaft übertragen, aber auch durch Scheren, Messer oder Sägen. Daher ist es wichtig, Arbeitsgeräte sauber zu halten und beim Schneiden zwischendurch zu desinfizieren (zum Beispiel mit Sagrotan oder Isopropyl-Alkohol). Befallene Pflanzen müssen komplett entfernt und über den Hausmüll entsorgt werden, damit sie als Infektionsquelle für andere Pflanzen ausscheiden. Sie würden in der Regel ohnehin eingehen.

VERGILBEN MIT GRÜNEN BLATTADERN vor allem an Rhododendren, Zitruspflanzen und Kirschlorbeer. Ursache: Eisenmangel Abhilfe: Ein Eisenmangel wird nicht unbedingt durch einen Mangel an Eisen im Boden verursacht, viel häufiger ist die Ursache ein zu hoher pH-Wert der Erde, durch den verhindert wird, dass die Pflanze dieses für die Bildung

Blattflecken durch Pilze (Anthraknose) an Efeu

Buchsbaumsterben durch Mischinfektion verschiedener Schadpilze

Bei Schäden an Laubblättern oder Baumnadeln muss man erst sorgfältig die Ursache bestimmen, bevor man mit chemischen Mitteln gegen vermutete Krankheitserreger losgeht.

des grünen Blattfarbstoffs Chlorophyll wichtige Spurenelement aufnehmen kann. Als Soforthilfe empfiehlt sich eine Eisendüngung mit einem Blattdünger, Eisen-Chelat-Dünger werden besonders schnell und effektiv aufgenommen. Anschließend gibt eine Bodenuntersuchung Klarheit darüber, ob der Boden mit einem Eisendünger aufgedüngt werden muss oder ob der pH-Wert durch gezielte Düngung und Bodenverbesserung (siehe Seite 28) gesenkt werden kann.

GELBE ODER BRAUNE FLECKEN, die erst weißlich-hell, dann gelblich-braun bis schwarz werden und eintrocknen. Oft mit Welke und Blattfall verbunden Ursache: Sonnenbrand Abhilfe: Vorbeugend den richtigen Standort wählen. Kübelpflanzen im Frühjahr langsam an den neuen Standort im Freien gewöhnen. Pflanzen, die man neu gekauft hat, und die einige Zeit im Gartencenter unter einem Dach im Halbschatten oder Schatten standen, müssen auch langsam an einen vollsonnigen Standort gewöhnt werden. Gegebenenfalls nach dem Auspflanzen eine Zeitlang mit einem Schattiernetz vor intensiver Sonneneinstrahlung schützen.

SCHWARZE STRAHLENFÖRMIGE FLECKEN UND PUNKTE auf den Blättern von Rosen. Ursache: Sternrußtau Abhilfe: Sternrußtau ist eine der gefürchtetsten Pilzkrankheiten an Rosen. Vor allem ältere Sorten, besonders Edelrosen und leider auch viele Duftrosen sind sehr anfällig und würden ohne prophylaktische Spritzungen mit einem Fungizid schon im Sommer „nackt" da stehen. Eine Alternative sind die neuen modernen Rosensorten, die fast alle eine hohe Toleranz gegenüber Sternrußtau aufweisen oder sogar resistent sind. Ein gutes Auswahlkriterium ist das ADR-Prädikat, das nur an besonders robuste Sorten verliehen wird (siehe Seite 92). Rosen generell nicht über die Blätter und nur morgens gießen, für einen luftigen Standort sorgen, damit das Laub nach einem Regen schnell abtrocknen kann.

GLASIGE LINIEN AUF DEN BLÄTTERN, die ausgefressen aussehen. Nur die obere und untere Haut des Blattes bleibt erhalten. Am Ende des Fraßgangs erkennt man eine kleine Made, wenn man das Blatt gegen das Licht hält. Ursache: Minierfliegen Abhilfe: Befallene Blätter entfernen, bei starkem Befall und wertvollen Pflanzen helfen systemisch (von innen) wirkende Insektizide.

Ursachenbestimmung bei Nadeln

GELBWERDEN JÜNGERER NADELN an Fichten, Tannen und Kiefern. Ursache: Lichtmangel Abhilfe: Entfernen Sie beschattende Bäume und Sträucher in der Nachbarschaft der Pflanzen beziehungsweise setzen Sie die Pflanzen an einen besser geeigneten Standort um.

GELBE NADELSPITZEN an Nadelgehölzen. Ursache: Magnesiummangel Abhilfe: Düngung mit Bittersalz.

BLASSGELBE WEICHE NADELN an Nadelgehölzen Ursache: Staunässe Abhilfe: Schwierig, da die Ursache (meist Bodenverdichtung, siehe Seite 28) entfernt werden muss und dazu die ganze Pflanze umgesetzt werden muss.

BRAUNE NADELN an Nadelgehölzen. Ursache: Trockenheit Abhilfe: Bewässern oder bei generell trockenem Boden die Oberfläche mulchen, trockenheitsverträglichere Arten und Sorten wie Kiefern oder Wacholder statt Tannen oder Fichten pflanzen.

BRAUNE TRIEBE an Lebensbaum und Scheinzypresse. Ursache: Phytophtora-Pilze an den Wurzeln Abhilfe: Wenn sich die Symptome über den Stamm bis zum Boden durchziehen, ist die Pflanze kaum noch zu retten, da der Pilz über die Wurzeln in die Leitbahnen eintritt und so zum Absterben der Zweigpartien führt. Befallene Pflanzen entfernen und durch andere (keine neuen Thujen oder Scheinzypressen) ersetzen.

Wie wird richtig geschnitten?

Das Schneiden von Gehölzen ist gar nicht so schwer, wie viele denken, wenn man einige grundlegende Dinge bei der Schnittführung beachtet, das richtige Werkzeug benutzt und zum richtigen Zeitpunkt schneidet.

Werkzeug

Zum Schneiden benötigen Sie in einem normalen Garten nicht viele Spezialwerkzeuge. Für dünne Zweige nimmt man die Rosenschere mit zwei Klingen, bei dickeren die kräftige Astschere.

EINE ROSENSCHERE ist für dünnere Triebe und Zweige geeignet. Sie schneidet die Rinde von beiden Seiten glatt durch und sorgt so für saubere Schnittkanten, die schnell verheilen.

EINE AMBOSSCHERE nimmt man für dickere Äste bis etwa 1,5 cm Durchmesser. Bei diesem Modell wird nur mit einer Klinge geschnitten und der Ast auf der gegenüberliegenden Seite gegen einen Amboss gedrückt. Dabei kann es zu Quetschungen an der Rinde kommen. Daher eher zum Schneiden dickerer Äste im Spätherbst oder Frühjahr geeignet, wenn die Triebe nicht mehr oder noch nicht im Saft stehen und sich die Rinde nicht löst,.

EINE ASTSCHERE mit langen Armen als Hebel für Äste bis zu einem Durchmesser von 3–4 cm.

EINE ASTSÄGE für dicke Äste. Es gibt Modelle, die im Griff eine Vorrichtung zum Aufstecken eines langen Stiels haben, damit man auch höher gelegene oder entferntere Äste absägen kann.

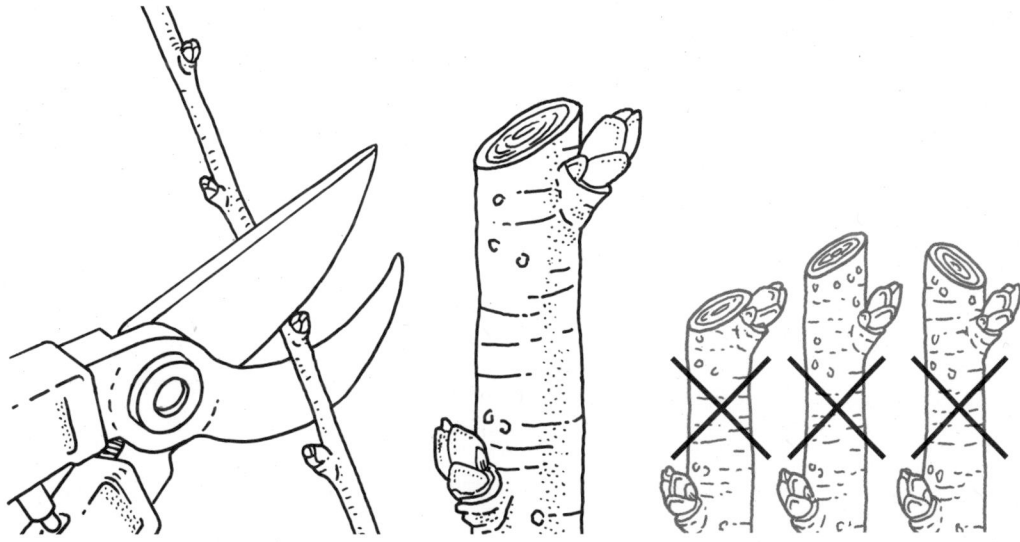

Rückschnitt: Der Schnitt sollte schräg und knapp (Ergebnis: Mitte), aber nicht zu dicht über der Knospe erfolgen.

Wegschnitt: Komplettes Entfernen bis auf den Astring

Ableiten auf einen Seitentrieb

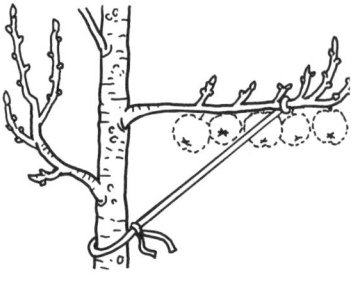

Herabbinden zum Fördern des Fruchtansatzes

EINE LEITER, um auch an höhere Äste zu kommen. Sie muss standfest sein und darf nicht wackeln.

EINE ELEKTRISCHE HECKENSCHERE ist nur nötig, wenn Sie Schnitthecken im Garten haben.

Schnittführung

Der Schnitt erfolgt immer ins gesunde Holz, abgestorbene oder kranke Teile werden beim Rückschnitt mit entfernt. Die Schnittstelle soll immer glatt und sauber verlaufen. Die Schnittwunde verheilt besser, wenn die Rinde nicht ausgefranst ist. Daher sollten Rosen- und Astscheren regelmäßig geschärft werden.

Bei dünneren Zweigen und Trieben wird etwa 0,5–1 cm oberhalb einer Knospe und leicht schräg zum Querschnitt geschnitten. Bleibt über einer Knospe ein längerer Stumpen stehen, so trocknet dieser ein und kann als Eintrittsstelle für Krankheitserreger wie Pilzsporen dienen. Wird zu dicht bei der Knospe geschnitten, so kann es passieren, dass diese beim Schneiden verletzt wird oder der Trieb über die Knospe hinaus eintrocknet.

Wundversorgung

Wundverschlussmittel sind eigentlich unnötig und man weiß heute, dass unter ihnen Krankheitserreger sogar besser wachsen als auf einer unbehandelten Schnittwunde. Es ist wichtig, die Schnitt-fläche sauber und glatt zu halten, damit sie vom Rand her schnell mit Rindenkallus (siehe Glossar Seite 199) überwallt werden kann.

Zeitpunkt

Die beste Zeit zum Schneiden ist entweder am Ende der Wachstumsperiode im Herbst oder vor Einsetzen der Vegetationsperiode im Frühling.

BLUTENDE WUNDEN VERMEIDEN

Manche Bäume wie Ahorn und Kirschen bluten aus Schnittwunden sehr stark und können dadurch geschwächt werden. Schneiden Sie diese nur im Spätherbst, wenn das Wachstum verlangsamt oder abgeschlossen ist. Die Schnittwunde kann dann über den Winter abtrocknen, und die Gefäße können sich verschließen. Würde im Frühling geschnitten, so kann sich durch den hohen Druck, mit dem die Wurzeln die Pflanzensäfte in die oberen Äste und Zweige drücken, die Pflanze völlig verausgaben.

Durch gezielte Schnittmaßnahmen kann das Wachstum beeinflusst werden, ein Rückschnitt oder Einkürzen der Triebe im Spätsommer stoppt das Wachstum und fördert das Ausreifen der Triebe. Dies ist beim Obstbaumschnitt besonders wichtig (siehe Seite 124 f.). Ein Rückschnitt im Herbst oder Frühjahr fördert das Wachstum, da die ganze Energie eines Strauches oder Gehölzes, die in den Wurzeln steckt, in weniger Triebe geleitet werden kann.

Frostschäden vermeiden

Empfindliche (Laub-)Bäume und Sträucher haben bei einem Schnitt im Herbst oder Winter keine Reserve an Trieben mehr, die zurückfrieren kann. Erfrorene Triebe werden besser bei einem Rückschnitt im späten Frühling weggeschnitten. Das gilt auch für Rosen.

RINDENSCHÄDEN VERMEIDEN

Mit einem winterlichen Weißanstrich können Sie Rindenschäden durch Frost vermeiden. An sonnigen Wintertagen erwärmt sich die Rinde relativ stark, in der Nacht kühlt sie dann rasch wieder ab. So kommt es zu Spannungsrissen. Der Weißanstrich (im Gartenfachhandel erhältlich) wird im Herbst vor allem bei Obstbäumen von der Basis bis zum Kronenansatz auf die Rinde aufgetragen.

Abgebrochene Äste entfernen

Dickere Äste, die nach einem Sturm oder durch Schneelast abgebrochen sind, sollten Sie auf jeden Fall nachbehandeln, denn die großen Risswunden und Bruchstellen stellen eine Eintrittspforte für Krankheitserreger dar.

Schneiden oder sägen Sie die Stümpfe ab. Werden Äste bis zum Stamm zurückgenommen, sollte an der Stelle, an der der Ast aus dem Stamm wächst, der Astring erhalten bleiben, dann wird die Wunde schneller verheilen.

Wenn längere oder große Äste am Stamm entfernt werden, schneidet man zuerst von unten etwa 15 – 20 cm vom Stamm entfernt eine Kerbe in den Ast, um ihn dann von oben abzusägen. So

vermeiden Sie, dass der Ast durch sein Gewicht mit einer langen „Zunge" herunterreißt und den Stamm verletzt.

Wildtriebe an Rosen entfernen

Als Wildtriebe bezeichnet man Triebe, die aus dem Wurzelstock unterhalb der Veredelungsstelle erscheinen. Sie erkennen diese ganz einfach an den etwas anders aussehenden Blättern: Sie haben nämlich fünf bis sieben Fiederblättchen an jedem Rosenblatt und sind meist etwas heller grün gefärbt als die eher dunkelgrünen Blätter der Edelsorte, die nur drei bis fünf Fiederblätter hat.

Wildtriebe müssen schnellstmöglich entfernt werden, da sie die Edelsorte schnell überwachsen. Die eigentliche Gartenrose kann so in nur einer Wachstumssaison so weit zurückgedrängt werden, dass sie eingeht. Wenn der Wildtrieb nur knapp über dem Boden abgeschnitten wird, treibt er immer wieder aus. Graben Sie deshalb an der Basis der Rose den Boden auf, bis Sie zum Ansatz des Wildtriebs an der Wurzel kommen. Dort wird er abgerissen oder sauber abgeschnitten und das Loch wieder verfüllt.

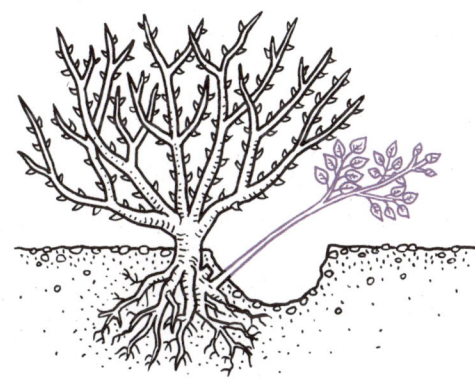

Wildtriebe sind Triebe aus der Wurzelunterlage der Rose. Sie müssen entfernt werden, denn sonst überwuchern sie die Edelsorte in kurzer Zeit.

Was tun bei wuchernden Kletterpflanzen?

Ob Wilder Wein, Efeu, Clematis, Glyzine, Kletterhortensie oder Trompetenblume – die Auswahl an kletternden Rankern, Schlingern oder Haftwurzelkletterern zur Fassadenbegrünung ist groß. Richtig eingesetzt können sie einen wertvollen Beitrag zur Kleinklimaverbesserung am und im Haus leisten.

Sie halten im Sommer die Hitze draußen und kühlen durch die Feuchtigkeit, die sie über die Blätter abgeben, die Wände und die Umgebung. Im Winter wirken immergrüne Fassadenkletterer wie Efeu wie eine zusätzliche Isolierung, sie bremsen kalte Winde und mindern die Wärmeabstrahlung der Hauswand. Lästig kann manchmal sein, dass Mäuse die Ranken an der Hauswand als Steigleiter nutzen und so auch in höhere Stockwerke vordringen können.

Schäden durch Kletterpflanzen

An einer gut gepflegten Fassade oder fehlerfreiem Mauerwerk können Kletterpflanzen kaum Schäden anrichten. Ist der Putz jedoch in die Jahre gekommen und blättert ab, oder haben sich sogar Risse gebildet, können Kletterpflanzen die bereits vorhandenen Schäden vergrößern. Je nach Wuchsform sind die Schäden unterschiedlich. Am kritischsten sind folgende Arten:

BLAUREGEN oder GLYZINE Dieser ostasiatische Schlinger gehört zu den am schnellsten wachsenden Kletterpflanzen und ist daher zur Begrünung von Fassaden sehr beliebt. Seine üppige Blüte im Frühjahr und Frühsommer mit den langen blauen, rosa oder weißen Rispen steigert zusätzlich seine Beliebtheit. Die langen schlingenden Triebe brauchen eine Kletterhilfe, da sie keine Haftwurzeln ausbilden. Sie werden, wenn sie sich um einen Spanndraht oder

auch eine Dachrinne geschlungen haben, schnell dicker und können diese dann regelrecht zusammendrücken. Spanndrähte und Kletterhilfen müssen ausreichend fest in der Fassade verankert werden, damit die Ankerhaken nicht durch das Gewicht des Blauregens aus der Wand brechen. Abhilfe: Leiten Sie Blauregen immer an einer Rankhilfe wie einem Spalier oder an Spanndrähten an der Fassade hoch.

Setzen Sie ihn niemals an Regenrohre oder Dachrinnen. Wenn Sie bemerken, dass sich der Blauregen um ein Fallrohr geschlungen hat, müssen die Triebe sofort zurückgeschnitten oder umgeleitet werden. Ist das Rohr schon zusammengedrückt und die Triebe dick und miteinander verwachsen, hilft nur noch ein radikaler Rückschnitt und ein (teures) Ersetzen der Regenrohre.

EFEU Efeu ist immergrün und daher ein idealer, ganzjährig attraktiver Fassadenbegrüner. Er klettert mit Haftwurzeln, die auch auf glatten Flächen Halt finden. Diese Wurzeln dienen nur der Verankerung auf der Unterlage und bilden sich zu normalen, dicker werdenden Bodenwurzeln um, wenn sie auf Feuchtigkeit stoßen. Es ist also nicht der Efeu, der Risse im Mauerwerk verursacht, sondern er vergrößert nur vorhandene Schäden. Die Triebe des Efeus wachsen nicht nur zum Licht, sondern auch in dunkle Spalten, zum Beispiel unter den Dachtrauf und in Regenrohre. Dort können Sie durch das Dickenwachstum für Schäden sorgen oder Regenrohre durch Wurzeln verstopfen. Wächst Efeu auf schadhaftem Putz, so kann es passieren, dass sich dieser durch das Gewicht der Pflanze vom Untergrund löst. Abhilfe: Efeu darf nur an sauber verputzte Wände und Fassaden gepflanzt werden. Kontrollieren Sie, wenn er den Dachtrauf erreicht hat, regelmäßig (mindestens alle zwei Jahre, besser jährlich) die Regenrinnen und entfernen Sie eingewachsene Triebe rigoros. Auch Fensterrahmen, Rollladenkästen und Fenstersimse sollten freigehalten werden.

SCHLINGKNÖTERICH wird wegen seines enorm schnellen Wuchses und der billigen Beschaffung gerne zur Begrünung verwendet. Schlingknöterich wird jedoch schnell unansehnlich, und nach drei oder vier Jahren hat man nur noch ein innen kahles, wirres Gestrüpp an der Fassade. Abhilfe: Komplett entfernen und mitsamt den Wurzeln ausgraben. Es gibt attraktivere Kletterpflanzen zur Fassadenbegrünung.

WILDER WEIN Wilder Wein hält sich mit den typischen Haftranken mit den kleinen Saugnäpfen an Mauern, Fassaden, genauso auch auf der Rinde von Bäumen fest. Im Gegensatz zu Haftwurzelkletterern wie Efeu, Kletterhortensie und Trompetenblume dringen seine Ranken nicht in Risse oder Spalten ein und werden auch nicht dicker. Sie dienen nur der Verankerung und reißen beim Ablösen von den Trieben ab. Die Saugnäpfe sind praktisch nicht von der Unterlage abzulösen. Abhilfe: Wenn Wilder Wein von einer Fassade entfernt wird, können die Saugnäpfe nur durch Sandstrahlen entfernt werden, bevor die Wand anschließend neu verputzt und gestrichen werden kann.

Beliebte Kletterpflanzen: Efeu (oben), Wilder Wein (Mitte) und Blauregen (unten)

Was tun,
wenn der Bambus ausbricht?

Bambus ist ein wahrlich besonderes Gras und vielseitig wie nur wenige andere Garten-pflanzen. Er stellt mit seinem immergrünen, frischen Laub und den eleganten, beim kleinsten Windhauch raschelnden Trieben eine empfehlenswerte Alternative zu den tristen, dunkel-grünen Lorbeerkirschen und Rhododendren, Thujen, Eiben und anderen Nadelgehölzen dar. Einige Bambusarten haben aber die unangenehme Eigenschaft, sich im Garten hemmungs-los breit zu machen, wenn ihnen kein Einhalt geboten wird.

Bambus im Garten

Bambus ist für japanisch oder asiatisch gestaltete Gärten unverzichtbar, passt aber genauso in den exotischen Dschungelgarten zwischen großblättri-ge Laubgehölze und macht auch als Kübelpflanze auf der minimalistischen Zen-Terrasse eine gute Figur. Es gibt nur wenige Gartenpflanzen, die viel-seitiger einsetzbar sind, und durch die Vielfalt an Arten und Sorten gibt es für jeden Geschmack und (fast) jeden Platz im Garten den richtigen Bambus. Bambusse werden in zwei Gruppen eingeteilt, je nach Wuchsform:

Bei RHIZOMBILDENDEN BAMBUSSEN wachsen die Halme aus einem unterirdischen, kriechenden Rhizom (Wurzelstock) und stehen im Abstand von 15, 20 oder 30 cm, bei manchen Arten können zwischen den Halmen sogar bis zu 50 cm liegen. Wenn man sich nun bewusst macht, dass die Bambuspflanze pro Wachstumssaison zwischen Frühjahr und Herbst eine ganze Menge neue Hal-me treibt und sich dabei auch noch verzweigt, dann kommt da im Laufe der Zeit eine ganz be-achtliche Strecke und Fläche zusammen, die der Bambus für sich beansprucht – 10 Meter durch den Garten sind keine Seltenheit!

Die Gruppe der HORSTBILDENDEN BAMBUSSE ist weit weniger invasiv. Sie wachsen, wie der Name sagt, in Horsten, die Stängel stehen nur wenige Zentimeter entfernt dicht beieinander. Bambusse aus dieser Gruppe werden zwar mit der Zeit auch immer breiter und voluminöser, sind aber bei wei-tem nicht so aggressiv in ihrem Ausbreitungsdrang und können, wenn genug Platz im Garten vorhan-den ist, auch ohne Sperre gepflanzt werden.

Für alle anderen gilt: Ohne Rhizomsperre darf keiner in den Garten.

Bambus braucht Platz, um sich zu entfalten, daher muss ihm genügend Raum zur Verfügung gestellt werden, sonst kümmert er. Der Durchmes-ser des Grabens, der für die Rhizomsperre ausge-hoben wird, muss mindestens 1,5 Meter, besser noch mehr betragen. Lässt man dem Bambus we-niger Platz, so hat er im Sommer bei Trockenheit zu wenig wasserspeicherndes Erdvolumen zur Ver-fügung und es kommt schnell zu Trockenschäden. Abhilfe können hier regelmäßiges Gießen und ein Auslichten alter Halme schaffen.

Abhilfe: Als Rhizomsperre eignet sich eine „Hochdichte Polyethylen-Folie" (HDPE) von min-destens 2 mm Stärke und 70 cm Breite. Diese Fo-lie wird 65 cm tief in den Boden versenkt (tiefer wachsen die Rhizome selten) und muss 5 cm über der Bodenoberfläche überstehen. Rhizome, die sich über diese Sperre schieben, können so leicht

Da steckt Kraft dahinter: die spitzen Enden der Bambusrhizome bohren sich fast überall durch. Eine Rhizomsperre ist die einfachste und sicherste Möglichkeit, ausläuferbildende Bambusse im Garten in Schach zu halten.

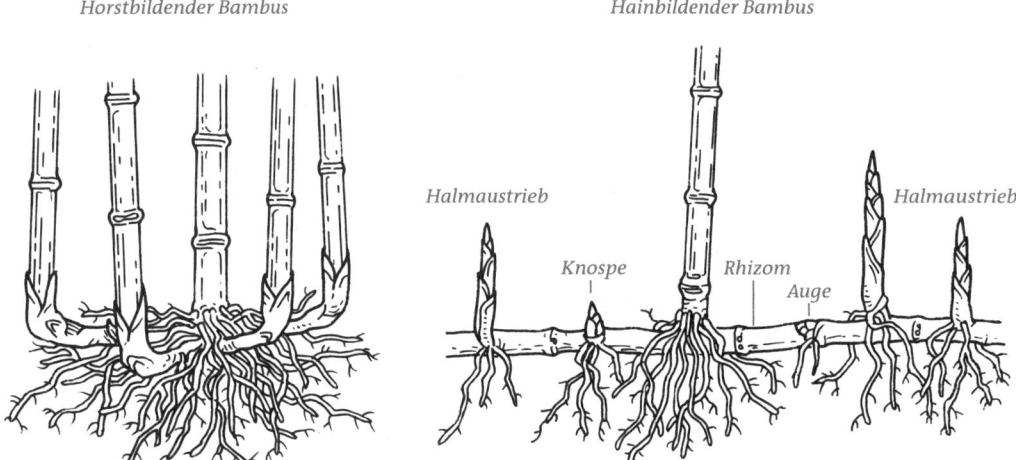

Horstbildender Bambus

Hainbildender Bambus

Halmaustrieb

Knospe

Rhizom

Auge

Halmaustriebe

Horstförmig wachsende Bambusse bilden im Abstand von wenigen Zentimetern auf dem Rhizom (Wurzelstock) neue Halme. So wachsen sie dicht und bleiben kompakt. Bei ausläuferbildenden Bambussen erscheinen die neuen Halme im Abstand von 10–40 cm am Rhizom. Sie bilden lichte Haine und breiten sich über größere Flächen aus.

erkannt und abgeschnitten werden. Zwei Kontrollgänge im Jahr reichen meist aus, wer ganz sicher gehen möchte, schaut öfter nach „Ausbrechern". Ist der Graben fertig, wird die Folie senkrecht hineingestellt (darauf achten, dass sie 5 cm über die Erdoberfläche hinausragt!) und die Enden werden mit einer speziellen Schiene verschraubt, die Sie im Fachhandel oder im Internet zum Beispiel bei www.bambus.de erhalten. Es reicht nicht, die Folienenden zu verkleben, zu verschrauben oder gar einfach nebeneinander zu stellen, die Rhizome würden sich einfach durch den Spalt schieben.

Geht es auch anders?

Manch einer möchte keine Plastikfolien im Garten vergraben, und Gärtner sind ein erfinderisches Volk. Eine denkbare Alternative zur Rhizomsperre ist ein 70 cm tiefer und 20 cm breiter Graben, der locker mit Laub gefüllt wird – dieses muss aber mindestens zwei Mal im Jahr entfernt und die Grabenkante auf durchtreibende Rhizome kontrolliert

werden. Das funktioniert recht gut, die Gefahr besteht eher darin, dass neugierige Gartenbesucher beim Bewundern des Bambusses in den Graben stolpern und sich den Fuß verstauchen (oder Schlimmeres zuziehen).

Betonwände und -sperren, wenn fachgerecht gegossen oder ausgebracht, stellen für Bambus eine unüberwindbare Hürde dar – vorausgesetzt, sie ragen mindestens 70 cm tief in den Boden. Eine Alternative zu selbstgebauten Betonsperren sind Betonringe für den Kanalbau, auch diese müssen tief genug eingegraben werden und Vorsicht! – Wenn mehrere übereinander liegen, stellen die Fugen für den Bambus eine willkommene Soll(aus)bruchstelle dar.

Bei Blumenkübeln besteht im Herbst und Winter die Gefahr der Staunässe, da das Wasser nicht so schnell abfließen und versickern kann, und im Sommer trocknen sie schnell aus, es muss also häufig gegossen werden. Sie sind daher eher weniger geeignet. Blumenkübel sind nur dann in

Betracht zu ziehen, wenn sie wirklich groß genug sind: Ein Meter Durchmesser bei einer Höhe von 50–60 cm ist das Minimum.

DAS FUNKTIONIERT WIRKLICH NICHT

Wurzelschutzfolie, wie sie bei der Dachbegrünung eingesetzt wird.
Teichfolie Egal wie dick, die spitzen Rhizomspitzen durchbohren sie mit Leichtigkeit.
Eternit- oder Steinplatten Die Rhizome schieben sich durch die Fugen.
Mörtelkübel mit ausgeschnittenem Boden Sie sind nicht hoch genug, und die Rhizome wachsen unter und über dem Rand durch.

Was tun, wenn der Bambus schon den Garten erobert?

Was jedoch tun, wenn sich der Bambus schon im Garten breit gemacht hat oder Sie einen Garten übernommen haben, der von wildgewordenen Bambussen erobert ist? Abhilfe: Es gibt eigentlich nur zwei Möglichkeiten: Aushungern oder rohe Gewalt.

Das Aushungern macht nur Sinn, wenn Sie den Bambus ganz loswerden wollen. Dazu brauchen Sie vor allem vier Dinge: eine scharfe Gartenschere oder Säge, Geduld, mehr Geduld und noch mehr Geduld. Entfernen Sie alle alten Triebe und die aufkommenden Neutriebe, sobald Sie sie entdecken (Vorsicht beim Barfußlaufen: Die Rhizomspitzen, die sich durch die Oberfläche schieben, sind scharf wie Nägel). Da die Triebe durch das unterirdische Rhizom miteinander verbunden sind, macht es keinen Sinn, nur die unerwünschten wegzuschneiden – solange es noch eine „Mutterpflanze" gibt, die die Schösslinge mit Nährstoffen versorgen kann, wird sich der Bambus weiter ausbreiten.

Die zweite Methode geht schneller, ist aber arbeitsaufwändiger und hat einen größeren „Zerstörungseinfluss" für den restlichen Garten: Sie müssen das gesamte Areal, das der Bambus überwuchert hat, umgraben und die Erde durchsieben – die dünnen weißen Wurzeln sind unproblematisch, aber jedes der dickeren, gelben Rhizomstücke kann neu austreiben und das Ganze von vorne beginnen lassen.

Die chemische Keule ist gegen den Bambus wenig sinnvoll: Zum einen gibt es praktisch keine gezielt gegen Bambus wirksamen Pflanzengifte (Herbizide) und zum anderen gehen auch alle anderen Pflanzen in der Umgebung ein.

NICHT DIE WURZELN SIND SCHULD

Es ist übrigens nicht richtig, dass die Wurzeln des Bambus für das zerstörerische Werk der rhizom- oder ausläuferbildenden Arten verantwortlich sind. Es sind die spitzen, scharfen Enden der Rhizome, also die jungen Triebe, die sich durch Teichfolie, unter Platten und zwischen Fugen schieben und sogar Teerdecken durchstoßen können.

Probleme im Blumengarten

Was tun, wenn sich Lücken im Beet auftun?

*Die Enttäuschung ist groß, wenn sich nach einer großen Pflanzaktion im Herbst,
bei der viele neue Stauden eingesetzt wurden, im Frühling trotzdem Lücken im Beet auftun
oder im Laufe der Zeit in einem ehemals üppigen, vollen Beet Stauden ausfallen.*

Ursachen für Löcher und Lücken im Beet

Ein Beet ist lebendig, und es ist ganz normal, dass es sich im Laufe der Jahre durch das Wachstum der Pflanzen verändert. Viele Stauden werden durch Zuwachs größer, breiten sich durch Ausläufer und Samen aus, andere ziehen sich zurück, weil sie von stärker wachsenden verdrängt werden, im Winter erfrieren oder einfach wie Verbenen und Prachtkerzen zu den eher kurzlebigen Mehrjährigen gehören. Ein anderer Grund für Lücken kann der unterschiedliche Wachstumsrhythmus sein. Das trifft zum Beispiel auf Stauden zu, die ihr Laub schon früh im Jahr wieder einziehen. Auch eine unausgewogene Mischung aus Stauden, Zwiebelblumen, Ein- und Zweijährigen bei der ersten Bepflanzung kann in den Folgejahren zu Lücken im Beet führen. Ein weiterer Grund für Ausfälle können Krankheiten, Schädlinge und Frostschäden sein.

WANDERNDE STAUDEN Manche Stauden wie Bartiris oder Gräser, die mit der Zeit von der Mitte her verkahlen, da sie nur an den äußeren Bereichen neue Triebe bilden, „bewegen" sich im Laufe der Jahre im Beet von ihrem ursprünglichen Platz weg. Wenn in diesen Bereich keine anderen Pflanzen hineinwachsen, bleiben Lücken. **Abhilfe:** Teilen Sie große Staudenhorste alle fünf bis sechs Jahre und setzen Sie sie an einen neuen Platz im Beet. Das erhält die Wuchskraft und beugt Bodenkrankheiten

vor. Ausnahme: Pfingstrosen mögen es nicht umgepflanzt oder geteilt zu werden. Sie dürfen ungestört wachsen.

ZWEIJÄHRIGE PFLANZEN, die wie Königskerzen und Fingerhut einen zweijährigen Wachstumsrhythmus haben, bilden im ersten Jahr nach der Aussaat im Frühling nur eine Blattrosette, aus der im zweiten Standjahr der Blütentrieb erscheint. Danach stirbt die Pflanze ab. **Abhilfe:** Wenn sie viele Zweijährige im Beet haben, dann sollten Sie sie so pflanzen, dass in der Nachbarschaft ausdauernde Stauden gepflanzt werden, die die Lücken überdecken. Durch gestaffelte Aussaat oder Pflanzung von Zweijährigen in aufeinanderfolgenden Jahren sorgen Sie dafür, dass jedes Jahr ein Teil der Pflanzen blüht, während eine andere Generation für die Blüte im Folgejahr heranwächst.

FROSTSCHÄDEN Nicht immer kommen alle Pflanzen heil durch den Winter. Frostempfindlich sind zum Beispiel Lavendel, Prachtkerze und Verbenen. Wenn diese im Winter erfroren sind, bleibt im Frühjahr natürlich eine Lücke im Beet. **Abhilfe:** Lücken lassen sich mit schnellwachsenden Sommerblumen wie Kosmeen, Ringelblumen und Jungfer im Grünen füllen, bis im Herbst wieder nachgepflanzt werden kann. Oder Sie setzen Stauden ein, die im Topf vorgezogen sind.

AUSFÄLLE NACH DER PFLANZUNG Stauden, die in der Gärtnerei in Töpfen kultiviert wurden, wachsen manchmal schlecht an und trocknen nach der Pflanzung im Herbst im folgenden Winter aus. Im Frühjahr bleiben dann nur sogenannte Ballenmumien übrig. Abhilfe: Entfernen Sie vor der Pflanzung alte Erde und loses Substrat von den Wurzeln und setzen Sie die Stauden wie wurzelnacktes Pflanzgut ein. Gut angießen und auch im Winter kontrollieren.

WÜHLMÄUSE Ein plötzliches Einsacken oder regelrechtes Verschwinden ganzer Pflanzen ist ein Zeichen, dass sich Wühlmäuse an den Wurzeln gütlich tun oder die Pflanze ganz in ihre unterirdischen Gänge gezogen haben. Abhilfe: Schütten Sie stockige (saure) Milch in die Gänge der Wühlmäuse. Der Geruch ist für diese lästigen Nager so unangenehm, dass sie das Weite suchen. Zerstörte oder gefressene Pflanzen können nur durch neue ersetzt werden.

SCHNECKEN Besonders die ziegelrote Spanische Wegschnecke kann über Nacht ganze Funkienhorste oder Rittersporne abfressen. Außer ein paar Schleimspuren bleibt von der Pflanze nicht viel übrig. Abhilfe: Bei gefährdeten Pflanzen wie Funkien, Rittersporn, Salat, Akelei, Astern und Kosmeen vorbeugend Schneckenkorn streuen.

ZWIEBELBLUMEN Viele frühlingsblühende Zwiebelblumen wie Tulpen, Narzissen, Kaiserkrone und Zierlauch ziehen ihr Laub im Laufe des Sommers ein, sodass nur kahle Stellen bleiben, wo sie vorher wuchsen. Abhilfe: Setzen Sie die Zwiebeln unter die Stauden, so dass sie durch diese hindurchwachsen. Die Blüten schieben sich im Frühling durch den Wurzelstock der Stauden und sorgen für Farbe im Beet, bevor die Stauden austreiben. Wenn die Blätter der Zwiebelblumen welken, sind sie schon von den neuen Trieben der Staude überdeckt.

Was tun bei Problemen mit Rosen?

Lange stand die Rose im Ruf, Krankheiten und Schädlinge magisch anzuziehen und ohne den Einsatz von Pflanzenschutzmitteln nicht überleben zu können. Auch der Schnitt der Königin der Gartenblumen stellt für viele ein Buch mit sieben Siegeln dar – das ist er aber gar nicht.

Rosen richtig schneiden

Ein regelmäßiger, fachgerechter Schnitt verbessert Wachstum und Blütenbildung von Rosen. Außerdem wird die Verjüngung gefördert und die Wuchsform beeinflusst. Die verschiedenen Sortengruppen zeigen unterschiedliches Wachstum und werden dementsprechend individuell geschnitten. Rosen zu schneiden, mag für den Einsteiger wie eine eigene Kunst erscheinen. Wenn man allerdings einige wenige Grundregeln beachtet, kann jeder die Rosen im eigenen Garten mit Erfolg selbst schneiden.

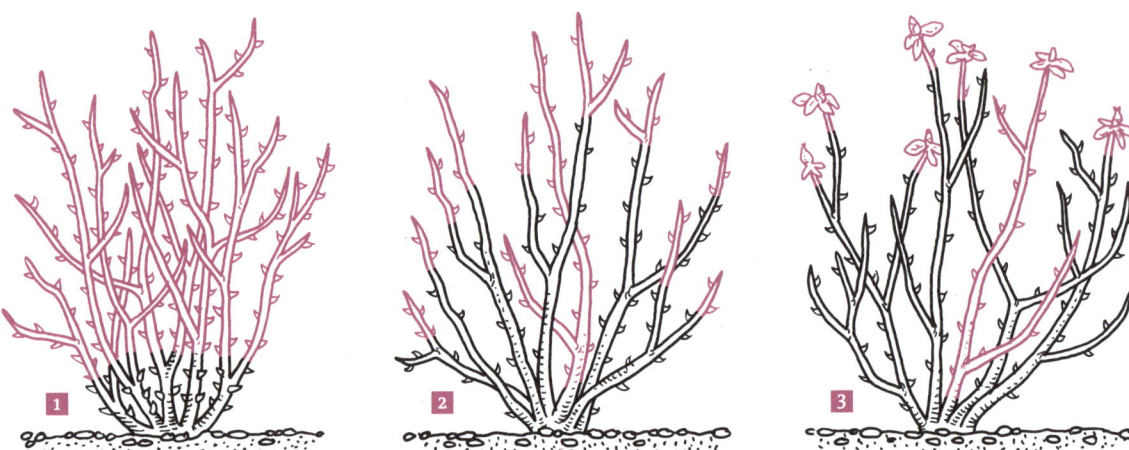

1. Edel-, Beet und Zwergrosen werden auf mindestens 5 Augen über dem Boden zurückgeschnitten. 2. Bei öfterblühenden Strauchrosen werden alte, vergreiste Triebe herausgeschnitten und die übrigen in die gewünschte Form zurückgeschnitten. 3. Einmalblühende Strauchrosen schneidet man nur leicht zurück, alte, abgestorbene und über Kreuz wachsende Triebe

WERKZEUG

Eine scharfe Rosenschere und eine Astsäge sind alles, was man braucht.

WIE WIRD GESCHNITTEN?

Die Schnittführung ist für die Gesundheit der Triebe und die weitere Entwicklung der Pflanze wichtig. Die Triebe werden oberhalb eines Auges (einer Knospe) schräg vom Auge weg abgeschnitten. So kann kein Wasser auf der Schnittstelle stehen bleiben, was zu Fäulnis führen kann. Damit das Auge nicht verletzt wird, wird der Schnitt etwa einen halben Zentimeter oberhalb gesetzt. Ist der Schnitt zu tief, kann das Auge eintrocknen, bleibt zu viel stehen, können am Ende Krankheitserreger eindringen.

ZEITPUNKT

Rosen werden im zeitigen Frühjahr geschnitten, wenn die Forsythien blühen. Meist haben dann schon die Triebe an den Spitzen neue Blättchen gebildet, diese können aber, da in der Regel tiefer ins alte Holz zurückgeschnitten wird, weggeschnitten werden.

EDEL-, BEET- UND ZWERGROSEN Bei Rosen, die in diese Kategorien fallen, bilden sich die Blüten am diesjährigen Holz. Der kräftige Rückschnitt fällt also in das Frühjahr. Aus den wenigen Augen treiben kräftige Triebe, die reich blühen. Je tiefer der Rückschnitt, desto weniger, aber dafür stärkere Triebe, werden gebildet. Ein Rückschnitt im Winter birgt das Risiko von Frostschäden, weil keine „Reserve" an der Rose bleibt, die zurück frieren kann.

In einem zweiten Schritt können nun kranke, alte und abgestorbene (erfrorene) Triebe entfernt werden. Die restlichen, kräftigen Triebe werden bei Edel- und Beetrosen auf 20–30 cm, bei Zwergrosen auf 10–15 cm eingekürzt. Je tiefer der Rückschnitt, desto weniger, aber dafür stärkere Triebe, werden gebildet. Der oft zitierte Rat, auf außen stehende Augen zu schneiden, ist unsinnig. Fachleuten und Rosenprofis fehlt dazu schlicht die Zeit, und die Rosen gedeihen trotzdem.

ÖFTERBLÜHENDE STRAUCHROSEN lässt man – abgesehen von kleineren Auslichtungsmaßnahmen – einige Jahre wachsen. Ein frühzeitiger Rückschnitt verhindert, dass sie im Laufe der Jahre ihre

werden entfernt. 4. Bei öfterblühenden Kletterrosen (Climbern) werden die Vorjahrestriebe auf 4 bis 5 Knospen eingekürzt. 5. Einmalblühende Kletterrosen (Rambler) lichtet man nur leicht aus und entfernt störende Triebe sowie alte Blütentriebe. 6. Bei Hochstammrosen werden die Triebe auf 20–30 cm, beziehungsweise 10–15 cm zurückgenommen.

charakteristische Form bilden. Abgestorbene und kranke Triebe werden selbstverständlich jährlich entfernt. Alle fünf bis sieben Jahre entfernt man mit einer kleinen Astsäge alte Grundtriebe an der Basis, also in Bodennähe.

EINMALBLÜHENDE STRAUCHROSEN blühen an mehrjährigen Trieben. Deshalb werden sie praktisch nicht zurückgeschnitten. Nur abgestorbene und kranke Triebe werden regelmäßig mit einer Säge entfernt. Bei Bedarf kann die Rose nach der Blüte etwas ausgelichtet oder in Form geschnitten werden.

ÖFTERBLÜHENDE KLETTERROSEN blühen sowohl am mehrjährigen Holz als auch an diesjährigen Trieben. Ein leichter Rückschnitt im Frühjahr, bei dem junge kräftige Langtriebe stehenbleiben und Seitentriebe auf vier bis fünf Augen eingekürzt werden, reicht völlig. Dünne Triebe werden genauso herausgenommen wie solche, die älter als sechs Jahre sind.

EINMALBLÜHENDE KLETTERROSEN (RAMBLER) blühen nur am mehrjährigen Holz. Deshalb werden sie nicht

im Frühling geschnitten, da ein kräftiger Rückschnitt die Blüte im Sommer verhindern würde. Es reicht, die Rose nach der Blüte auszulichten und abgestorbene oder kranke Triebe zu entfernen.

HOCHSTAMMROSEN sind nichts anderes als auf Stämmchen veredelte Beet-, Edel- oder Zwergrosen, sie werden nach denselben Regeln geschnitten. Im Frühjahr werden die Triebe auf 20–30 cm, beziehungsweise 10–15 cm zurückgenommen. Dabei auf eine gleichmäßige, runde Kronenform achten.

TRAUERROSEN Wenn man eine Kletterrose auf Hochstämmchen veredelt, so erhält man eine Trauer- oder Kaskadenrose. Sie werden wie Kletterrosen im Frühjahr behutsam ausgelichtet, damit die Wuchsform nicht zerstört wird.

KLEINSTRAUCH- ODER BODENDECKERROSEN werden alle drei Jahre zurückgeschnitten. Sie vertragen auch einen jährlichen Rückschnitt, wie wir es von den Beet- und Edelrosen kennen. Diese Rosen tolerieren sogar den Einsatz von mechanischen Heckenscheren oder Fadenhäckslern.

Strauchrosen wie ‹Crocus Rose› (oben) wirken in Gruppen im Staudenbeet genauso gut wie als Solitär. Beetrosen (unten links)
bleiben niedriger und fügen sich gut in Beete und Rabatten ein. Pfingstrosen (unten rechts) sind gar keine Rosen, sondern Paeonien.

Rosenkrankheiten

Rosen können im Garten von Krankheiten und Schädlingen, vor allem verschiedenen Insekten, befallen werden. Bei den tierischen Schädlingen sind dies neben der Rosenblattlaus, der Rosen-Blattrollwespe, der Rosenzikade, dem Rosentriebbohrer auch Rosenblattwespe und die Gemeine Spinnmilbe. Ein kräftiger Wasserstrahl hat schon so manche Blattlauskolonie von zarten Rosenknospen gespült. Auch Marienkäfer und Florfliegen sowie deren Larven sind Weltmeister im Vertilgen von Blattläusen aller Art.

Pilzkrankheiten, die empfindlichen Rosen zu schaffen machen, sind Rosenrost, Grauschimmel, Rußtau, Falscher und Echter Mehltau und nicht zuletzt der größte Feind des Rosenblatts, der Sternrußtau. Eine Bekämpfung muss nicht immer mit der „chemischen Keule" geschehen, oft hilft es, befallene Blätter und Triebe zu entfernen und zu vernichten. Sie gehören aber nicht auf den Kompost, da sich dort Pilze oder verborgene Insektenlarven weiterentwickeln können.

VORBEUGEN

Wenn Sie Ihre Rosen regelmäßig kontrollieren, Verblühtes entfernen und beobachten, erkennen Sie Krankheiten und Schädlinge so rechtzeitig, dass sie selten zu einem Problem werden. Kranke Blätter, die im Herbst fallen, auf jeden Fall entfernen und verbrennen oder im Hausmüll entsorgen.

Leider sind einige der schönsten und am stärksten duftenden Rosen, vor allem Sorten, die schon vor vielen Jahren gezüchtet wurden, besonders anfällig für Sternrußtau. Bei diesen kommt man um eine (vorbeugende) Behandlung mit Pflanzenschutzmitteln gegen Pilzkrankheiten (Fungizide) nicht herum. Lassen Sie sich in einer Gärtnerei, Ihrer örtlichen Pflanzenschutzberatungsstelle oder einem Gartencenter beraten und befolgen Sie die Anweisungen und die Dosieranleitung auf der Verpackung genau.

Falsch eingesetzte Spritzmittel fördern resistente Krankheiten, schaden der Umwelt, der Rose und nicht zuletzt Ihrer eigenen Gesundheit.

PFLEGEFEHLER

Den Ruf, häufiger unter Krankheiten zu leiden als andere Pflanzen, verdankt die Rose weniger einer außergewöhnlichen Anfälligkeit, sondern dem oft nicht optimalen Standort, der die Rose schwächt und dann erst anfällig macht.

Rosen mögen weder in der Nähe großer Bäume vom Wurzeldruck unterdrückt werden, noch in deren Schatten stehen. Ein sonniger Standort ist viel besser, doch die direkte Südseite vor einer Hauswand ohne Schutz vor brennender Mittagssonne ist abträglich.

Stehende Luft, vor allem wenn sie warm und feucht ist, begünstigt den Befall mit Sternrußtau und Mehltau, dann werden selbst robuste Sorten befallen.

Rosen, die unter Nährstoffmangel leiden, sind genauso anfällig für Schaderreger wie solche, die zu üppig versorgt werden und nur weiche Triebe bilden.

Bei der Pflanzung im Herbst schützt eine Abdeckung aus Tannenreisig vor austrocknender Wintersonne und vor allzu kalten Winden. Wer Hochstamm- oder Trauerrosen im Winter allerdings in Plastik- oder Luftpolsterfolie einpackt, um sie vor Frost zu schützen, darf sich im Frühjahr nicht über mit Schimmel oder anderen Pilzen befallene Blätter und Triebe wundern. Auch ein zu früher Rückschnitt oder zu spät angebrachter oder entfernter Winterschutz stören die Rose in ihrer Entwicklung und machen sie für Krankheiten empfindlicher.

SCHÄDLINGE

Für alle Schädlinge, die ab Mai/Juni im Garten erscheinen, sind im Fachhandel entsprechende Präparate erhältlich, die bei starkem Befall eingesetzt werden können.

Wenn in Ihrem Garten Kinder spielen, sollten Sie auf den Einsatz von Spritzmitteln aber ganz verzichten.

ROSENBLATTLAUS Diese meist grün gefärbte Blattlausart saugt ab April an Knospen und Triebspitzen. Dadurch verkrüppeln junge Blätter und Blütenknospen. Abhilfe: Bei leichtem Befall von Hand absammeln oder am frühen Morgen mit Wasser abspritzen.

ROSEN-BLATTROLLWESPE Diese Blattwespe legt ab Mai ihre Eier an den Blatträndern ab, die sich dann schützend um die Larve rollen, vergilben und abfallen. Abhilfe: Befallene Blätter entfernen und auch vom Boden absammeln. Mit dem Hausmüll entsorgen, da sich die Larven auf dem Kompost weiterentwickeln.

ROSENBLATTWESPE Die Larven der Blattwespe fressen ab Mai/Juni an der Blattoberseite und verursachen unschöne Schadstellen, die nach einiger Zeit austrocknen und Löcher hinterlassen. Abhilfe: Befallene Blätter entfernen und mit dem Hausmüll entsorgen.

ROSENZIKADE Zikaden sind kleine, grünliche springende Insekten, die auf der Blattunterseite saugen und dadurch an der Blattoberfläche weißliche Verfärbungen verursachen. Abhilfe: Am frühen Morgen mit Insektizid spritzen. Dabei ist wichtig, vor allem die Blattunterseite zu benetzen.

ROSENTRIEBBOHRER Trockene, braune Triebspitzen sind ein Anzeichen für einen Befall mit dem Rosentriebbohrer. Die Larven fressen sich im Triebinneren sowohl auf- wie auch abwärts und bringen den darüber liegenden Trieb zum Absterben. Abhilfe: Befallene Triebe einige Zentimeter unterhalb des abgestorben Teils entfernen und mit dem Hausmüll entsorgen.

SPINNMILBEN sind keine Insekten, sondern gehören zu den Spinnentieren. Sie sind mit bloßem Auge fast nicht zu erkennen und treten besonders bei heißem, trockenem Wetter auf. Ein Befall zeigt sich aber bald durch die feinen Gespinste an der Blattunterseite und zwischen den Blättern. Die Blätter zeigen dann eine feine, grau-weiße Sprenkelung. Abhilfe: Befallene Triebe komplett entfernen und mit dem Hausmüll entsorgen.

VORSICHT BEIM SPRITZEN

Testen Sie Pflanzenschutzmittel immer erst an einem Teil der Pflanze und verwenden Sie nur speziell für Rosen zugelassene Präparate. Manche Spritzmittel können junge Triebe und Blütenknospen schädigen, besonders bei höheren Temperaturen. Manche Beetrosen reagieren auf Spritzungen mit ölhaltigen Insektiziden wie Neem-Öl mit Knospenfall.

PILZKRANKHEITEN

Vor allem ein ungünstiger Standort, warme und feuchte Witterung sowie fehlende Durchlüftung begünstigen den Befall mit Sternrußtau, Mehltau und anderen Pilzen.

ZUR VORBEUGUNG

In vielen Fällen hilft eine Brühe aus Schachtelhalm, mit der Sie die Rosen alle zwei Wochen besprühen, um sie vorbeugend zu stärken:
500 g frischen Schachtelhalm 24 Stunden in 5 Liter Wasser ziehen lassen.
Am nächsten Tag eine halbe Stunde kochen, abkühlen lassen, durch ein Tuch abseihen. Die Reste ausdrücken.
Diese Brühe kurz vor der Anwendung im Verhältnis 1:5 mit Wasser verdünnen, dann mit der Pflanzenspritze auf die ganze Pflanze aufbringen.

Sternrußtau: die häufigste Blattfleckenkrankheit der Rose

Weiße Beläge von Echtem Mehltau (hier auf Phloxblatt)

Abgeblühtes, Schnittgut und abgefallene Blätter sollten Sie möglichst immer sofort entfernen und in den Hausmüll geben. Der Komposthaufen ist keine geeignete Entsorgungsmöglichkeit, denn die Pilzsporen überdauern lange im Boden und können so immer wieder zu Neuinfektionen führen.

Wenn der Befall zu stark ist, oder empfindliche Sorten im Garten gedeihen sollen, hilft nur eine Spritzung mit Fungiziden (Spritzmittel gegen Pilzkrankheiten). Lassen Sie sich im Fachhandel beraten!

ECHTER MEHLTAU Ein mehliger weißer Belag an Blattoberseite, Trieben und Knospen, den man leicht abwischen kann, tritt besonders bei warmem, feuchtem Wetter auf (siehe Seite 90). Befallene Pflanzenteile wachsen deformiert weiter. Abhilfe: für gute Durchlüftung (Schnitt, Pflanzabstand) sorgen, damit das Laub schnell abtrocknen kann. Befallene Blätter sofort entfernen. Empfindliche Sorten vorbeugend spritzen.

FALSCHER MEHLTAU Im Gegensatz zum Echten Mehltau zeigt sich der Falsche Mehltau mit grauen Pilzbelägen auf der Blattunterseite und braun-violetten Flecken an den entsprechenden Stellen auf der Oberseite. Der Belag lässt sich nicht abwischen. Er tritt auch bei trockenerer Witterung auf.

Abhilfe: Ein luftiger Standort und eine kaliumbetonte Düngung reichen zur Vorsorge meist aus. Vorbeugend Schachtelhalmbrühe spritzen.

RUSSTAU Auf den klebrigen Ausscheidungen (Honigtau) von Blattläusen und anderen saugenden Insekten siedelt sich dieser Pilz an. Er überzieht die Blätter mit einem schwarzen, rußähnlichen Belag. Abhilfe: Blattläuse bekämpfen, der Pilz schädigt die Rose nicht.

STERNRUSSTAU Runde, schwarzbraune Blattflecken mit strahligem Rand (siehe oben links) sind die Kennzeichen dieser gefürchteten Rosenkrankheit. Befallene Blätter vergilben zunächst und fallen dann ganz ab. Abhilfe: Für eine gute Durchlüftung (Schnitt, Pflanzabstand) der Rosen sorgen, befallene Blätter sofort entfernen (auch die am Boden) und ausgewogen düngen. Empfindliche Sorten vorbeugend spritzen (siehe Seite 90).

ROSENROST Kleine, orangerote schwielige Flecken, die im Frühling an Trieben erscheinen, sind Vorboten des Rosenrosts, der im Sommer die ganze Blattoberseite mit gelb-orangefarbenen Flecken überzieht. An der Unterseite zeigen sich erst orangerote, später schwarze Pusteln. Abhilfe: Befallene Triebe zeitig zurückschneiden.

GRAUSCHIMMEL Gräuliche Pilzrasen an Blättern, Knospen und jungen Trieben, die braune, trockene Flecken bilden, sind ein Anzeichen für Grauschimmel oder Botrytis. Abhilfe: Überdüngung (vor allem mit Stickstoff) vermeiden und befallene Triebe entfernen. Schachtelhalmbrühe zur Vorbeugung sprühen.

Taglilien, Astern und Glockenblumen können sich an zusagenden Standorten durch Ausläufer bzw. Seitentriebe oder Samen ausbreiten.

ADR-ROSEN

Das ADR-Prädikat ist eine Auszeichnung, die von der Allgemeinen Deutschen Rosenneuheitenprüfung (ADR), einem Arbeitskreis aus Vertretern des Bundes deutscher Baumschulen, von Rosenzüchtern und unabhängiger Experten vergeben wird. Die Prüfung orientiert sich an Merkmalen wie Wirkung der Blüte, Duft, Wuchsform, Reichblütigkeit, Winterhärte und nicht zuletzt als wichtigstes Kriterium an der Widerstandsfähigkeit gegen Krankheiten. In elf verschiedenen Rosensichtungsgärten, die über die ganze Bundesrepublik verteilt sind, werden die ADR-Prüfsorten ohne jegliche Behandlung mit Pflanzenschutzmitteln kultiviert und jährlich bewertet. Nach drei Jahren entscheidet das Prüfgremium, ob der Sorte das ADR-Prädikat verliehen wird. Rosensorten, die nach einiger Zeit den strengen Qualitätskriterien nicht mehr genügen, wird das Prädikat auch wieder aberkannt. Bis 2011 wurde die Auszeichnung an 195 Sorten vergeben, von denen 19 anlässlich der ADR-Tagung 2004 aus der Liste gestrichen wurden. Weitere acht wurden von den Züchtern herausgenommen, sodass jetzt noch 178 Sorten das begehrte Siegel tragen. Im Internet sind unter www.adr-rose.de die im wahrsten Sinne des Wortes ausgezeichneten Rosensorten aufgeführt.

Was tun, wenn Pflanzen wuchern oder verschwinden?

Nicht immer halten sich Stauden an die Spielregeln des Gartengestalters oder Gärtners und bleiben an den Stellen im Beet, die ihnen zugedacht waren. Jedes Blumenbeet unterliegt einer gewissen Dynamik und verändert sich mit der Zeit.

Pflanzen mit starkem Ausbreitungsdrang

Zu den Stauden, die sich durch Ausläufer ausbreiten gehören Goldfelberich, Astern, viele Glockenblumen, Goldgarben, Günsel, Walderdbeeren, Gelbe Taglilie, Gundermann, Veilchen, Storchschnabel, Taub- und Goldnesseln, Kaukasus-Vergissmeinnicht, Wurmfarn und Elfenblumen. Sie bilden im Laufe der Zeit große Horste oder "wandern" durchs Beet. Dabei können sie kleinere, zarte und weniger wuchskräftige Pflanzen regelrecht überwachsen und ersticken.

Frauenmantel, Königskerze, Fingerhut und Akelei gehören zu den Arten, die sich reichlich versamen und deren Samen auch leicht keimen. Gerade Arten wie Königskerze und Fingerhut bilden im ersten Jahr eine große Blattrosette, die den Boden um die Pflanze abdeckt und so verhindert, dass sich andere Pflanzen ansiedeln oder weiter entwickeln können.

Sträucher wie Hartriegel, Wildrosen, Flieder, Brombeeren und Himbeeren, Wolliger Schneeball und Kerrie können durch ihre Ausläufer lästig werden, die mehr oder weniger weit von der Mutterpflanze entfernt erscheinen.

ABHILFE

Stauden und Gehölze, die sich durch Ausläufer ausbreiten, lassen sich nur in Zaum halten, wenn man die Ausläufer regelmäßig absticht und entfernt. Innerhalb eines eingewachsenen Beetes wird das aber schnell lästig oder gar unmöglich, wenn sich die Ausläufer unter oder zwischen den anderen Pflanzen ausbreiten und so nicht mehr ausgraben lassen. Wenn man sie nur abschneidet oder an der Stelle absticht, wo sie aus der Erde wachsen, bilden sich seitlich am unterirdischen Ausläufer neue Triebe.

Wählen Sie die Pflanzen sorgfältig aus, an manchen Stellen kann es durchaus gewollt sein, Gewächse mit starkem Ausbreitungsdrang als schnelle Bodendecker zu pflanzen, zum Beispiel zur Hangbefestigung.

FEST VERWURZELTER ESSIGBAUM

Der Essigbaum wird, wenn er ungestört wächst, nur selten zum Problem. Er hat aber weit reichende Wurzeln, die bei der kleinsten Verletzung, wie sie zum Beispiel beim Pflanzen, Hacken, Unkrautjäten oder Rasenvertikutieren verursacht wird, austreiben und neue Triebe bilden. Dadurch wird er besonders in der Nähe von Gemüsebeeten, die ja auch einmal umgegraben werden, sehr schnell ausgesprochen lästig. Überlegen Sie sich daher gut, ob sie diesen, eigentlich schönen Großstrauch mit seiner fantastischen gelb-roten Herbstfärbung wirklich in Ihrem Garten haben möchten. Ist er einmal da, werden Sie ihn kaum mehr los.

Eine RHIZOMSPERRE, wie sie für ausläuferbildende Bambusarten Pflicht ist, kann auch bei anderen Arten mit einem großen Freiheitsdrang zum Einsatz kommen. Bei vielen Stauden reicht es meist schon aus, sie in große Töpfe oder Mörteleimer zu pflanzen, denen man den Boden herausgeschnitten hat und die in der Erde versenkt werden. Diese Methode eignet sich aber nicht für Pflanzen, die sich mit oberirdischen Ausläufern ausbreiten wie Goldnesseln, denn die überwinden den Topfrand ohne weiteres.

Verschwindende Zwiebelblumen

Wenn Zwiebelblumen „verschwinden" oder von Jahr zu Jahr mickriger werden, liegt das meist an unpassenden Standortbedingungen. Oft sind aber auch Wühlmäuse oder Mäuse, die an den Zwiebeln, Knollen oder Rhizomen fressen, der Grund dafür, dass Krokus, Lilien oder Tulpen verschwinden. Abhilfe: Zum Schutz können Sie wertvolle Zwiebelblumen in Maschendrahtkörbe setzen, die aber nur bedingt Schutz bieten, da sich die gefräßigen Nager auch von oben einen Weg zu den in ihren Augen köstlichen Knollen bahnen. Auch winterliche Nässe, die die Zwiebeln verfaulen lässt, kann für den Ausfall verantwortlich sein, von Krankheiten einmal ganz abgesehen. Hier bleibt dann nur noch das erneute Setzen frischer Blumenzwiebeln, wenn die Bodenbeschaffenheit für die gewählten Arten eigentlich geeignet ist.

Was tun bei Schäden durch Spätfröste?

Als Spätfröste bezeichnet man Temperaturen um den Gefrierpunkt, die ab etwa Ende März nach Einsetzen der Vegetationsperiode auftreten und die an jungen Trieben und sich gerade öffnenden Knospen große Schäden anrichten können. Besonders kritisch wird es, wenn im Februar / März die Temperaturen schon über einen längeren Zeitraum wärmer waren und viele Pflanzen aus dem Winterschlaf erwacht sind.

Schadbild

Schon bei Temperaturen unter 5 °C können Schäden an den Pflanzen auftreten, die sich in glasigen Verfärbungen der Triebe, braunen Blütenblättern und welkem, anfangs bräunlichem, später schwarzem Laub äußern. Sinken die Temperaturen noch tiefer, können sogar die Wurzeln geschädigt werden, und die ganze Pflanze stirbt ab.

Besonders Magnolien sind gefährdet, aber genauso nicht frostharte Sommerblumen und Kübelpflanzen, die vor den Eisheiligen ins Freie gepflanzt oder gestellt wurden.

An Bäumen kann es zu sogenannten Frostrissen kommen, besonders auf der sonnenbeschienenen Seite. Hier erwärmt sich der Stamm tagsüber, die Pflanzensäfte steigen aus den Wurzeln auf und gefrieren nachts, wenn die Temperaturen sinken. Da sich Wasser beim Gefrieren ausdehnt, platzen dann die Leitungsbahnen, und die Rinde verfärbt sich gelb bis rötlich, aber auch rotbraun, braun oder schwarz. Obstbauern versehen die Stämme ihrer Bäume deshalb oft prophylaktisch mit einem Weißanstrich.

Abhilfe

Meist bleibt nur, geschädigte Triebe und Pflanzenteile komplett zu entfernen, da sie nicht mehr austreiben werden. Zum Glück haben die meisten Gehölze die Fähigkeit, aus schlafenden Augen (ruhenden Knospen) unter der Rinde wieder auszutreiben und neue Triebe zu bilden. Warten Sie jedoch mit einem Rückschnitt bis Mitte Mai, nach den Eisheiligen, damit die Pflanze nicht noch weiter zurückfriert.

Vorbeugen

Gegen Spätfröste kann man sich nur wappnen, indem man standortgerechte Pflanzenarten und -sorten mit ausreichender Winter- und Frosthärte wählt, Sommerblumen und Gemüse nicht zu früh aussät und durch kalibetonte Düngung die Frosthärte der Pflanzen fördert.

Lassen Sie Abdeckungen mit Fichten- oder Tannenreisig möglichst so lange auf den Rosen und Stauden, bis der Wetterdienst das Risiko von Spätfrösten weitgehend ausschließen kann.

STANDORT Empfindlichere Pflanzen brauchen einen geschützten Platz vor einer Hauswand oder in einer Nische zwischen Hecken oder Zäunen, die nicht von kalten Winden durchweht wird. Spalier- und Kletterobst fühlt sich an Südwest-, Südost-, West- und hellen Ostwänden am wohlsten. Nordseiten sind ungeeignet, reine Südlagen im Sommer zu heiß.

Bei Pflanzen mit einer grenzwertigen Winterhärte wie den in Mode gekommenen Hanfpalmen, Baumfarnen, exotischen Yucca-Arten und der Japanischen Faserbanane sollten bereits beim Einpflanzen Vorkehrungen für Winterschutzmaßnahmen (Umbau mit Stegdoppelplatten, Heizung)

geplant werden, oder Sie setzen sie gleich in Kübel, damit sie im Herbst im Gewächshaus, der Garage oder einem kühlen Wintergarten überwintern können.

> ### TIPP: KÜBELPFLANZEN IM BEET
> Damit im Sommer im Beet ein natürlich wirkendes Vegetationsbild entsteht, können Kübelpflanzen mit dem Pflanzgefäß im Boden versenkt werden, sodass die Topfoberkante bündig mit dem Boden abschließt. Sie sehen dann von weitem aus, als ob sie im Boden wachsen würden.

PFLANZUNG UND AUSSAAT Stauden und Gehölze, die frostempfindlich sind, werden am besten nicht im Herbst, sondern im Frühsommer als Containerware gepflanzt. So wachsen sie schneller und besser an.

Direktaussaaten von Gemüse und Sommerblumen im Freiland, die zeitig im Jahr oder im Herbst gesät werden, können mit einem Vlies, mit einer Schlitz- oder Lochfolie abgedeckt oder mit einem Folientunnel gegen Frost geschützt werden.

Empfindliche Kräuter und Gemüsepflanzen, besonders die Arten aus dem Mittelmeerraum, kommen frühestens ab Mitte Mai ins Freiland.

Dasselbe gilt für Kübelpflanzen, die jedoch dankbar dafür sind, wenn sie schon im März oder April stundenweise oder tageweise ins Freie dürfen. Sie werden so langsam abgehärtet.

DÜNGUNG UND PFLEGE Bei Blütensträuchern und Rosen darf ab Ende Juli, ansonsten spätestens ab August kein Stickstoffdünger mehr gegeben werden. Die Pflanze kann so das Wachstum der Triebe einstellen, und die Zweige reifen gut aus, verholzen und sind dadurch viel besser für die winterlichen Temperaturen geschützt. Ein einfaches Mittel, um das Wachstum langer Triebe zu stoppen ist, die weichen Spitzen zu kappen.

Geben Sie bei Blütensträuchern und Rosen im Spätsommer eine zusätzliche Kalidüngung. Das stärkt die Zellwände und verbessert die Frosthärte der Pflanzen.

Im Herbst müssen die Knollen von nicht winterharten Sommerblumen wie Dahlien und Gladiolen aus der Erde genommen und im Haus überwintert werden.

Was tun mit Stauden im Herbst?

Stauden sind mehrjährige Pflanzen, die nicht verholzen und die jedes Jahr aus einem Wurzelstock neu austreiben. Bei den meisten sterben Blätter und Triebe sowie die verblühten Stängel im Herbst ab und sehen im Winter mehr oder weniger schön aus.

Zurückschneiden oder stehenlassen?

Während man früher empfahl, Stauden im Herbst bis auf etwa 5 cm über dem Boden abzuschneiden, damit die Beete „sauber" in den Winter gehen können, setzt sich mehr und mehr der Trend durch, diesen Staudenschnitt erst im zeitigen Frühjahr durchzuführen. Einerseits sorgen die trockenen Samenstände und Stängel im winterlichen Garten für eine Struktur und sehen besonders in Kombination mit Gräsern bei Raureif oder mit einer leichten Schneedecke überzogen ausgesprochen attraktiv aus. Andererseits überwintern in den hohlen Stängeln viele Insekten, darunter auch zahlreiche Nützlinge.

Große Gräserhorste wie Chinaschilf und Pampasgras werden am besten zusammengebunden, damit kein Wasser ins Herz der Pflanze eindringen kann. Nasser Frost ist für das Erfrieren vieler schöner Gräser im Winter verantwortlich.

Der Rückschnitt erfolgt erst im zeitigen Frühjahr ab Februar/März, bevor sich die ersten Zwiebelblumen im Beet zeigen. So vermeiden Sie, dass

deren frische Triebe bei Arbeiten im Beet beschädigt werden. Beobachten Sie die Stauden im Frühling genau, denn wenn sich die ersten Blätter und Triebe zeigen, ist es sehr mühsam, die alten Stängel des Vorjahrs zurückzuschneiden.

Eine Ausnahme sind übrigens PFINGSTROSEN *(Paeonien):* Da die alten Triebe Eintrittsstellen für Pilzkrankheiten, besonders für Grauschimmel und Fäulniserreger sein können, werden Strauch-Pfingstrosen im Herbst dicht über dem Boden abgeschnitten und bei Stauden-Pfingstrosen die welken Triebe direkt an der Wurzelbasis ausgerissen. Durch leichtes Ziehen an den vergilbten Trieben erkennen Sie schnell, ob diese sich schon lösen. Sitzen sie noch fest, warten Sie noch ein paar Tage.

Die abgetrockneten Blütenstände vieler Stauden und Gräser, aber auch von Rosen und Gehölzen, bieten im Winter, mit Frost und Raureif überzogen, einen wunderschönen Anblick.

Probleme bei Aussaat und Vermehrung

Was tun, wenn die Samen nicht keimen wollen?

Die Enttäuschung ist groß, wenn sich nach Tagen oder Wochen in der Anzuchtschale immer noch keine Keimlinge zeigen oder wenn sich statt der erwarteten hundert nur ein paar vereinzelte grüne Keimblättchen in der Anzuchtkiste zeigen, obwohl laut Beschreibung auf der Samenpackung bereits pikiert oder ausgepflanzt werden müsste.

Samen gehen nicht auf

Wenn Samen nicht keimen, kann das verschiedene Ursachen haben: Die Temperatur- und Feuchtigkeitsansprüche der Pflanzen sind nicht erfüllt, das Saatgut ist alt und überlagert oder die Keimhemmung, die manche Pflanzen ihren Samen mitgeben, ist noch nicht durchbrochen.

ZU ALT Viele Samen verlieren nach kurzer Zeit ihre Keimfähigkeit, so lassen sich Schnittlauchsamen nur etwa ein Jahr lang lagern. Sät man überlagertes Saatgut aus, so keimt – wenn überhaupt – nur noch ein Bruchteil. Bei älteren Samen sollten Sie daher vorab einen Keimtest (siehe Seite 101) durchführen.

FALSCH GELAGERT Pflanzensamen müssen grundsätzlich kühl und trocken gelagert werden. Wurde das Saatgut zu warm oder sogar feucht gelagert, können sich Pilzkrankheiten ausbreiten und den Samen schädigen. Saatgut, das muffig oder nach Schimmel riecht, keimt nicht mehr und muss weggeworfen werden.

ZU HELL Manche Samen keimen nur, wenn sie dunkel liegen. Diese sogenannten Dunkelkeimer müssen also nach der Aussaat mit einer dünnen Substrat- oder Sandschicht abgestreut oder mit einer Pappe abgedeckt werden. Typische Vertreter sind Stauden wie Storchschnabel, Lenzrosen, Eisenhut,

Lupinen, Rittersporn und Sommerblumen wie Petunie, Phacelia, Junger im Grünen, Stiefmütterchen und Veilchen, Stockrosen sowie Vergissmeinnicht.

ZU DUNKEL Andere Pflanzen keimen nur, wenn die Samen Licht bekommen. Sie werden also in der Saatschale nicht abgedeckt, sondern nur leicht angedrückt. Zu den Lichtkeimern gehören der Alpenmohn, Arnika, Blutweiderich, Roter Fingerhut, Fleißiges Lieschen, Gazanien, Glockenblumen, Grasnelke, Hauswurz, Königskerzen, Lobelien, Marienglockenblumen, Mauerpfeffer, Nachtkerze, Nelken, Sonnenhut und Scheinmohn.

ZU KALT Ein häufiger Grund für unregelmäßiges Keimen (Auflaufen) sind zu niedrige Temperaturen. Jede Pflanzenart hat einen bestimmten Temperaturbereich, bei dem die Samen am schnellsten keimen und sich die Sämlinge entwickeln. Diese Angabe steht auf der Samentüte.

ZU WARM Etliche Pflanzen geben ihren Samenkörnern einen Keimschutz mit, der verhindert, dass sie zur falschen Zeit keimen. Sie müssen vor der Aussaat einer Kältebehandlung unterzogen werden, die man Stratifizieren nennt (siehe Seite 102).

ZU TROCKEN Ohne Feuchtigkeit können die Samen nicht keimen, denn die harte Samenschale muss aufgeweicht werden, damit die Keimwurzel sie durchbrechen kann. Bei Samen mit harten Schalen wie Kürbis, Zucchini, Bohnen und Erbsen hilft es, die Samen vor dem Aussäen einen Tag lang in warmem Wasser quellen zu lassen. Selbstverständlich brauchen die Keimlinge ein gleichmäßig feuchtes Substrat. Trocknen sie einmal aus, kann die empfindliche Keimwurzel geschädigt werden, und der Sämling entwickelt sich nicht mehr weiter.

ZU NASS Zu viel Feuchtigkeit ist genauso schädlich wie zu wenig. Bei Nässe können die zarten Keimwurzeln durch Pilze (siehe Seite 103) geschädigt werden, oder sie verfaulen, weil sich in der nassen Erde nicht genug Sauerstoff halten kann.

DER KEIMTEST

Dieser Keimtest funktioniert nur, wenn die Samen keine Keimruhe haben oder diese schon durchbrochen wurde (siehe Seite 102). Sie können so untersuchen, ob ältere Samen noch keimen oder wie viele Sie später im Freiland mindestens aussäen müssen, um eine bestimmte Pflanzenanzahl zu bekommen.

☛ Zählen Sie dazu 50 Samen ab und legen Sie sie auf einem Teller oder in einer Schale auf feuchtes Küchenpapier oder Vlies.

☛ Spannen Sie eine Klarsichtfolie (Frischhaltefolie) darüber und stellen Sie den Teller bei etwa 20 °C auf die Fensterbank.

☛ Das Vlies oder Küchenkrepp muss immer feucht bleiben.

☛ Je nach Art erscheinen nach wenigen Tagen (bei manchen wie Petersilie auch erst nach drei Wochen) die ersten Keimlinge.

☛ Zählen Sie nun, wie viele Samen gekeimt haben und wie viele taub geblieben sind. Wenn zum Beispiel von den 50 Samen nur 30 gekeimt haben, entspricht das einer Keimrate von 60 %. Wenn Sie 100 Pflanzen brauchen, müssen Sie also mindestens 170 Samen aussäen.

Nur wenn alle Bedingungen wie Licht, Temperatur und Feuchtigkeit stimmen, entwickeln sich die zarten Keimlinge zu kräftigen Pflanzen.

Stratifizieren

Als Stratifizieren bezeichnet man die Behandlung von Samen mit bestimmten Methoden, um die natürliche Keimruhe (Dormanz) zu durchbrechen. Viele Pflanzen lagern in den Samenschalen keimhemmende Substanzen ein, die verhindern, dass ein Same zu früh (zum Beispiel im Herbst vor dem Winter) keimt und die Jungpflanze dann erfrieren würde. Durch die Einwirkung von Kälte oder Frost werden diese keimhemmenden Substanzen abgebaut und der Same kann dann bei steigenden Temperaturen im Frühling keimen. Daher nennt man Pflanzen, deren Samen einen Kältereiz zur Auslösung der Keimung benötigen, auch Kältekeimer. Die frühere Bezeichnung Frostkeimer ist nicht mehr üblich.

SAATGUTBEHANDLUNG Die Samen von Kältekeimern können entweder schon im Herbst, direkt nach der Ernte in Saatschalen oder Aussaatkisten gesät werden, die dann, an einer geschützten Stelle (im Schuppen, einem Frühbeetkasten, einem ungeheizten Gewächshaus oder der Garage) den Winter über eingelagert werden. So vermeiden Sie starke Schwankungen des Feuchtigkeitsgehalts des Substrats und damit Fäulniserkrankungen. Ideal sind Temperaturen zwischen –4 und +4°C.

Alternativ können Sie die Samen von Kältekeimern auch in feuchtem Sand für zwei bis vier Wochen im Kühlschrank aufbewahren und dann im zeitigen Frühjahr aussäen.

Hartschalige Samen von Stechapfel oder von Bäumen und Sträuchern wie Bucheckern, Kirsch- und Zwetschenkerne oder Tannensamen brauchen noch eine Spezialbehandlung, damit die wachsende Keimwurzel später die harte Schale durchbrechen kann. Entweder ritzt oder feilt man sie an, oder die Samen werden bereits im Herbst über mehrere Monate kühl und feucht in Sand gelagert. So kann die Feuchtigkeit die harte Schale langsam aufweichen, wie es auch in der Natur geschehen würde, wenn die Samen im Winter in der feuchten Erde liegen.

Pfingstrosen sind ein Sonderfall, denn deren Samen keimen erst nach einer Kälteperiode im Frühling, und die Keimwurzel braucht dann oft noch eine zweite Kälteperiode um sich weiterzuentwickeln, sodass sich Pfingstrosensämlinge oft erst im zweiten Jahr nach der Aussaat zeigen.

WEITERBEHANDLUNG DER AUSSAAT Stratifizierte Samen dürfen nicht gleich bei Zimmertemperatur ausgesät oder aufgestellt werden, sie verlangen in den ersten Wochen zum Keimen Temperaturen zwischen +5 und +12°C. Danach kann die Temperatur langsam erhöht werden, oder sie steigt ohnehin mit den wärmer werdenden Frühlingstagen.

PFLANZEN, DEREN SAMEN VOR DER AUSSAAT STRATIFIZIERT WERDEN MÜSSEN

Adonisröschen, Akelei, Alpendistel, Anemonen, Arnika, Astern, Astilbe, Bergenie, Bitterwurz, Blaudistel, Buschwindröschen, Christophskraut, Diptam, Edeldistel, Eisenhut, Enzian, Frauenmantel, Glockenblume, Herbstzeitlose, Himmelschlüssel, Iris, Kuhschelle, Lampionblume, Lenzrose, Lilien, Lungenkraut, Mohn, Nieswurz, Pfingstrose, Phlox (großblumige Sorten), Primeln, Rosengewächse, Roter Sonnenhut, Scheinmohn, Schleifenblume, Schlüsselblumen, Silberdistel, Silberkerze, Steinbrech, Steppenkerze, Tränendes Herz, Trollblume, Tulpe, Veilchen, Waldmeister, Wolfsmilch, Zierlauch.

Auch die Samen fast aller heimischen Baum- und Straucharten keimen erst nach einer längeren Kälteperiode. Beispiele sind Ahorne, Eichen, Fichten, Haselnuss, Kirschen, Pflaumen, Tannen, Walnüsse und Zwetschen.

Was tun, wenn die Keimlinge umfallen?

Nicht selten kommt es vor, dass Sämlinge und Jungpflanzen, aber auch Stecklinge nach anfänglich gutem Keimen oder Anwachsen plötzlich welken oder schwarze Flecken an der Stängelbasis bekommen und dann umfallen oder abknicken. Verursacher sind verschiedene Pilze wie Fusarium oder Pythium, die in die Wurzeln der kleinen Pflänzchen eindringen.

Schadbild

Es kann vorkommen, dass die Sämlinge schon im Substrat so geschädigt sind, dass sie es gar nicht schaffen, die Keimblätter über die Erdoberfläche zu strecken.

Oder es gehen plötzlich, manchmal über Nacht, ganze „Nester" von Jungpflanzen in Anzuchtkisten oder Saatbeeten ein. An der Basis der Stängel zeigen sich schwarze oder braune Flecken und Einschnürungen, die dem Schadbild auch den Namen „Schwarzbeinigkeit" eingetragen hat. Bei Stecklingen zeigt sich ein Befall durch Welken von unten nach oben, der Stängel wird braun oder matschig weich, sodass der ganze Steckling umknickt. Bei fortschreitender Ausbreitung bildet sich auf den befallenen Pflänzchen oder der umgebenden Erde ein schimmelartiger, flaumiger Pilzrasen.

Ursachen

UMFALLKRANKHEIT, STÄNGELGRUNDFÄULE und SCHWARZBEINIGKEIT werden von Pilzen verursacht, die im Boden leben und die in die zarten Wurzeln oder über Verletzungen (bei Stecklingen oder nach dem Pikieren) in die Pflanze eindringen. Manchmal ist auch schon das Saatgut infiziert. Die Pilze wachsen in den Leitungsbahnen, verstopfen sie und zerstören die Zellen. Die Pflanze geht ein.

Auch Staunässe oder zu hohe Temperaturen bei zu geringem Lichtangebot (siehe Seite 105) können die Sämlinge umfallen lassen.

Bekämpfung

Eine direkte Bekämpfung ist kaum möglich, wenn die Pflanzen schon einmal geschädigt sind. Daher sind die Vorbeugungsmaßnahmen besonders wichtig.

Wenn in einer Anzuchtschale die Sämlinge an bestimmten Stellen ausfallen, können Sie versuchen, die übrigen zu retten, indem Sie die befallenen Pflanzen großzügig mitsamt der Erde entfernen und die übrigen etwas trockener halten. Sie können auch die übrigen Keimlinge, die noch nicht geschädigt sind, umsetzen oder pikieren.

Vorbeugung

Man muss sich bewusst sein, dass die Sporen der Schadpilze sich lange im Boden, in Substraten, an Werkzeug oder Arbeitsflächen halten und über Jahre Probleme bereiten können. Es ist deshalb bei der Jungpflanzenanzucht immer wichtig, auf Hygiene, vorsichtige Pflege und Fruchtwechsel in den Beeten zu achten.

- Nicht zu früh aussäen, da kalte Temperaturen schaden.
- Gebeiztes (mit Fungiziden behandeltes) Saatgut ist geschützter.
- Anzuchtkisten und Saatschalen sollen nach jedem Gebrauch desinfiziert werden. Das gilt auch für die Arbeitsflächen und Geräte wie Pikierstäbchen, Erdsiebe, Andrückplatten und Etiketten, die wiederverwendet werden.

Ein Kleingewächshaus bietet ideale Voraussetzungen für die Jungpflanzenanzucht und die Kultur von Gemüse. Wichtig sind ausreichende Belüftungsflächen in den Seiten und im Dach, damit es nicht zum Hitzestau kommt.

Gut belichtete Bohnenpflanzen (links) und bei Lichtmangel vorgezogene Jungpflanzen (rechts) im Vergleich

Durch verschiedene Pilze hervorgerufene Auflauf- und Wurzelkrankheiten an Bohnensämlingen

➤ Verwenden Sie Reste der Aussaaterde nach dem Pikieren nicht mehr.

➤ Messer und Scheren, mit denen Stecklinge geschnitten werden, müssen regelmäßig desinfiziert werden.

➤ Wichtig bei der Anzucht in Fensterbankgewächshäusern und unter Plastikhauben: Lüften nicht vergessen.

➤ Bei Aussaaten im Freiland oder in Frühbeetkästen in gewachsenem Boden auf eine weite Fruchtfolge achten und nicht jedes Jahr die gleichen Arten auf der gleichen Stelle aussäen.

➤ Anzuchterde muss keim- und nährstoffarm sein, daher im Freiland vor dem Aussäen nicht düngen oder Kompost einarbeiten.

➤ Vorsichtig gießen. Zu viel Nässe fördert einerseits das Pilzwachstum, kann Sämlinge aber auch direkt schädigen.

Staunässe

Da Keimlinge nur eine oder noch sehr wenige Wurzeln haben, reagieren sie besonders empfindlich auf zu hohe oder häufige Wassergaben. Staunässe verhindert, dass die Wurzeln genügend Sauerstoff bekommen. Die empfindlichen Haarwurzeln sterben ab, und die Pflanzen gehen ein.

Vergeilen

Stehen die Keimlinge oder Jungpflanzen zu warm und zu dunkel, bilden sie lange, bleiche, weiche Triebe, die sich dem Licht entgegenstrecken. Besonders bei der Anzucht auf der Fensterbank kann dies passieren.

Wenn vor allem der Bereich unterhalb der Keimblätter (das Hypokotyl) gestreckt wird, fallen die Jungpflanzen um oder legen sich auf die Seite.

Abhilfe: Da sie kaum zu stabilen Pflanzen heranwachsen, gilt auch hier: Vorbeugen ist die einzige Möglichkeit, das Problem zu vermeiden.

Was tun, wenn
Stecklinge nicht bewurzeln?

Während die Stecklinge mancher Pflanzen so schnell und einfach neue Wurzeln treiben, dass man sie nach wenigen Wochen schon umtopfen kann oder muss, hat man bei anderen das Gefühl, dass sich auch nach Wochen noch nichts getan hat.

Die meisten Stauden, Sträucher und zum Teil auch Bäume (Hainbuche) lassen sich über Stecklinge vermehren. Bei vielen Bäumen ist diese Technik aber nicht üblich oder nicht möglich (Rotbuche, Eiche, Tanne, Kiefer). Generell bewurzeln Triebe, an deren Ende sich Blüten oder Blütenknospen befinden, schlecht oder gar nicht. Triebe, die vom Wachstumsrhythmus auf „Wachsen" und nicht auf „Blühen" eingestellt sind, bewurzeln besser. Wenn Sie also Gewürzpflanzen wie Lavendel, Salbei und Thymian im Sommer noch vermehren möchten, entfernen Sie die Blütentriebe und warten, bis sich seitlich neue Zweige zeigen, die als Stecklinge dienen.

Je nach Art eignen sich unterschiedliche Teile der Pflanze am besten zur Stecklingsvermehrung. Man unterscheidet zwischen Kopfstecklingen (der obere, noch unverholzte Teil des Triebs), Triebstecklingen (Triebe ohne die weiche Spitze), Stammstecklingen aus unbeblätterten Zweigen oder Stammteilen und Blattstecklingen.

Steckhölzer sind ausgereifte Triebe, die im Herbst oder nach kühler Einlagerung im Winter im Frühling gesteckt werden. Ein Sonderfall sind Wurzelschnittlinge, also Stücke von Wurzeln, die neue Triebe ausbilden können.

Zeitpunkt des Schnitts

Stecklinge, die im Frühjahr geschnitten werden, bewurzeln meist besser als solche, die erst im Spätsommer oder Herbst abgenommen werden.

Die Pflanze stellt sich gegen Ende der Vegetationsperiode schon auf die kommende Ruhezeit ein und ist dann oft nicht mehr in der Lage, neue Wurzeln zu bilden.

Bewurzeln in Wasser?

Viele Pflanzen, besonders Gewächse, die sumpfigen Boden bevorzugen, lassen sich in einem Wasserglas leicht bewurzeln. Da Wurzeln, die in Wasser wachsen, aber anders aufgebaut und physiologisch angepasst sind als Erdwurzeln, passiert es häufig, dass der bewurzelte Steckling beim Eintopfen in normale Blumenerde nicht weiterwächst oder gar eingeht. Besser ist es, die Stecklinge in Anzuchterde oder feuchtem Sand zu bewurzeln, es sei denn, sie sollen in Hydrokultur weitergepflegt werden.

Staunässe

Staunässe führt zu Fäulnis und zum Absterben der sich gerade bildenden Wurzelspitzen, da diese keinen Sauerstoff mehr bekommen. Die Anzuchterde oder der Sand, in dem die Stecklinge bewurzeln, sollte nur feucht, nicht nass sein. Besonders bei Anzuchtschalen, die keine Wasserabzugslöcher haben, muss vorsichtig bewässert oder gesprüht werden.

Trockenheit

Genauso schädlich wie zu viel Feuchtigkeit ist zu wenig. Da Stecklinge anfangs keine Wurzeln besitzen, die Wasser aus dem Anzuchtsubstrat aufnehmen, aber natürlich über die Blätter Wasser verdunsten, ist es wichtig, sie anfangs bei gespannter, also feuchtigkeitsgesättigter Luft unter einer Plastikhaube oder -tüte zu halten.

Vorsicht bei Kakteen oder Stecklingen von sukkulenten Pflanzen: Diese faulen bei zu hoher Luftfeuchtigkeit leicht. Wenn aber die zarten, sich gerade bildenden Wurzeln oder das Kallusgewebe an der Stecklingsbasis, aus dem sich die Wurzeln bilden, austrocknen, dann wird die Wurzelbildung abgebrochen und der Steckling geht ein.

Temperatur

Bei zu niedrigen Temperaturen können sich keine Wurzeln bilden. Stecklinge sollten mindestens so warm, besser noch etwas wärmer stehen als die Mutterpflanze. Bei zu hohen Temperaturen kann es jedoch leicht zu Schimmelbildung oder Pilzkrankheiten kommen, daher müssen Stecklinge in Fensterbank-Gewächshäusern oder unter Plastikhauben immer gut gelüftet werden und dürfen nicht in der prallen Sonne stehen.

Pilze

Saubere Messer oder Scheren beim Schneiden der Stecklinge verhindern die Übertragung von Krankheitserregern schon beim Schnitt. Auch für die übrigen Zubehörteile wie Anzuchtschalen, die Stecklingserde und das Werkzeug, mit dem die Stecklinge in Kontakt kommen, gilt: Sauberkeit ist Pflicht, sonst kann Stängelgrundfäule oder Umfallkrankheit (siehe Seite 103) auftreten.

MILCHSAFTFÜHRENDE PFLANZEN

Stecklinge von Pflanzen, die Milchsaft führen, wie Maulbeergewächse (zu denen der Gummibaum gehört), Hundsgiftgewächse wie Oleander und Wolfsmilchgewächse lässt man vor dem Stecken in Sand oder Erde einige Zeit in warmem Wasser „ausbluten", damit der Milchsaft ausgewaschen wird. Dann bewurzeln die Triebe besser.

Kritischer Übergang: Sämlinge müssen genau wie Stecklinge ans Freiland gewöhnt werden.

Was tun, wenn die
Jungpflanzen im Freien leiden?

*Wenn man geschützt auf der Fensterbank oder im Gewächshaus herangezogene Jung-
pflanzen oder Sämlinge im Frühjahr ins Freie setzt, ohne sie an die doch harscheren Umwelt-
bedingungen gewöhnt zu haben, muss man mit Verlusten oder Totalausfällen rechnen.*

Bei der Anzucht

Schon bei der Anzucht wird die Basis für ein gutes
Weiterwachsen später im Freiland gelegt:

NICHT ZU FRÜH BEGINNEN Damit die Pflanzen im Gar-
tenbeet gut anwachsen und weiterwachsen, dürfen
sie nicht zu lange im Jungpflanzenquartier stehen
bleiben, seien es Aussaatschalen oder Multitopf-
platten. Auch wenn es den Gärtner im Februar oder
März unter den Nägeln brennt und er die neue Gartensaison einläuten möchte, sollte so mit dem Aussäen begonnen werden, dass die Jungpflanzen im
März bis April ins Frühbeet oder – bei frostempfind-
lichen Sommerblumen und Gemüsearten – nach
den Eisheiligen Mitte bis Ende Mai ausgepflanzt
werden können. So brauchen die meisten Kohlar-
ten, die im Juni gepflanzt werden, erst im April ausgesät zu werden, und nicht schon im Februar.

NICHT VERWEICHLICHEN Für „gepäppelte" Jungpflanzen, die nur optimale Wachstumsbedingungen kennen, ist das Freiland mit warmen Tagen, kühlen
Nächten, Regen, Sonne, Wind und Wetter eine
wahre Herausforderung. Bereiten Sie Ihre Schützlin-
ge auf die veränderten Bedingungen vor, indem Sie
sie schon bei der späteren Anzucht, wenn die Sämlinge etwas größer sind, auch einmal etwas trockener halten und nicht zu sehr verhätscheln. Kompakte, gedrungen gewachsene Pflanzen werden sich im
Freiland schneller weiterentwickeln als lange, dünne
und vergeilte (siehe Seite 105) Exemplare.

GUT, ABER NICHT ZU GUT ERNÄHREN Anzuchterde enthält aus zwei Gründen relativ wenige Nährstoffe.
Zum einen enthalten die Samen genug Energiereserven zur Keimung und ein zu hoher Dünger-
gehalt im Substrat könnte zu Schäden an der zarten Keimwurzel führen. Zum anderen passt die
Pflanze ihr Wurzelwerk den Bedingungen an: In
immer ausreichend feuchter und gut gedüngter
Erde braucht sie nicht so viele Wurzeln, um die
oberirdischen Pflanzenteile mit Wasser und Näh-
stoffen zu versorgen. Werden die Jungpflanzen
eher etwas trockener gehalten und kaum gedüngt
(verhungern lassen sollte man sie ja auch nicht),
so bilden sie mehr und längere Wurzeln. Beim
Umpflanzen ins Freiland hat eine solche robustere
Pflanze viel bessere Startbedingungen und wächst
schneller an.

RECHTZEITIG AUSPFLANZEN, NICHT VERHOCKEN LASSEN
Wenn Jungpflanzen in den Anzuchtgefäßen zu lange stehen und wachsen, werden diese irgendwann
zu klein, das Erdvolumen im Anzuchttopf oder der
Multitopfplatte ist aufgebraucht, die Nährstoffe
werden knapp und die Wurzeln wachsen zu einem
zu dichten Ballen zusammen. Durch den abneh-
mende Nährstoffvorrat verlangsamt sich das
Wachstum, und die Kraft, mit der sich die Pflanze
entwickelt, wird quasi ausgebremst. Daher müssen
Jungpflanzen, sobald sie groß genug sind, ausgepflanzt werden. Hat man zu früh mit der Anzucht
begonnen und ist es draußen noch zu kalt, hilft nur,

die Pflänzchen noch einmal in größere Töpfchen in nährstoffreichere Blumenerde umzusetzen. Bei Gemüsepflanzen, die Wurzeln oder Knollen bilden sollen, ist dies jedoch problematisch.

Vorbereitung aufs Auspflanzen

Bevor es ins Freie geht, müssen die vorgezogenen Jungpflanzen an die neuen Bedingungen gewöhnt werden und die Beete vorbereitet werden. So wird der Umpflanzschock minimiert:

BEET- UND BODENVORBEREITUNG Die Beete, in die die Jungpflanzen gesetzt werden sollen, müssen unkrautfrei sein, mit Kompost und Humus aufgelockert und sollten ein bis zwei Tage vorher gewässert werden, damit sie gleichmäßig feucht sind. Frischer Mist oder halbverrotteter Kompost gehört nicht auf ein neu zu bepflanzendes Beet!

ABHÄRTEN Etwa ein bis zwei Wochen, bevor die Pflanzen ins Freie kommen, beginnen Sie mit der Abhärtung. Stellen Sie die Anzuchtgefäße bei schönem Wetter erst stundenweise, dann den ganzen Tag ins Freie, aber nicht in die direkte Sonne. So gewöhnen sich die Pflanzen an schwankende Temperaturen, Wind und das intensivere Licht. Immerhin reflektieren und filtern normale Fensterscheiben 20 – 30 % des sichtbaren Lichts und 80 – 90 % der UV-Strahlung aus dem Sonnenlicht. Ohne Abhärtung würden die zarten Jungpflanzen einen Sonnenbrand (siehe Seite 42) bekommen.

Wenn die Temperatur nachts milde bleibt, können sie auch schon einmal über Nacht geschützt oder in einem Frühbeetkasten mit leicht aufgeklapptem Deckel draußen bleiben.

Jungpflanzen, die in sonnige Beete kommen, werden erst nur stundenweise der Sonneneinstrahlung ausgesetzt. Aber die Pflänzchen nicht gleich in die pralle Mittagssonne stellen, sondern am besten früh in die Morgensonne oder am späten Nachmittag in die Abendsonne. So können in den Blättern jene Substanzen (zum Beispiel Anthocyane) gebildet werden, die das Pflanzengewebe vor der UV-Strahlung schützen.

Nach dem Auspflanzen

BEWÄSSERN Ein gründliches Angießen nach der Pflanzung versteht sich von selbst. Fluten Sie das Beet aber nicht, ein feiner Sprühregen aus dem Schlauch oder der Kanne, am besten mit umgebungswarmem Wasser, ist richtig. Auch in den folgenden Tagen und Wochen sollten die Jungpflanzen nicht austrocknen, bis die Pflanzen richtig eingewachsen sind.

ABDECKEN Um Schäden durch kalte Nachttemperaturen oder intensive Sonneneinstrahlung zu vermeiden, ist es empfehlenswert, die Jungpflanzen mit einem Tunnel aus Vlies oder Loch- beziehungsweise Schlitzfolie zu schützen. In diesem bildet sich tagsüber ein wachstumförderndes Kleinklima mit etwas höherer Luftfeuchtigkeit und mehr Wärme. Außerdem erwärmt sich der Boden schneller und kann diese Wärme dann nachts länger an die Pflanzen abgeben.

Damit die Jungpflanzen nicht von Vögeln oder Kaninchen gefressen oder aus dem Boden gezogen werden, ist eine Abdeckung mit einem Netz oder Maschendraht sinnvoll, wenn kein Folientunnel installiert wurde.

UNKRAUT Wildkräuter haben die lästige Eigenschaft, dass sie immer ein bisschen schneller wachsen als die Pflanzen, die man eigentlich im Beet ziehen möchte. Damit die frisch gesetzten Jungpflanzen nicht überwuchert werden, muss man in den ersten Wochen nach dem Auspflanzen ein besonders wachsames Auge auf das Unkraut haben.

DÜNGEN Gedüngt wird – wenn überhaupt – erst, wenn sich ein deutlicher Wachstumszuwachs zeigt.

Probleme im Gartenteich

Was tun bei Algenblüte?

Algen finden sich in jedem Gartenteich und gehören auch in dieses Biotop, sie sind Teil des natürlichen Bewuchses und für ein gesundes biologisches Gleichgewicht wichtig. Wenn sie allerdings in Massen auftreten, werden sie nicht nur zu einem optischen Problem.

Ursache für Algenblüten

Algen tauchen immer dann massenhaft auf, wenn sich im Wasser zu viele Nährstoffe befinden. Nährstoffe werden durch Laub, Blüten, Blütenstaub, Regen, Einschwemmungen aus Beeten am Teichrand, Fischfutter und Fischkot in den Teich eingetragen. Auch Pflanzsubstrate und Wasserpflanzendünger reichern das Wasser mit Nährstoffen an. Wenn diese nicht abgebaut oder von Teich- und Wasserpflanzen aufgezehrt werden, können sich Algen explosionsartig vermehren und den Teich in kürzester Zeit zuwuchern.

Bekämpfung

Schaumige, von kleinen Bläschen durchsetzte Algenplacken oder Algenteppiche, die auf der Wasseroberfläche treiben, sollten Sie sofort mit einem Kescher entfernen. Die langen grünen Fadenalgen lassen sich auch gut mit einem Besen abfischen, den man wie eine Spaghetti-Gabel dreht.

Problematischer zu bekämpfen sind Blaualgen, die den Bodengrund, Steine und Unterwasserpflanzen mit einem schleimigen Belag überziehen. Gegen Blaualgen helfen nur vorbeugende Maßnahmen und eine Optimierung der Wasserwerte. Wenn sich das biologische Gleichgewicht im Teich eingependelt hat, verschwinden sie wieder von alleine.

Grünes, trübes Wasser tritt dann auf, wenn sich die im Wasser schwebenden, mikroskopisch kleinen Kugel- oder Volvox-Algen zu schnell vermehren. Sie lassen sich nur durch einen Filter entfernen, oder man entzieht ihnen durch den Einsatz starkzehrender Wasserpflanzen wie der Wasserpest die Nährstoffe. Wasserpest wächst sehr schnell und kann leicht aus dem Teich entfernt werden, da die Triebe frei im Wasser schweben und sich nicht durch Wurzeln im Boden verankern. Mit der Wasserpest werden dann auch die Nährstoffe aus dem Teich entfernt.

VORSICHT MIT DER CHEMISCHEN KEULE

Der Einsatz von chemischen Algenbekämpfungsmitteln ist verlockend, meist wird auch ein schneller Erfolg sichtbar, der aber nicht lange anhält. Die abgetöteten Algen sinken zu Boden und verrotten dort. Bei warmem Wetter kann es dann sogar dazu kommen, dass dieser Vorgang soviel Sauerstoff verbraucht, dass der Teich „umkippt" und man nur noch eine trübe stinkende Brühe im Teich hat. Und bei der Verrottung der Algen werden die gebundenen Nährstoffe größtenteils wieder freigesetzt und der Teufelskreis – zu viele Nährstoffe mit starkem Algenwachstum – setzt wieder ein. Daher müssen abgestorbene Algen nach einer chemischen Maßnahme aus dem Teich entfernt werden, Fadenalgen mit einem Kescher oder Besen, frei schwimmende Alten mit Filtern oder einem Schlammsauger.

Vorbeugen

Bei der Neuanlage helfen sogenannte Starterbakterien-Präparate (im Gartencenter), dass sich schneller ein natürliches Gleichgewicht einstellt und Nährstoffe schneller abgebaut werden.

Wasser- und Sumpfpflanzen wie Rohrkolben, Blumenbinse, Froschlöffel und Sumpf-Schwertlilie entziehen dem Wasser und dem Bodengrund Nährstoffe, die dann nicht mehr frei im Wasser gelöst sind, also den Algen nicht zur Verfügung stehen. Seerosen und andere Schwimmblattpflanzen wie Froschbiss, Seekanne und Teichrose verzehren ebenso überschüssige Nährstoffe und verschatten mit ihren Blättern zusätzlich das Wasser, nehmen den Algen so das lebensnotwendige Licht.

Achten Sie darauf, dass kein unnötiger Eintrag von Nährstoffen in den Teich erfolgt, zum Beispiel beim Düngen benachbarter Rasenflächen. Fischen Sie Laub und Blüten ab, die ins Wasser gefallen sind, und spannen Sie über kleinere Teiche, die unter oder neben Bäumen liegen, im Herbst ein Laubschutznetz, das verhindert, dass das Herbstlaub der benachbarten Bäume und Sträucher ins Wasser fällt.

Wenn Sie in Ihrem Gartenteich Fische einsetzen möchten, dann muss die Anzahl auf die Größe des Teichs und das Wasservolumen abgestimmt sein. Als Faustregel gilt: 10–15 cm Fisch pro 500 l Wasser. Das sind etwa drei oder vier kleine Fische von der Größe eines Moderlieschens oder zwei Goldfische pro Kubikmeter Teichwasser.

Was tun bei Wasserproblemen?

Trübes Wasser kann unterschiedliche Ursachen haben, und auch wenn ein gesunder Teich nicht immer glasklares Wasser hat, so sind extremere Trübungen in der Regel ein sicheres Zeichen dafür, dass etwas nicht stimmt.

Grünes trübes Wasser

URSACHE ALGENBLÜTE DURCH ÜBERDÜNGUNG Durch das Nährstoffangebot vermehren sich Schwebe- oder Kugelalgen explosionsartig. Sie sind unter dem Mikroskop als kleine leuchtend grüne Kügelchen erkennbar. Abhilfe: Vermeiden Sie jeglichen Nährstoffeintrag in den Teich. Wenn Schwebealgen auftreten, kann ein Beutel mit Spezialschwarztorf helfen, dem Wasser Nährstoffe zu entziehen. Außerdem wird der pH-Wert des Wassers leicht gesenkt, was das Algenwachstum hemmt. Ebenfalls erfolgreich sind Filter oder Pumpen, die das Wasser in Bewegung halten.

Natürliche Feinde der Schwebealgen sind Wasserflöhe. Werden sie jedoch bei einer Algenblüte eingesetzt, kann es passieren, dass sie sich selbst stark vermehren und dann, wenn die Algen weggefressen sind, absterben. Dann werden sie selbst wieder zu einer Wasserbelastung und sind die Nährstoffgrundlage für die nächste Algenblüte. Besser ist es, Wasserflöhe prophylaktisch in den Teich zu setzen, so stellt sich schnell ein Gleichgewicht ein.

Milchig graues Wasser

URSACHE INFUSORIEN IM WASSER Infusorien sind mikroskopisch kleine Planktontierchen wie Pantoffeltierchen und Wimpertierchen, die besonders dann auftreten, wenn sich zu viel organische Substanz (Pflanzenreste, Laub, Fischkot, Mulm) im Wasser

befindet. Bei starker Belastung werden im Teich lebende Fische beim Atmen behindert – sie kommen an die Wasseroberfläche und schnappen nach Luft. Abhilfe: Wechseln Sie auf keinen Fall das Wasser oder geben frisches dazu. Das führt nur zu einer noch stärkeren Vermehrung des Zooplanktons. Entfernen Sie totes organisches Material aus dem Teich, saugen Sie den Bodenmulm (teilweise) ab und stellen Sie die Fütterung der Fische einige Wochen ein. Ein starker Filter, der für Wasserbewegung sorgt, fördert die Klärung des Wassers.

Algen oder wuchernde Schwimmpflanzen wie der Schwimmfarn (oben) können mit einem Kescher abgefischt werden.

Graues oder braunes trübes Wasser

URSACHE GRÜNDELNDE FISCHE Fische, die im Bodengrund nach Nahrung suchen, wirbeln dabei viel Mulm und Schlamm auf, der sich durch die Schwimmbewegung im ganzen Teich verteilt und immer wieder aufgewirbelt wird. Abhilfe: Um Schwebstoffe im Wasser dauerhaft zu entfernen, hilft nur ein starker Filter. Wenn das Problem bestehen bleibt, kann sogar ein kompletter Austausch des Bodengrunds nötig werden. Da dieses Problem vor allem dann auftritt, wenn der Fischbesatz zu hoch ist oder der Teich zu klein für Fische ist, sollte die Haltung von Fischen generell überdacht werden.

Muffiges Wasser

URSACHE ZU VIEL ORGANISCHES MATERIAL IM TEICH
Riecht das Wasser muffig oder stinkt es sogar nach fauligen Eiern, ist das ein Zeichen für anaerobe Abbauprozesse (unter Abschluss von Sauerstoff) im Schlamm. Wenn kein Sauerstoff im Bodengrund vorhanden ist, wird das organische Material weiter abgebaut, nur entstehen dann übelriechende und für die Teichtiere giftige Faulgase. Typisch sind auch schwarze, schleimige Bereiche auf der Unterseite von Steinen und auffällig viele Mückenlarven. Abhilfe: Vermeiden Sie einen Bodenbelag, der nur aus groben Kieseln besteht. In den Zwischenräumen sammelt sich viel Mulm.

Mückenlarven im Wasser
URSACHE ZU VIEL ORGANISCHES MATERIAL IM TEICH
Mückenlarven haben nur in einem Teich eine Chance, in dem das biologische Gleichgewicht nicht stimmt oder sie keine natürlichen Feinde haben. Fressfeinde von Mückenlarven sind Libellenlarven, Wasserläufer, Rückenschwimmer, Fische, Molchlarven und viele andere Wassertiere. Abhilfe: Ein artenreiches Biotop mit viel Leben im Teich ist der beste Garant dafür, dass Mückenlarven im Teich kaum eine Überlebenschance haben.

Zu warmes Wasser
URSACHE HOHE TEMPERATUREN
Besonders im Hochsommer kann sich das Teichwasser stark erwärmen. Warmes Wasser kann weniger Sauerstoff binden, so kann es zu einem Sauerstoffmangel für die im Wasser lebenden Tiere kommen. Abhilfe: Lassen Sie langsam kühles Leitungswasser zufließen. Sie können durchaus ein Drittel des Teichwassers austauschen. Da Leitungswasser fast keinen Sauerstoff enthält, muss es mit einer Schlauchbrause in feineren Tropfen in den Teich geleitet werden oder über einen Stein oder Ast laufen, damit sich Sauerstoff aus der Luft darin lösen kann. Besonders Miniteiche und kleine Gewässer sind anfällig für eine Überhitzung im Sommer. Als Sofortmaßnahme kann über kleinen Teichen auch ein Sonnenschirm platziert oder eine dickere Folie gespannt werden.

Plötzliches Fischsterben oder Tiersterben
URSACHE DÜNGER ODER PFLANZENSCHUTZMITTEL
Sterben plötzlich Fische und andere Tiere im Teich, ist das ein Zeichen für eine Vergiftung. Die unsachgemäße Ausbringung von Dünge- und Pflanzenschutzmitteln kann eine Ursache sein oder falsch (zu großzügig) eingesetzte Wasserklärer, Algenvernichter oder sonstige Substanzen. Abhilfe: Versuchen Sie es mit einem großzügigen Wasserwechsel (mindestens die Hälfte des Teichvolumens) und entfernen Sie so viel Schlamm und Bodengrund wie möglich. Im schlimmsten Fall helfen nur noch ein komplettes Ausräumen und die Neuanlage des Teiches.

Was tun, wenn der Teich verschlammt?

Im Laufe der Zeit wird sich am Grund des Teiches eine Schicht aus Mulm und Schlamm bilden. Das ist völlig normal, denn abgestorbene Pflanzenteile, Laub, sich absetzende Schwebstoffe und die Ausscheidungen von Tieren sinken mit der Zeit auf den Grund ab. Wird diese Schlammschicht jedoch zu dick, muss man eingreifen, sonst kann der Teich verlanden.

Schlamm und Mulm im Teich
Der weiche Mulm auf dem Teichgrund und zwischen den Steinen besteht hauptsächlich aus Bakterien, die Nährstoffe im Wasser wie Nitrat, Phosphat, Ammonium und Nitrit abbauen und binden. Mulm ist also für ein stabiles biologisches Gleichgewicht wichtig. Da diese Bakterien zum Abbau der Nährstoffe Sauerstoff benötigen, darf sich in zu

kleinen Teichen jedoch nicht zu viel Mulm ansammeln, denn sonst kann es für die übrigen Wasserbewohner zu einem Sauerstoffmangel kommen, besonders nachts, wenn die Wasserpflanzen keine Photosynthese betreiben können. Besonders viel Mulm sammelt sich an, wenn Sie Fische im Teich halten. Dann ist eine Filteranlage sinnvoll, die das Wasser zusätzlich klärt. Bei kleinen Teichen mit weniger als zwei Kubikmeter Wasservolumen ist das sehr zu empfehlen.

MULM ENTFERNEN Gröberer Schlamm und noch nicht völlig zersetzte Pflanzenteile lassen sich vom Teichgrund recht gut mit einem feinen Kescher entfernen. Das Wasser wird danach zwar einige Tage trüb sein, die feinen Schwebeteilchen setzen sich aber recht schnell wieder ab. Der Schlamm ist ein hervorragender organischer Dünger – durchsuchen Sie ihn aber nach Libellenlarven und anderen Wassertieren, die Sie wieder in den Teich einbringen, bevor Sie ihn auf den Kompost geben.

Mit einem Schlammsauger können Sie feineren Mulm gut entfernen. Er funktioniert wie ein Staubsauger, nimmt Wasser und Schlamm auf, trennt diese und pumpt das Wasser wieder in den Teich zurück. Ein Schlammsauger ist besonders für Stellen zwischen größeren Kieseln und Steinen praktisch, die mit dem Kescher nicht erreicht werden können.

Bodenstruktur im Teich

Oft wurde die Teichfolie bei der Teichanlage mit größeren Kieseln und Steinen bedeckt, damit man sie nicht mehr sehen kann. Außerdem erwärmt sich die dunkle Folie bei Sonneneinstrahlung dann nicht so schnell, was für die Wassertemperatur von Vorteil ist (warmes Wasser kann weniger Sauerstoff aufnehmen). Zwischen und unter den Steinen und Kieseln können sich aber schnell große Mengen Mulm ansammeln, die sich nur sehr schwer wieder entfernen lassen. Mit der Zeit bil-

Mit einem Schlammsauger (kann man auch im Gartencenter ausleihen) lässt sich ein Zuviel an Mulm absaugen.

den sich dann Schlammbereiche, in denen so gut wie kein Sauerstoff mehr vorhanden ist und in denen sich unangenehm riechende Faulgase bilden.

Besser ist es, die Teichfolie mit grobem, gewaschenem Flusssand oder – wenn man nicht so viel Material benötigt – mit einer fünf Zentimeter dicken Schicht Aquariensand oder feinem Aquarienkies zu bedecken.

Wenn Sie bereits Kiesel im Teich haben, brauchen Sie diesen nicht komplett auszuräumen und neu einzurichten. Wenn Schlamm ein Problem sein sollte, reicht es, die Zwischenräume der Kiesel mit einem Schlammsauger zu reinigen und diese dann mit Sand aufzufüllen. Auf dieser natürlich wirkenden Teichgrundschicht können sich auch weniger Algen festsetzen.

Was tun, wenn der Wasserspiegel sinkt?

Wenn der Wasserspiegel sinkt, kann das schnell Auswirkungen auf den ganzen Teich haben. Sumpfbereiche fallen trocken, die Folie am Rand kann sich in der Sonne aufheizen, und durch das geringere Wasservolumen verändert sich die gesamte „Wasserchemie".

Starke Verdunstung

An heißen Tagen ist die Verdunstung aus dem Teich oft beträchtlich, besonders wenn man Wasserspiele wie einen Springbrunnen oder einen Quellstein im Teich hat. Abhilfe: Füllen Sie das Teichwasser regelmäßig mit dem Schlauch auf. Lassen Sie es dabei langsam in den Teich laufen, damit sich die chemische Zusammensetzung und Temperatur des Wasserkörpers nicht zu schnell ändern. Bei starken Schwankungen können zum Beispiel Seerosen mit einer verzögerten Blütenbildung reagieren.

Mangelhafte Kapillarsperre

Wenn Pflanzenwurzeln oder Erde im Uferbereich des Teiches über den Rand der Folie in die benachbarten Beete und Flächen reichen, wird das Teichwasser wie über einen Schwamm aus dem Teich in den daneben liegenden trockeneren Boden gesaugt. Abhilfe: Die Folie muss deshalb immer über das Teich- beziehungsweise Bodenniveau gezogen sein und darf nicht von Pflanzen überwachsen werden.

Löcher in der Folie

Löcher in der Folie können durch Gartengeräte (Rechen, Forke, Hacke), spitze Pflanzenrhizome (Bambus) oder Steine entstehen. Typischerweise sinkt der Wasserspiegel dann immer nur bis zu einer bestimmten Höhe, wenn sich das Loch nicht ausnahmsweise ausgerechnet an der tiefsten Stelle befindet. Abhilfe: Dann heißt es, den Teich auf diesem Niveau rundherum nach dem Loch oder Riss abzusuchen und dieses oder diesen mit einem Folienreparaturkit aus dem Fachhandel zu flicken.

Was tun, wenn sich die Fische nicht wohl fühlen?

Fische gehören für viele Menschen einfach zu einem Teich dazu. Die Auswahl an geeigneten Arten ist groß. Sie bringen Leben ins Wasser und es macht Spaß, sie zu beobachten. Allerdings stellen Fische für einen normalen Gartenteich immer eine Belastung dar, da sie viel Platz und Wasservolumen brauchen, um sich wohl zu fühlen.

Fischfutter und die Ausscheidungen tragen vor allem Nährstoffe in das Wasser ein. Zu viele Fische sind daher oft der Grund, wenn das Wasser trüb wird, sich Algen bilden und sich die Fische selbst nicht wohl fühlen.

Fische fressen nicht

Bei kühlem Wetter und solange die Wassertemperatur unter 10 °C liegt, sind die Fische wenig aktiv und brauchen kaum Nahrung. Umgekehrt sind sie bei Wassertemperaturen über 28 °C durch den sinkenden Sauerstoffgehalt so gestresst, dass sie die Nahrungsaufnahme verweigern.

Ein weiterer Grund für mangelnde Futteraufnahme kann eine Überfütterung sein. Wird zu oft und zu viel gefüttert, sind die Fische satt und träge und fressen nicht mehr. **Abhilfe:** Überprüfen Sie immer wieder, dass Sie pro Fütterung nur so viel Futter geben, wie in kurzer Zeit komplett gefressen wird. Wenn die Temperatur im Teich unter 10 °C sinkt, können Sie die Zusatzfütterung einstellen. Bei zu hoher Wassertemperatur kann diese durch (langsames) Einleiten von kühlem Leitungswasser gesenkt werden.

Fische sterben im Frühjahr

Wenn im Frühling nach dem ersten Tauwetter tote Fische im Teich schwimmen, sind sie wahrscheinlich erfroren, weil der Teich nicht tief genug war, oder sie sind an Sauerstoffmangel im Winter ein-
gegangen. **Abhilfe:** Wenn der Teich flacher als 80 cm ist, sollten Sie die Fische im Herbst herausfangen und im Haus in einem Kaltwasseraquarium überwintern. Im zeitigen Frühjahr sorgt ein teilweiser Austausch des Wassers für mehr Sauerstoff im Teich.

Fische japsen an der Oberfläche nach Luft

Besonders bei warmem Wetter sinkt der Sauerstoffgehalt des Teichwasser schnell, was auf zwei Gründen beruht. Warmes Wasser kann generell weniger Sauerstoff aufnehmen und speichern als kaltes. Und bei warmen Temperaturen sind die Mikroorganismen und Tiere, die im Teich leben, aktiver und verbrauchen mehr Sauerstoff als in Ruhe. Als weitere Ursache kommen zu hohe oder zu niedrige pH-Werte des Wassers die Ursache sein. **Abhilfe:** Meist bringt ein Teilwasserwechsel, die Einleitung von frischem Wasser in den Teich oder die Installation einer Umwälzpumpe, die das Wasser an der Luft mit Sauerstoff anreichert und über der Teichoberfläche wieder einleitet, schon die gewünschte Besserung.

Fische verschwinden

Wenn die Zahl der Fische im Teich auf unerkläriche Weise immer kleiner wird, sollten Sie sich einmal auf die Lauer legen. Fast immer sind Katzen, in manchen Regionen auch mal ein Reiher die Übeltäter. Abhilfe: Gegen Katzen hilft ein um den Teich gespannter Elektrozaun oder ein spezielles Katzenvertreibungsgerät, das mit hohen Ultraschalltönen die Tiere auf Abstand hält. Gegen Reiher hilft nur eine Abdeckung des Teiches mit einem Netz. Oder Sie überspannen den Teich mit Nylonschnüren oder Drähten, die dem Reiher das Landen am oder im Wasser unmöglich machen.

Fischkrankheiten

Besonders in kleinen Teichen, in denen sich relativ viele Fische tummeln, können sich Krankheiten schnell ausbreiten. Die Tiere sind durch den Überbesatz gestresst und anfälliger, das Wasser durch die vielen Ausscheidungen belastet, und das Teichwasser erwärmt sich bei hohen Temperaturen im Sommer schnell. Das sind alles hervorragende Voraussetzungen für Krankheitserreger jeglicher Art:

PARASITEN Wenn Sie das Gefühl haben, dass sich die Fische nicht wohl fühlen, wenn sie träge sind, die Farben verändern, abmagern oder sich auffällig unruhig verhalten, dann sollen Sie einen Zoofachhändler oder Tierarzt konsultieren. Größere Parasiten wie Kiemenwürmer, Fischegel, Fischläuse oder Kiemenkrebse kann man noch mit dem bloßen Auge erkennen. Einzellige Innen- und Außenparasiten können aber nur durch einen Tierarzt bestimmt werden.

BAKTERIEN UND VIREN Hautveränderungen, Glotzaugen oder ein aufgetriebener Bauch sind Symptome für bakterielle Infektionen. Karpfenpocken werden von Viren ausgelöst.

PILZE Pilzinfektionen sind an weißlichen Belägen auf der Haut oder den Kiemen sowie watteähnlichen Anhängseln an Wunden oder den Flossen erkennbar. Sie treten meist als sogenannte Sekundärinfektionen auf, also erst als Folgeerscheinung einer anderen Krankheit oder Verletzung.

Ein hoher Fischbesatz im Gartenteich erfordert eine regelmäßige Beobachtung. Kleine Teiche reagieren besonders empfindlich auf Störungen.

Abhilfe: Medikamente gegen Krankheiten können nur dann effektiv und mit Aussicht auf Erfolg eingesetzt werden, wenn die Ursache genau bekannt ist. Je früher die Diagnose gestellt und bestätigt wird, desto erfolgreicher ist die Therapie. Ein Herumexperimentieren „ins Blaue" bringt gar nichts. In jedem Fall ist es besser, durch vorbeugende Maßnahmen (nicht zu viele Fische, gesunder Artenmix), eine gute Wasserqualität und optimale Haltungsbedingen Krankheiten gar keine Chance zu lassen.

Im Herbst werden Algen und Falllaub aus dem Teich abgefischt. Vorsicht bei scharfzinkigen Rechen: Die Folie darf nicht beschädigt werden. Im Winter lässt man den Teich am besten in Ruhe.

Was tun, wenn der Teich im Winter zufriert?

Dass im Winter der Gartenteich zufriert, ist völlig normal. Problematisch kann es nur werden, wenn das Wasservolumen recht klein ist und der Teich dazu sehr flach. Dann kommt es bei längeren Frostperioden dazu, dass sich zu viel Eis bildet und das verbleibende Wasservolumen zu gering wird.

Wassertiefe

Das Wasser im Teich schichtet sich im Winter um. Da es bei einer Temperatur von 4 °C am dichtesten und damit am schwersten ist (Dichteanomalie des Wassers), sammelt sich am Teichgrund eine Schicht Wasser mit dieser Temperatur. Darüber wird es immer kälter, und an der Oberfläche gefriert es zu einer Eisschicht. Je kälter es ist und je länger die Frostperiode anhält, desto tiefer gefriert der Wasserkörper nach unten durch.

Wenn der Teich weniger als 80 cm tief ist, kann es in langen Wintern vorkommen, dass er komplett durchfriert. Fische, Frösche, Libellenlarven und anderes Getier, die am Grund im Schlamm überwintern, erfrieren oder ersticken dann. **Abhilfe:** Den Teich nachträglich noch tiefer auszuheben geht nur dann relativ einfach, wenn Sie dabei keine künstliche Abdichtung (Teichfolie, Plastikwanne, Zementschale, Tonschicht) beschädigen. Wenn man auf tierisches Leben im und am Wasser Wert legt, ist daher bereits bei der Anlage eines Teiches unbedingt darauf zu achten, dass dieser tief genug wird.

Pflanzenstängel

Lassen Sie im Herbst die Stängel von Binsen, Rohrkolben, Schwertlilien und anderen Sumpfpflanzen im Teich stehen. Die hohlen Stängel dienen nicht nur vielen Tieren als Überwinterungsquartier, sondern sie halten bei leichterem Frost durch die Bewegung im Wind auch die Wasseroberfläche rund um den Stängel offen.

Eisfreihalter

Ein Eisfreihalter besteht aus einem Schwimmkörper, der in der Mitte eine kleine Pumpe installiert hat, die das Wasser in Bewegung hält und so verhindert, dass es einfriert. Für seinen Einsatz ist jedoch eine permanente Stromversorgung nötig.

Da durch die Wasserbewegung die natürliche Schichtung des Teichwassers gestört werden kann, ist der Einsatz eigentlich nicht zu empfehlen, manchmal aber nicht zu vermeiden, wenn Fische im Teich überwintern.

Probleme im Obstgarten

124 **Wie wird richtig geschnitten?**

128 **Was tun bei schlechten Obsterträgen?**

133 **Was tun gegen Schädlinge im Obstgarten?**

136 **Wann und wie wird richtig geerntet?**

Wie wird richtig geschnitten?

Das Schneiden von Obstgehölzen ist gar nicht so kompliziert, wenn man versteht, wie ein Baum wächst und sich ein paar Grundprinzipien bewusst macht. Je nach Alter des Baumes und der Erziehungsform sind nach den Jugendjahren nur noch form-erhaltende oder korrigierende Maßnahmen erforderlich.

Grundlagen

Um zu verstehen, warum und wann Obstgehölze geschnitten werden sollen, muss man sich den Wachstumsrhythmus eines Baumes vor Augen führen. Nach der Pflanzung im eigenen Garten müssen die Pflanzen Wurzeln bilden und am neuen Standort anwachsen. Dann werden Stamm, Äste und die Krone ausgebildet, und in den folgenden Jahren gilt es eigentlich nur noch, Früchte zu produzieren.

Schneidet man gar nicht, entsteht eine dichte Krone mit vielen Trieben, die untereinander konkurrieren und an denen viele Früchte erscheinen. Durch die große Energie, die der Baum dafür aufwenden muss, wird er ausgezehrt und vergreist schnell. Außerdem können sich in dichten Kronen Pilzkrankheiten eher ansiedeln, da sie nicht so luftig sind, und Früchte im Innern der Krone reifen nicht komplett aus, da nicht ausreichend Sonnenschein hineingelangt. Da man im Garten nicht unbedingt nur viele, sondern auch gesunde und große Früchte ernten will, kann man den Baum durch gezielten Schnitt im Wachstum und beim Fruchtansatz beeinflussen.

Werkzeug

Zum Schneiden brauchen Sie eine scharfe Astsäge, eine Ambosschere mit langen Griffen und eine normale Gartenschere, zum Beispiel eine Rosenschere. Zum Säubern von ausgefransten Wunden ist ein scharfes Messer, am besten eine sogenannte Hippe mit gebogener Klinge hilfreich.

Schnitttechnik

Alle Schnittwunden sollen sauber und glatt sein, ausgefranste Wundränder sind glattzuschneiden. So kann der Baum die Wunde schnell mit neuer Rinde überwallen und verschließen – Krankheitserreger und Pilze haben dann kaum Chancen, ins Holz einzudringen. Das Schnittwerkzeug – vor allem die Ambosschere – muss dazu scharf sein, sonst entstehen an der Rinde oder den Schnittstellen Quetschwunden oder zerfaserte Schnittstellen, die nur langsam oder gar nicht verheilen.

Man unterscheidet beim Schneiden von Obstgehölzen den Rückschnitt, den Ab- oder Wegschnitt und das Ab- und Umleiten:

RÜCKSCHNITT Rückschnitt bedeutet, dass ein Trieb nur eingekürzt wird. Dadurch wird im Herbst das Wachstum gestoppt, und der Ast kann in Ruhe ausreifen. Außerdem entstehen aus den seitlichen Knospen im nächsten Jahr Verzweigungen. An waagerechten Äste ist der Fruchtansatz besser, daher erzieht man den Baum eher so. Der Schnittansatz erfolgt immer schräg über einem nach außen (also vom Stamm weg) weisenden Auge beziehungsweise einer Knospe. Würde man über einer nach oben oder innen zeigenden Knospe schneiden, wüchse der Trieb steil nach oben oder zurück ins Kroneninnere.

WEGSCHNITT Wenn ganze Äste komplett entfernt werden, spricht man vom Wegschnitt. Schneiden oder sägen Sie den Ast dicht am Stamm oder

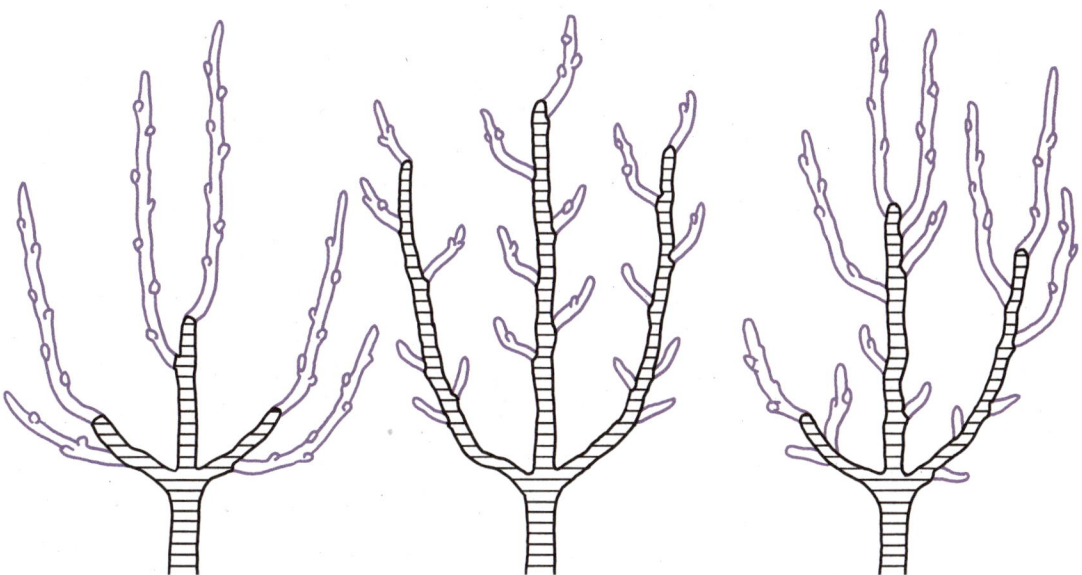

Grundsätzliche Schnittwirkung: (1) starker Rückschnitt: starker Austrieb; (2) kein Rückschnitt: schwacher Austrieb; (3) ungleichmäßiger Rückschnitt: unsymmetrische Kronenbildung (Windbruchgefahr!)

Hauptast ab, lassen Sie aber den einige Millimeter dicken Wulst an der Basis stehen. Dann verschließt sich die Wunde schneller.

Sehr dicke Äste werden erst etwa 10 cm vom Stamm entfernt mit einer Säge von unten eingesägt, dann kann der eigentliche Wegschnitt von oben erfolgen. Wenn sich der Ast nun unter seinem Gewicht nach unten biegt, besteht keine Gefahr, dass er mitsamt einer großen „Rindenzunge" am Stamm abreißt.

AB- UND UMLEITEN Durch Umleiten können Sie die Wuchsrichtung beeinflussen. Die meiste Wuchskraft steckt in der Triebspitze; wenn diese entfernt wird, erhält die der Schnittfläche nächstgelegene die Wachstumsenergie.

Wächst ein günstig stehender Ast zu steil, so können Sie ihn durch Kappen der Spitze des Sprosses auf einen flacher wachsenden Seitentrieb oder ein Seitenauge „ableiten". Der Seiten- oder Nebentrieb entwickelt sich dann zum neuen Haupttrieb.

Schnittzeitpunkt

Im Obstgarten wird meist zu zwei Zeiten geschnitten: Im Spätsommer und während der Vegetationsruhe von Herbst bis Frühling. Geschnitten wird nur, wenn die Temperatur über –5 °C liegt. Je nach Schnittzeitpunkt können Sie dadurch das Wachstum steuern.

Ein Rückschnitt (Auslichten) im Winter an kahlen Bäumen wird das Wachstum im nächsten Frühjahr stärken, da die Wuchskraft auf weniger Knospen verteilt wird. Beim Sommerschnitt hingegen wird das Wachstum gestoppt, und die Triebe können vor der Winterruhe ausreifen.

Diesen Effekt macht man sich auch zunutze, um die Wachstumsenergie von den Trieben in die Früchte abzulenken. Wasserschosse (weiche, senkrecht nach oben wachsende Triebe ohne Fruchtholz) werden grundsätzlich immer im Sommer entfernt. Würde man sie im Winter zurückschneiden, wäre der Austrieb im Frühjahr umso stärker.

Der Erhaltungsschnitt soll die Fruchtbildung und das Triebwachstum im Gleichgewicht halten.

TIPP: ERLEBEN STATT ANLESEN

Besuchen Sie einen Schnittkurs für Obstgehölze, den zum Beispiel Obst- und Gartenbauvereine anbieten. In der Praxis werden Sie sehen, dass viele Dinge rund ums Schneiden einfacher sind, als man beim Lesen denkt.

Vergreiste Obstbäume renovieren

Lässt nach einigen Jahren der Ertrag nach, oder wurde ein Baum über Jahre vernachlässigt, hilft ein radikaler Verjüngungsschnitt mit anschließendem neuen Kronenaufbau, die Bildung von neuem Fruchtholz zu fördern. Das sind kurze, dicke Triebe, an denen die Blütenknospen erscheinen.

Ein VERJÜNGUNGSSCHNITT bedeutet immer einen starken Eingriff in die Krone und das Geäst, denn es müssen sehr viele und sehr dicke Äste entfernt werden. Das Verschließen der Wunden und das Bilden neuer Triebe kostet den Baum viel Kraft. Daher wird nur im Winter geschnitten, wenn die

Energiereserven im Stamm und den Wurzeln eingelagert sind und der Saftstrom noch nicht eingesetzt hat – im Frühling besteht sonst die Gefahr, dass die Wunden stark bluten.

Bei sehr alten Kronen ist es empfehlenswert, den Verjüngungsschnitt auf zwei oder sogar drei Jahre zu verteilen, um so den Stress für den Baum so gering wie möglich zu halten.

VORSICHT: Nussbäume (Walnüsse) und Süßkirschen vertragen keinen so starken Rückschnitt ins alte Holz. Alle anderen Obstbäume können relativ problemlos bis zum Stamm zurückgeschnitten werden, sie treiben aus schlafenden Augen unter der Rinde wieder neu aus.

VORGEHENSWEISE Vor dem Verjüngungsschnitt werden die Krone und der Baum genau analysiert: Was soll erhalten werden und bleibt stehen, was wird ganz weggeschnitten, was wird zurückgenommen? Vielleicht ist ja noch das Grundgerüst der ursprünglichen Krone erkennbar, und es müssen nur störende Wasserschosse (weiche, senkrecht nach oben wachsende Triebe ohne Fruchtholz), nach innen wachsende Äste und Reiter (alte verholzte Wasserschosse, die sich nach unten gebogen haben) entfernt werden.

Ansonsten suchen Sie sich einen einigermaßen senkrechten Mitteltrieb, der den neuen Leittrieb bildet, und einige Etagen geeigneter Seitentriebe aus. Diese Seitentriebe sollten gesund, also ohne Rindenverletzungen und Krankheitsbefall sein und möglichst waagerecht gewachsen sein. Pro Etage reichen drei bis fünf Äste.

Alle anderen Äste und Zweige werden weggeschnitten, sodass wieder Luft in die Krone kommt und sich die neuen Etagen gut weiterentwickeln können.

Bei dicken Ästen kommt eine Säge zum Einsatz, dünnere können Sie mit einer Astschere wegschneiden.

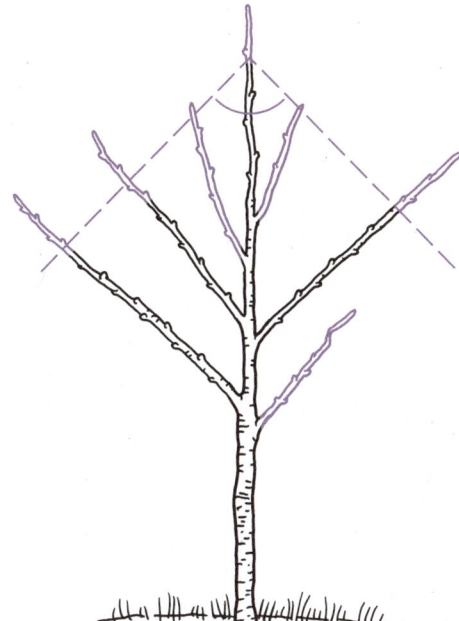

Mit dem Pflanzschnitt wird der grundsätzliche Aufbau der späteren Krone festgelegt.

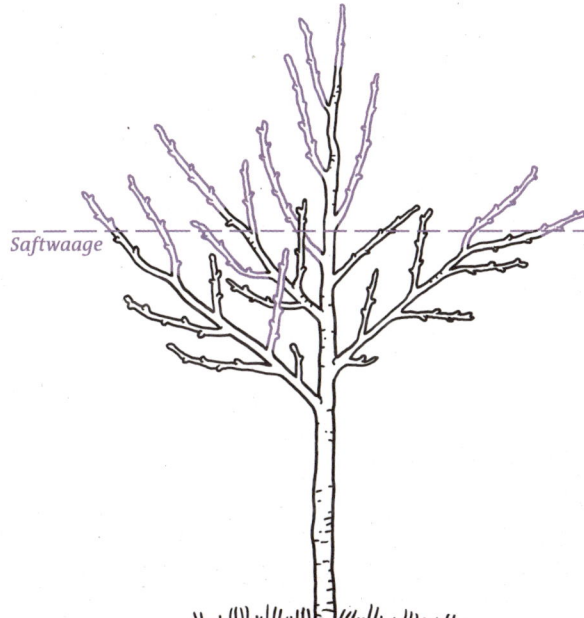

Saftwaage

Der Erziehungsschnitt soll die weitere Entwicklung zu einem stabilen, gut belichteten Astgerüst gewährleisten.

Sind Lücken vorhanden, können Sie versuchen, ältere Wasserschosse umzuleiten (siehe Seite 74) und neue „Nebenseitentriebe" aufzubauen. Dies kann aber mehrere Jahre in Anspruch nehmen, bis die gewünschte Kronenform fertig aufgebaut ist.

WEITERE BEHANDLUNG Mit dem ersten Verjüngungsschnitt ist es noch nicht getan, in den nächsten drei bis fünf Jahren muss die neue Krone aufgebaut werden.

Wasserschosse, die nach einer solchen Radikalkur zahlreich erscheinen werden, müssen im Sommer unbedingt entfernt werden. Auch die an den eingekürzten und ausgeputzten Seitenästen erscheinenden Seitentriebe müssen zurückgeschnitten und ab- oder umgeleitet werden. Nach innen in die Krone oder senkrecht nach oben wachsende Triebe müssen beseitigt werden.

SCHNITTFEHLER KORRIGIEREN Fast alle Schnittfehler lassen sich – mehr oder weniger aufwändig – korrigieren. Am häufigsten sind besenartige Äste, die durch mehrmaliges Zurückschneiden im selben Bereich entstehen. Sie werden am besten komplett entfernt und der Trieb auf einen Ast unterhalb des Besens abgeleitet. Ein anderer Fehler ist es, den Mitteltrieb zu entfernen oder zu stutzen, um die Krone zu kürzen. Wird das in den Folgejahren nicht rechtzeitig nachgepflegt, bilden sich mehrere Haupttriebe, die nur durch einen Verjüngungsschnitt (siehe Seite 126) beseitigt werden können.

Alte Beerensträucher verjüngen

Johannisbeeren und Stachelbeeren lassen sich relativ leicht verjüngen, indem man alle toten und etwa die Hälfte der alten, vergreisten Triebe dicht über dem Boden entfernt.

Aus der Basis bilden sich dann neue Schösslinge, sodass im nächsten Jahr dann auch die stehengelassene Hälfte der alten Grundtriebe entfernt werden kann.

Was tun bei schlechten Obsterträgen?

Wenn der Apfelbaum kaum trägt, nur eine Handvoll Birnen an den Zweigen hängt oder die Früchte mickrig und klein sind, ist die Enttäuschung groß. Der Ertrag ist von vielen Faktoren wie Standort und Boden, Düngung und Wasserversorgung, Klima und Wetter sowie Krankheiten und Schädlingen abhängig.

Ursachen herausfinden

Ursache für den schlechten Ertrag kann zum einen ein mangelnder Fruchtansatz sein oder eine gestörte Reifezeit der Früchte. Stellt man fest, dass die Ernte wohl nicht so üppig ausfallen wird, wie erhofft oder geplant, ist es in diesem Jahr meist zu spät, um Maßnahmen zu ergreifen. Aber für die Folgejahre können Sie Vorsorge treffen.

Schlechter Standort

Ein Grund für unbefriedigende Erträge kann ein ungeeigneter oder suboptimaler Standort sein. Typisch ist in diesem Fall, dass der Ertrag über mehrere Jahre hinweg konstant enttäuscht. Die meisten Obstbäume brauchen einen sonnigen, maximal halbschattigen Standort, tiefgründigen und nährstoffreichen Boden und eine gleichmäßige Versorgung mit Feuchtigkeit. Windige und zugige Ecken sind weniger gute Standorte, denn an ihnen finden sich weniger Bienen und andere Insekten zur Befruchtung ein.

Alternanz

Der häufigste Grund für schwankende Erträge ist die sogenannte Alternanz. Vor allem Apfelbäume neigen dazu, in einem Jahr mehr, im nächsten weniger oder gar nicht zu tragen, und das relativ unabhängig von äußeren Faktoren wie Nässe oder Trockenheit, der Nährstoffversorgung oder der Wärme. Besonders anfällig für Alternanz sind die

Apfelsorten ‹Berlepsch›, ‹Boskoop›, ‹Delbarestivale› und ‹Elstar›.

Abhilfe: Die Alternanz lässt sich etwas abmildern, indem man in einem „fetten" Jahr den Ertrag künstlich mindert und dem Baum quasi vorgaukelt, ein normales Jahr zu haben. Wenn Ende Juni, nachdem der Baum ohnehin einen Teil der kleinen Früchte abgestoßen hat, die Fruchtstände immer noch dicht besetzt sind, dünnt man überzählige aus, sodass nur mehr je zwei bis drei kleine Früchte am Fruchtholz verbleiben. Das geht meist ganz einfach, indem man die Stiele der Früchtchen mit Daumen- und Zeigefingernagel abknipst.

TIPP: ALTERNANZ AUSGLEICHEN

Eine weitere Möglichkeit, das Risiko von schwankenden Erträgen zu vermindern, besteht darin, mehrere Bäume zu pflanzen. So ist nicht nur die Befruchtung besser (siehe Seite 130), auch die Wahrscheinlichkeit, dass alle Bäume in einem Jahr viel und dann im nächsten wenig tragen, ist geringer. Wenn einer von drei oder vier Bäumen einmal weniger Äpfel trägt als sonst, haben Sie immer noch eine Reserve durch die anderen Bäume.

Die verbleibenden Früchte werden dann größer, sind gleichmäßiger geformt und besser im Geschmack, da sich die Wachstumsenergie des

Eine ausreichende, aber nicht zu üppige Nährstoffversorgung, der richtige Standort und vor allem der richtige Schnitt sind für reiche Obsterträge wichtig.

Baums auf weniger Früchte verteilt. Dünnt man den üppigen Fruchtansatz nicht aus, trägt der Baum zwar in diesem Jahr viel, verausgabt sich dabei aber auch stark und setzt im nächsten Jahr weniger oder kaum Früchte an.

Falscher Schnitt

Je nach Obstart werden die Blüten eher an zwei- oder dreijährigen Seitentrieben oder an ein- bis zweijährigen Langtrieben ausgebildet. Knospen, aus denen sich Blüten (und damit später Früchte) entwickeln, erkennen Sie an ihrer rundlichen Form. Knospen, aus denen sich nur Blätter entfalten, sind länglich und spitz. Die untenstehende Liste gibt Ihnen einen Überblick, welche Obstsorte an welchen Trieben fruchtet. Werden diese beim herbstlichen Erhaltungsschnitt (siehe Seite 126) entfernt, werden auch die Blütenknospenanlagen weggeschnitten. Im nächsten Jahr gibt es folglich keine Blüten und damit keine Früchte.

Blütenansatz beim Obst

OBSTSORTE	BLÜTEN UND FRÜCHTE AN
Apfel	zwei- bis dreijährigen Seitentrieben
Aprikose	ein- bis zweijährigen Langtrieben
Birne	zwei- bis dreijährigen Seitentrieben
Pfirsich	ein- bis zweijährigen Langtrieben
Pflaume	zwei- bis dreijährigen Seitentrieben
Sauerkirsche	ein- bis zweijährigen Langtrieben
Süßkirsche	zwei- bis dreijährigen Seitentrieben

Knospen und Blüten durch Spätfrost zerstört

Blüten und Blütenknospen gehören zu den Pflanzenteilen, die am empfindlichsten auf Frost, Hitze, Kälte, Nässe, Wind oder Trockenheit reagieren. Im Gegensatz zu den festen, ledrigen Blättern haben sie den Elementen und der Witterung nicht viel entgegenzusetzen. Wenn Ende April oder Anfang Mai die Blütenknospen durch späte Fröste oder kalte Nächte geschädigt oder gar zerstört werden, können sich auch keine Früchte bilden. Wenn sich die Knospen und Blüten nach einer kalten Nacht schon braun verfärbt haben oder zu Boden rieseln, ist es zu spät. Es kann zwar vorkommen, dass sich noch die eine oder andere Nachzüglerblüte zeigt, aber die Wahrscheinlichkeit, dass die sich aus ihnen entwickelnden Früchte gut ausreifen, ist relativ gering. Die kritische Temperatur liegt dabei etwa bei −3 °C.

Relativ frostharte Apfelsorten sind ‹James Grieve› und ‹Klarapfel›, empfindlich sind wärmeliebende Arten wie Pfirsich, Mandel und Aprikose, aber auch Süßkirschen und Pflaumen.

Abhilfe: Wenn sich die Knospen öffnen und Nachtfröste vorausgesagt sind, können Sie versuchen, bei niedrigeren Obstgehölzen ein Vlies über die Kronen zu spannen. So wird die Wärmeabstrahlung in den kalten Nachthimmel (Strahlungsfrost) eingeschränkt und die Gefahr, dass die Temperatur in den Knospen und Trieben auf einen Wert sinkt, bei dem es zu Gewebeschäden kommt, ist geringer. Bei bedecktem Himmel oder Nebel besteht nicht diese Gefahr, dass es zum Strahlungsfrost kommt.

Schlechte Befruchtung

Früchte können nur entstehen, wenn die Blüten befruchtet werden. Dabei ist eine erfolgreiche Befruchtung noch kein Garant für einen guten Fruchtansatz, denn nicht jede befruchtete Blüte entwickelt sich zu einer Frucht – im Gegenteil, die Natur sieht vor, zuerst möglichst viele Blüten befruchten zu lassen, damit sie eine Reserve hat. Überzählige Früchte werden dann abgestoßen. Was jedoch tun, wenn – Alternanz hin oder her – die Obstbäume im Garten jedes Jahr nur wenige Früchte tragen? Abhilfe: Das beste Befruchtungsergebnis erzielen Sie, wenn sich Ihre Obstbäume nicht „selbst" befruchten müssen, sondern den Pollen von benachbarten Bäumen einer anderen Sorte derselben Art erhalten.

ÄPFEL benötigen für höhere Erträge eine zweite Apfelsorte zu Bestäubung. Diese kann auch in der näheren Umgebung stehen, hier hilft eine Absprache mit den Nachbarn, dann kann man bei einer Neupflanzung unterschiedliche Sorten wählen.

BIRNEN tragen auch besser und bringen größere Ernten, wenn sie fremdbestäubt werden.

SÜßKIRSCHEN sind sogar selbstunfruchtbar, eine Fremdbestäubung ist daher zwingend notwendig. Als Pollenspender können andere Süßkirschen, aber auch Sauerkirschen und die wilde Vogelkirsche dienen.

SAUERKIRSCHEN sind selbstfruchtbar und werden oft auch durch den Wind bestäubt. Höhere Erträge stellen sich aber bei einer Insektenbestäubung mit Pollen einer anderen Sorte oder der Vogelkirsche ein.

PFLAUMEN UND ZWETSCHEN sind je nach Sorte selbstfruchtbar oder -unfruchtbar. Selbstunfruchtbare Sorten tragen, wenn sie mit Pollen von wilden Vertretern der Gattung wie der Schlehe oder der Blutpflaume bestäubt werden.

PFIRSICH UND APRIKOSE sind meist Selbstbefruchter, es reicht ein Baum im Garten.

QUITTEN sind selbstfruchtbar, der Ertrag ist aber bei Fremdbestäubung höher.

WALNÜSSE sind zwar selbstfruchtbar, da sich männliche und weibliche Blüten eines Baumes aber zu unterschiedlichen Zeiten öffnen und Walnüsse vom Wind bestäubt werden, ist der Fruchtansatz besser, wenn sich mehrere Bäume in der Nähe befinden.

HASELNÜSSE sind selbstunfruchtbar, daher sollten mehrere Sorten zusammengepflanzt werden.

Fruchtreifung gehemmt durch Kälte

Ist der Sommer kalt, nass und verregnet, kommt es vor, dass Äpfel oder Birnen nicht vollständig oder optimal ausreifen. Abhilfe: Lassen Sie das Obst so lange wie möglich am Baum und anschließend an einem wärmeren Ort noch etwas nachreifen.

Fruchtreifung gehemmt durch Trockenheit

Früchte bestehen zu 90–95 % aus Wasser. Wenn während der Ausbildung der Früchte zu wenig Niederschlag fällt, bleiben die Früchte kleiner. Abhilfe: Vor allem beim Apfelbaum ist es ratsam, in trockenen Frühjahren in der Zeit zwischen Blütenansatz und Fruchtbildung die Baumscheibe (den von der Baumkrone abgedeckten Bodenbereich) zu wässern. Da Apfelbäume Flachwurzler sind, die keine dicken Pfahlwurzeln nach unten in den Untergrund treiben, bringen Sie das Wasser (20–50 l/m^2) am besten im äußeren Kronenbereich aus, wo sich die meisten feinen und aktiven Wurzeln befinden.

Schlechte Fruchtentwicklung wegen Nährstoffmängeln

Nur ein gut genährter Obstbaum kann viele dicke Früchte tragen. Leidet der Baum unter Nährstoffmangel, gleich welcher Art, werden entweder keine oder nur wenige Früchte angesetzt, und diese bleiben zudem kleiner als normal. Durch Ernte, Schnittgut und wenn im Herbst das Laub nicht liegen bleibt, werden dem Boden um den Obstbaum jedes Jahr Nährstoffe entzogen, die ihm durch eine Düngung wieder zugeführt werden müssen.

Abhilfe: Bei Mangelsymptomen wie hellen kleinen Blättern ist eine Bodenprobe ratsam, die zur

Untersuchung an ein Labor eingeschickt werden muss. Aus dem Analyseergebnis ergibt sich dann eine Düngeempfehlung. Dies kann durch organische Dünger wie Kompost, Hornspäne und Mist geschehen oder durch mineralische Dünger, die schnell wirken und mit denen sich Einzelnährstoffmängel gezielter beheben lassen.

Wenn Blütenknospen rieseln

Verrieseln nennt man das Abwerfen von Blütenknospen, wenn diese nicht ausreichend befruchtet werden. Besonders im Weinbau ist dies ein Problem, und auch von der Rebsorte abhängig. Im Garten sind Johannisbeeren bekannt dafür, dass sie zum Verrieseln neigen. Besonders, wenn der Frühling kalt und nass ist und wenig bestäubende Insekten fliegen, werden die Blüten nicht befruchtet. Eine unbefruchtete Blüte kann keine Frucht ansetzen und ist somit für die Pflanze wertlos – sie wird abgeworfen. Auch Frost und Trockenheit lassen die Pflanze die Blüten abstoßen. Wenn Sie beobachten, dass das Verrieseln besonders an den Trieben auftritt, die im Inneren des Johannisbeerstrauchs wachsen, liegt das meistens daran, dass diese Blüten zu sehr von den umgebenden Blättern verschattet werden.

Abhilfe: Lichten Sie die Sträucher im Herbst nach der Ernte aus, sodass immer alle Triebe gleichmäßig viel Sonnenlicht erhalten. Eine ausgewogene Düngung und Wasserversorgung beugen Verrieseln durch Nährstoffmangel und Trockenheit vor, ansonsten bleibt nur die Sortenwahl. Frühblühende Sorten sind naturgemäß stärker spätfrostgefährdet als solche, die erst Ende Mai blühen.

Relativ unempfindlich sind bei den Roten die Sorten ‹Lubera Ribest Sonnette› und ‹Rovada›, bei den Weißen ‹Primus› und ‹Blanka› und bei den Schwarzen ‹Titania›.

Stippige Äpfel

Als Stippe bezeichnet man eine Mangelerscheinung an Äpfeln, die sich durch kleine eingesunkene braune Flecken auf der Schale und vor allem im darunterliegenden Fruchtfleisch bemerkbar macht. Das Fruchtfleisch ist an diesen Stellen fester, geradezu korkig und schmeckt unangenehm bitter. Stippe wird durch Kalziummangel in der Frucht verursacht. Das Tückische ist, dass Stippe meist erst einige Zeit nach der Ernte im Lager auftritt und es dann für Vorsorgemaßnahmen zu spät ist.

Abhilfe: Damit die Früchte ausreichend mit Kalzium versorgt werden können, darf nicht zu viel Stickstoff gedüngt werden. Der Apfelbaum verwendet das aufgenommene Kalzium dann eher für das Triebwachstum und nicht für die Früchte. Das liegt auch daran, dass die Früchte weniger Wasser verdunsten können als die Blätter und damit weniger Wasser (mit den darin gelösten Nährstoffen) bekommen. Auch Blattdünger wie Kalziumchlorid oder Kalziumnitrat können eingesetzt werden. Ist im Boden zu viel Magnesium oder Kalium vorhanden, kann Kalzium schlechter aufgenommen werden.

Durch geeignete Schnittmaßnahmen, bei denen ein übermäßiges Triebwachstum vermieden (oder gebremst) wird, sowie ein rechtzeitiges Ausdünnen überzähliger Früchte kann Stippigkeit vorgebeugt werden.

Was tun gegen Schädlinge im Obstgarten?

Schädlinge und Krankheiten an Obst äußern sich in Wuchsstörungen, welken, fleckigen oder verfärbten Blättern und Früchten. Auch schlechte Erträge, verminderte Lagerfähigkeit oder das Eingehen der Pflanzen im Winter können Hinweise auf einen Befall mit Schädlingen und Krankheiten sein.

Schädlinge

Die häufigsten Schädlinge im Obstgarten sind Fruchtfliegen, deren Larven in den Früchten besonders von Äpfeln, Zwetschen und Kirschen leben und als „Maden" leider zu oft in vieler Munde landen. Das gilt auch für die Larven des Apfelwicklers, eines Schmetterlings, der für wurmige Äpfel verantwortlich zeichnet. Löcher an Blättern werden von gefräßigen Raupen verschiedener Blattwespen und Falter verursacht.

Häufige Schädlinge an Kern- und Steinobst sowie Beerensträuchern

OBSTART	SCHADBILD	VERURSACHER	MASSNAHME
 **OBSTART** Fast alle Obstbäume	**SCHADBILD** Lochfraß an Knospen, Blüten und jungen Blättern. Blätter manchmal bis zu den Mittelrippen kahl gefressen. Grüne oder rötliche Raupen an den Trieben. Ausgehöhlte Früchte. **VERURSACHER** Frostspanner **MASSNAHME** Ab Ende September bis März Leimringe oder Bänder gegen die am Stamm oder an den Stützpfählen hochkriechenden Weibchen der Falter legen.		
Kernobst, Pflaume, Pfirsich, Walnuss	Früchte fallen früh ab. Kleine Bohrlöcher an den Früchten, innen zerfressen. Rötliche oder weiße Maden (Raupen) um das Kerngehäuse oder den Stein.	Apfel- und Pflaumenwickler	Stämme und Pfähle mit Wellpappe umwickeln. Diese dann im Herbst mitsamt der darin enthaltenen Insekten vernichten (verbrennen oder in den Hausmüll geben).
 **OBSTART** Apfelbäume, besonders junge Bäume	**SCHADBILD** Watteartige weiße Überzüge an den Trieben und am Stamm. Krebsgeschwüre an der Rinde. **VERURSACHER** Blutläuse **MASSNAHME** Wucherungen an der Rinde mit einem scharfen Messer, am besten einer Hippe, ausschneiden. Lauskolonien abbürsten, am besten mit Schmierseifenlauge.		

OBSTART	SCHADBILD	VERURSACHER	MASSNAHME
	**OBSTART** Süßkirschen, besonders mittel bis spät reifende Sorten **SCHADBILD** Früchte fallen früh ab. Früchte sind weich und glänzen nicht. In den Früchten sind kleine weißliche Maden. **VERURSACHER** Kirschfruchtfliege **MASSNAHME** Kirschfruchtfliegenfallen (Gelbtafeln) ab Ende April bis Ende Juni aufhängen. Kleine Bäume mit Schutznetzen überspannen. Eine Mulchschicht unter der Krone verhindert, dass die Fliegen zu früh schlüpfen.		
Himbeere, Brombeere	An den Knospen Fraßschäden (ab Mai). In den Früchte weiße Himbeermaden .	Himbeerkäfer	Schattige Standorte vermeiden. Triebe früh morgens über einen Eimer, der mit Wasser gefüllt ist, oder ein Tuch abschütteln und vernichten.
	**OBSTART** Stachelbeeren, Rote und Weiße Johannisbeeren **SCHADBILD** Löcher in den Blättern (ab Mai). Kahlgefressene Triebe (ab Juli). Kleine grüne Insektenlarven. **VERURSACHER** Stachelbeer-Blattwespe **MASSNAHME** Larven frühzeitig absammeln. Weiße Eigelege absammeln und vernichten.		

Krankheiten

Bei den Krankheiten im Obstgarten zählt der bakterielle Feuerbrand zweifellos zu den gefährlichsten, aber auch Pilzkrankheiten wie Rost, Schorf, Scharka und die Kräuselkrankheit führen zu Schäden am Laub, zu Ernteausfällen und/oder deformierten Früchten.

Häufige Krankheiten an Kern- und Steinobst sowie Beerensträuchern

OBSTART	SCHADBILD	VERURSACHER	MASSNAHME
	**OBSTART** Äpfel, Birnen, Steinobst **SCHADBILD** Braune Faulstellen an den Früchten. Schimmelbefall. Ringförmige Sporenlager **VERURSACHER** Monilia-Fruchtfäule **MASSNAHME** Verletzungen der Früchte vermeiden. Fruchtmumien (abgestorbene, eingetrocknete Früchte) am Baum entfernen.		
Äpfel	Blätter mit braunen Flecken.	Apfelschorf	Krone durch Schnitt luftdurchlässig halten.

OBSTART	SCHADBILD	VERURSACHER	MASSNAHME
Birnen	Früher Blattfall im Herbst. Früchte mit gräulich braunen, korkigen Flecken.	Birnenschorf	Laub vom Vorjahr entfernen. Chemische Bekämpfung im Hausgarten nicht sinnvoll.
Steinobst, v.a. Sauerkirsche	Triebspitzen vertrocknen und sterben an. Blüten und Blätter welken.	Monilia-Spitzendürre	Befallene Triebe bis ins gesunde Holz zurückschneiden und vernichten (nicht auf den Kompost!).

OBSTART Birnen
SCHADBILD Auf der Blattoberseite orangerote Flecken (ab Mai). Auf der Blattunterseite gelblich braune Aufwölbungen (ab Juni / Juli)
VERURSACHER Birnengitterrost
MASSNAHME Befallene Blätter entfernen. Keine Wacholder (Zwischenwirt) in der Umgebung pflanzen!

OBSTART Steinobst, v.a. Kirschen
SCHADBILD Rötliche Blattflecken. Später Löcher in den Blättern. Rotrandige Flecken auf den Früchten.
VERURSACHER Schrotschusskrankheit
MASSNAHME Befallene Triebe bis ins gesunde Holz zurückschneiden und vernichten (nicht auf den Kompost!). Fruchtmumien (abgestorbene, eingetrocknete Früchte) am Baum entfernen.

OBSTART	SCHADBILD	VERURSACHER	MASSNAHME
Pfirsich, Nektarine	Blätter verkrüppelt und gekräuselt.	Kräuselkrankheit	Befallene Blätter und Früchte entfernen. Triebe bis ins gesunde Holz zurückschneiden und vernichten (nicht auf den Kompost!). Wunden müssen schnell abtrocknen und verheilen können.
Äpfel, Birne (seltener)	Wucherungen und krebsartige Auswüchse an älteren Trieben.	Obstbaumkrebs	Befallene Triebe bis ins gesunde Holz zurückschneiden und vernichten (nicht auf den Kompost!).
Schwarze Johannisbeere	Helle Flecken auf der Blattoberseite. Auf der Blattunterseite gelb-orange Pusteln. Im Herbst vorzeitiger Blattfall.	Johannisbeersäulenrost	Nicht neben Zirbelkiefer und Weymouthskiefer (Zwischenwirte) pflanzen. Im Herbst Falllaub entfernen.

OBSTART Brombeere, Himbeere
SCHADBILD Violettbraune Flecken an den Trieben. Zum Spätherbst bis Winter färben sich diese silbrig grau und haben schwarze Punkte. Ruten brüchig, absterbend.
VERURSACHER Himbeerrutenkrankheit / Rutensterben durch verschiedene Pilze
MASSNAHME Ruten im Herbst zurückschneiden. Mulchen. Ausgewogen düngen.

Wann und wie wird richtig geerntet?

Der richtige Erntezeitpunkt sowie die optimale Erntemethode bestimmen den Geschmack und beeinflussen die Haltbarkeit von Obst im Lager beziehungsweise die Möglichkeiten der Verarbeitung.

Wann ist Erntezeit?

Da sich die Fruchtreife bei den meisten Obstarten über einen längeren Zeitraum hinzieht, und es je nach Art früh-, mittel- und spätreifende Sorten gibt, ist es schwierig, genaue Erntezeitpunkte anzugeben, zumal diese auch vom Standort und der Witterung abhängen.

Am besten probieren Sie, wenn sich die Früchte ausfärben, immer wieder einmal, wie reif sie sind. Wenn sie schmecken, süß genug sind und noch nicht zu weich, ist der ideale Zeitpunkt zum Ernten gekommen.

Bei NÜSSEN ist es etwas schwieriger, aber wenn bei Haselnüssen die Schale bräunlich wird und wenn bei Walnüssen die äußere grüne Fruchtschale aufplatzt, ist die Erntereife nah.

STEINOBST wie Pflaumen, Zwetschen, Mirabellen, Reneklodend, Aprikosen, Pfirsich und Nektarinen werden kurz vor der Verzehrreife geerntet. Sie lassen sich nicht lange lagern und werden am besten gleich verzehrt oder zu Marmelade und Kompott verarbeitet, eingelegt oder getrocknet. PFLAUMEN UND ZWETSCHEN färben sich schon einige Zeit vor der eigentlichen Genussreife ins Bläuliche oder Violette. Hier helfen nur eine vorsichtige Druckprobe und das Probieren, ob sie noch hart und sauer sind oder schon weich und süß.

Bei KERNOBST, zu dem Äpfel und Birnen zählen, kommt es auf die Sorte an, wann sie verzehrreif sind. ÄPFEL UND BIRNEN werden daher geerntet, wenn sie ihre sortentypische Färbung erreicht haben und sich der Stiel durch Drehen der Frucht leicht vom Zweig löst.

FRÜHE APFELSORTEN wie ‹Discovery›, ‹Klarapfel›, ‹Piros› und ‹Retina› sind nur für den Sofortverzehr oder die baldige Verarbeitung nach der Ernte geeignet und lassen sich nicht lagern. Besonders der aromatische ‹Klarapfel› wird schon wenige Tage nach der Ernte oder dem Abfallen vom Baum braun und weich.

MITTELSPÄTE UND SPÄTE APFELSORTEN lassen sich kühl und dunkel bis in den Winter, manche wie ‹Ariwa›, ‹Goldstar›, ‹Pilot›, ‹Roter Berlepsch›, ‹Roter Boskoop› und ‹Topaz› sogar bis März / April einlagern. Viele späte Sorten entfalten Ihr volles Aroma ohnehin erst nach einigen Wochen Lagerung und Nachreife.

BIRNEN müssen fast ausnahmslos nach der Ernte einige Zeit lagern, bis sie die Genussreife erreicht haben und ihr typisches volles Aroma entfalten.

QUITTEN reifen spät und werden erst kurz vor den ersten Frösten geerntet und dann weitere zwei bis drei Wochen eingelagert, bis sie ihr volles Aroma entfalten.

Obst lagern und haltbar machen

BEERENFRÜCHTE wie Brombeeren, Himbeeren und Johannisbeeren sind im Kühlschrank einige Tage haltbar. Wenn sie nicht sofort verzehrt werden, zum Backen oder zu Marmelade und Kompott verarbeitet werden, kann man sie auch einfrieren. Dazu legt man sie erst einzeln auf flachen Schalen ins Gefrierfach, bis die Früchte durchgefroren sind, dann können sie in Gefrierbeuteln portionsweise verpackt in die Tiefkühltruhe.

Alternativ können Sie die Früchte auch pürieren und dann einfrieren. Tipp: Füllen Sie das Püree in Gefrierbeutel, verschließen sie diese fest und legen Sie sie in rechteckige Kunststoffbehälter, bis das Püree gefroren ist. Diese „Ziegel" oder Blöcke lassen sich dann besonders platzsparend in der Gefriertruhe aufbewahren.

ÄPFEL UND BIRNEN halten sich bei Zimmertemperatur durchaus ein bis zwei Wochen. Wenn man sie länger lagern möchte, ist ein kühler, leicht feuchter Keller ideal. Legen Sie die Früchte nicht zu hoch aufeinander gestapelt auf die Regalböden, am besten nur eine Lage. So entstehen keine Druckstellen.

Würde man das Obst wie Kartoffeln in großen Stiegen lagern, würden die unteren Früchte durch das Gewicht der darüber liegenden zerdrückt werden. Außerdem können sich Krankheiten wie Schimmel oder Fäulnis leichter ausbreiten, wenn die Früchte dicht bei- und aufeinander liegen.

QUITTEN werden kühl und dunkel gelagert.

STEINOBST wie Kirschen, Zwetschen und Pflaumen lässt sich nicht lange lagern, kann aber gut eingefroren werden. Vor dem Einfrieren aber unbedingt entsteinen. Auch hier ist es sinnvoll, die Früchte erst kurz einzeln anzufrosten, dann lassen sie sich später besser voneinander lösen und frieren nicht zu einem großen Block zusammen.

Die meisten Apfelsorten lassen sich einige Wochen im Keller oder in der Garage lagern. Andere Sorten wie der ‹Klarapfel› werden sofort nach der Ernte verarbeitet (oder verzehrt), da sie schnell verderben.

Mit einem Apfelpflücker kann man auch Früchte an den außen stehenden Ästen oder in großer Höhe ernten. Leitern müssen immer sicher und stabil aufgestellt werden. Fallobst schnell aufsammeln, sonst wird es von Vögeln und Mäusen angefressen.

Wie erntet man in luftigen Höhen?

Nicht immer wächst einem das Obst direkt in den Mund oder kann in Augenhöhe bequem geerntet werden. Um an Früchte, die hoch oben im Baum hängen, zu kommen, gibt es verschiedene Methoden und Erntehelfer.

LEITERN kommen bei der Ernte am häufigsten zum Einsatz. Es ist wichtig, dass sie sicher stehen, nicht in den Boden einsinken können und nicht kippen. Ernten Sie immer zu zweit, wenn Sie auf der Leiter stehen – eine Person steht auf der Leiter im Baum und pflückt, die andere hält die Leiter fest und kann die geernteten Früchte entgegennehmen.

Bei Regen kommt die Ernte mit der Leiter nicht in Frage, denn die Rutschgefahr beziehungsweise die Gefahr, mit dem Leiternfuß im Boden einzusinken und zu stürzen, ist zu groß.

PFLÜCKER MIT TELESKOPSTANGE sind unerlässliche Erntehelfer. Man kann mit ihnen hoch im Baum hängende Äpfel und Birnen erreichen, auch bei nassem Wetter, wenn das Ernten mit der Leiter nicht möglich ist. Es gibt zwei unterschiedliche Formen: Einmal ist der Pflücker wie ein kleiner Korb komplett aus Draht geformt, das andere System hat einen Metallkranz mit „Zähnen" und einen Stoffbeutel. Mit letzterem kann in der Regel schonender geerntet werden.

MOSTOBST kann auch durch Schütteln vom Baum gelöst werden, da es nicht schlimm ist, wenn die Früchte Stoßstellen und Quetschungen bekommen. Geschüttelt wird mit langen Stangen, die schräg unter die zu beerntenden Äste gedrückt werden. Vorsicht: Stellen Sie sich nicht direkt unter den Ast, der geschüttelt wird: Aus einer Höhe von mehreren Metern herabfallende Äpfel können schmerzhafte Beulen am Kopf verursachen.

SAUERKIRSCHEN tragen ihre Früchte an ein- bis zweijährigen Langtrieben. Hier kann die Ernte mit dem jährlichen Rückschnitt verbunden werden. Schneiden Sie die Äste, die entfernt werden, mitsamt den Früchten ab. Diese können dann bequem am Boden von den Zweigen gelöst werden.

Probleme im Gemüsegarten

Wie plane ich den Anbau richtig?

Für eine langfristige intensive Nutzung einer Beetfläche mit Gemüsekulturen ist der Fruchtwechsel wichtig. So vermeiden Sie, dass es zu Bodenmüdigkeit kommt, sich Krankheiten und Schädlinge ausbreiten und im Boden halten können. Außerdem können Sie durch eine geschickte Planung und den Wechsel zwischen Stark- und Schwachzehrern sowie Stickstoffsammlern viel Dünger sparen.

Die Beetgröße

Als Faustregel für die Breite eines Gemüsebeets gelten 1,30 m. So kann man von beiden Seiten alle Pflanzen bequem erreichen. Der Länge eines Beetes sind grundsätzlich keine Grenzen gesetzt. Pro Person rechnet man mit 25–40 m² Anbaufläche, je nachdem, ob man auch Kartoffeln anbauen möchte oder nicht. Der Weg, der der Versorgung der Beete mit Wasser dient, also über den der Schlauch gezogen wird oder über den man regelmäßig die Schubkarre schiebt, sollte mit Platten befestigt sein. Zum Laufen zwischen den einzelnen Beeten reichen auch flach auf den Boden gelegte Bretter.

Kultur- und Fruchtfolge

Das Grundprinzip des Fruchtwechsels besteht darin, dass auf einer Fläche nicht dieselbe Kultur mehrmals hintereinander angebaut wird, nicht innerhalb eines Jahres in aufeinander folgenden Sätzen (Kulturfolge), und auch nicht in aufeinander folgenden Jahren (Fruchtfolge).

Die aufeinander folgenden Kulturen sollen nicht nur aus einer anderen Art, sondern aus einer anderen Pflanzenfamilie stammen. Es macht wenig Sinn, nach Brokkoli Kohlrabi zu pflanzen, beide aus der Familie Kreuzblütengewächse. Besser ist es, auf einer Fläche nach Porree (Zwiebelgewächse) zum Beispiel Salat (Korbblütler) zu pflanzen, und Bohnen (Leguminosen) vor Tomaten (Nachtschattengewächse) zu ziehen. Berücksichtigen Sie in der Fruchtfolge auch die Gründüngungspflanzen! Senf zum Beispiel sollte nicht nach Kohl (beide Familie Kreuzblütengewächse) gesät werden.

Der Wechsel der Familien beugt auch einer Anhäufung von Krankheitserregern wie der Kohlhernie vor, die sich besonders hartnäckig im Boden halten, wenn Kohlgewächse immer wieder in kurzer Folge hintereinander angebaut werden. Wenn Sie beim Starkzehrer Kohl einen Befall mit Kohlhernie feststellen, so ist eine Anbaupause von mindestens vier, besser sieben Jahren empfehlenswert! Bei Tomaten kann es zu einem schnelleren Befall mit der Krautfäule kommen, wenn sie mehrere Jahre hintereinander im selben Beet wachsen.

Und ein Grund für die Bodenmüdigkeit, die immer wieder Probleme macht, sind Wurzelausscheidungen von Pflanzen, die das Wachstum hemmen. So sind Möhren, Zwiebeln, Erbsen, Zucchini und Gurken sehr selbstunverträglich. Das heißt: dort, wo sie vor kurzer Zeit wuchsen, gedeihen sie als Nachkultur nicht mehr so üppig.

Dreijähriger Fruchtwechsel

Eine Unterteilung des Gemüsegartens in vier Quartiere für Schwach-, Mittel- und Starkzehrer sowie Gemüse, die jahrelang am selben Platz stehen, hat sich in der Praxis als am besten und am einfachsten zu befolgen bewährt.

IM ERSTEN JAHR werden die Pflanzen nach dem Schema (siehe Abbildung rechts oben) platziert.

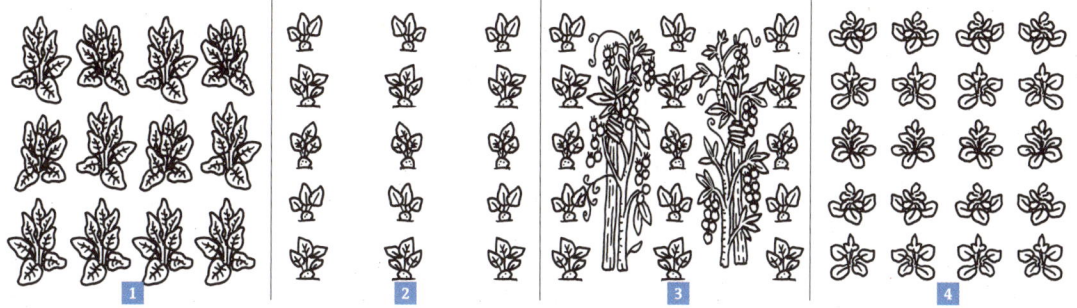

Einteilung der Quartiere im Gemüsegarten: 1. Quartier – Starkzehrer 2. Quartier – Mittelzehrer 3. Quartier – Schwachzehrer 4. Quartier – Dauerbepflanzung oder Gründüngung

Als Dauerkulturen zählen zum Beispiel Erdbeeren, die bis zu drei Jahre im selben Beet wachsen, Rhabarber, der praktisch nicht umgepflanzt wird, und Spargel, der auch 8–10 Jahre auf der selben Stelle wächst.

IM ZWEITEN JAHR wandern die Starkzehrer aus dem 1. Quartier ins 3., in dem im Vorjahr die Schwachzehrer wuchsen. Die Mittelzehrer (2. Quartier) wandern ins 1., wo die Starkzehrer wuchsen und die Schwachzehrer aus dem 3. ins 2. Quartier.

IM DRITTEN JAHR wird wieder gewandert, nach dem selben Prinzip.

Bei einem VIERJÄHRIGEN FRUCHTWECHSEL wird das 4. Quartier nicht mit einer Dauerbepflanzung versehen, sondern mit Gründüngung eingesät.

Mischkultur

Als MISCHKULTUR oder MISCHANBAU wird der gleichzeitige gemeinsame Anbau unterschiedlicher Gemüse und Kräuter in einem Beet bezeichnet. Durch die Mischkultur werden Nachteile der Monokultur vermieden. So können sich Krankheiten und Schädlinge nicht so schnell ausbreiten, der Boden wird nicht großflächig einseitig ausgelaugt, und durch die gegenseitige Beeinflussung können sich die Pflanzen in ihrer Entwicklung fördern.

SO KOMBINIEREN SIE GUT Grundsätzlich ist es nicht sinnvoll, Gemüse- und Kräuterarten aus derselben Pflanzenfamilie zusammen oder nebeneinander zu setzen. Sie haben meist ähnliche Nährstoffansprüche, konkurrieren also um dieselben Nährelemente, und sie werden oft von denselben Krankheiten und Schädlingen befallen. Die Tabelle

Nährstoffverbrauch verschiedener Gemüse

STARKZEHRER	MITTELZEHRER	SCHWACHZEHRER
Kohl	Spinat	Bohnen
Lauch / Porree	Schwarzwurzel	Erbsen
Sellerie	Rote Rübe	Möhren
Kartoffeln	Fenchel	Pastinaken
Tomaten	Zwiebel	Küchenkräuter
Gurken	Knoblauch	
Zucchini und Kürbis	Fenchel	
Kartoffel	Radieschen und Rettich	
Rhabarber	Kohlrabi	
	Paprika	
	Salat	
	Sellerie	

Mischkultur: gute und schlechte Partner im Gemüsebeet

	Bohnen	Chicorée	Endivie	Erbsen	Erdbeeren	Fenchel	Gurken	Kartoffeln	Knoblauch	Kohlarten	Kohlrabi
Bohnen	○	○	○	▽	▲	▽	▲	▲	▲	▲	▲
Chicorée	○	○	○	○	○	▲	○	▽	○	○	○
Endivie	○	○	○	○	○	▲	○	○	○	▲	▲
Erbsen	▽	○	○	○	○	▲	▲	▽	▲	▲	▲
Erdbeeren	▲	○	▲	○	○	○	○	○	▲	▽	○
Fenchel	▽	▲	○	▲	○	○	▲	○	○	○	○
Gurken	▲	○	○	○	○	▲	○	○	▲	○	○
Kartoffeln	○	▽	○	▼	○	○	▽	○	○	▲	▲
Knoblauch	▽	○	○	▼	▲	○	▲	○	○	▽	○
Kohlarten	▲	○	▲	▲	▽	○	○	▲	▽	○	▼
Kohlrabi	▲	○	▲	▲	○	○	○	▲	○	▽	○
Kopf- und Pflücksalat	▲	○	○	▲	▲	▲	▲	○	▲	▲	▲
Mangold	○	○	○	○	○	○	○	○	○	▲	○
Möhren	○	▲	○	▲	○	○	○	▽	▲	○	○
Porree	▽	○	▲	▽	▲	○	○	○	○	▲	▲
Radieschen	▲	○	○	▲	○	○	▽	○	○	▲	▲
Rettich	▲	○	○	▲	○	○	▽	○	○	▲	▲
Rote Bete	▲	○	○	○	○	○	▲	▽	▲	▲	▲
Sellerie	▲	○	▽	○	○	○	▲	▽	○	▲	▲
Spinat	○	○	○	○	▲	○	○	▲	○	▲	▲
Tomaten	▲	▲	○	▽	○	▽	▽	▽	▲	▲	▲
Zucchini	○	○	○	▲	○	○	○	○	○	○	○
Zwiebeln	▽	○	○	▽	▲	○	▲	○	○	▽	▽

▲ positive Beeinflussung;   ▽ negative Beeinflussung;   ○ keine gegenseitige Beeinflussung

Kopf- und Pflücksalat	Mangold	Möhren	Porree	Radieschen	Rettich	Rote Bete	Sellerie	Spinat	Tomaten	Zucchini	Zwiebeln
▲	○	○	▽	○	○	▲	▲	○	▲	○	▽
○	○	▲	○	○	○	○	○	○	▲	○	○
○	○	○	▲	○	○	○	▽	○	○	○	○
▲	○	▲	▽	▲	▲	○	○	○	▽	▲	▽
▲	○	○	▲	▲	○	○	○	○	○	○	▲
▲	○	○	○	○	○	○	○	○	▽	○	○
▲	○	○	▲	▽	▽	▲	▲	○	▽	○	▲
○	○	▽	○	○	○	○	▽	▲	▽	○	○
○	○	▲	○	○	○	▲	○	○	▲	○	○
▲	▲	○	▲	○	○	▲	▲	○	▲	○	▽
▲	○	▲	○	▲	○	▲	▲	○	▲	○	▽
○	○	▲	▲	▲	○	▲	▽	○	▲	○	▲
○	○	▲	○	○	▲	○	○	○	○	○	○
○	▲	○	▲	▲	○	○	○	○	○	○	○
▲	○	▲	○	○	○	▽	▲	○	○	○	○
▲	▲	▲	○	○	○	○	○	▲	○	○	○
▲	▲	▲	○	○	○	○	○	▲	○	○	○
○	○	○	▽	○	○	○	○	▽	○	▲	▲
▽	○	○	▲	○	○	○	○	○	▲	○	○
○	○	○	○	▲	▲	○	○	○	○	○	○
▲	○	▲	▲	▲	▲	▲	▲	○	○	○	○
○	○	○	○	○	○	▲	○	○	○	○	▲
▲	○	▲	○	○	○	▲	○	○	○	▲	○

„Familienbande" (unten) gibt einen Überblick, welche Gemüse zu welcher Pflanzenfamilie gehören.

Wenn man Flach- und Tiefwurzler nebeneinander pflanzt, werden die im Boden gelösten Nährstoffe optimal ausgenutzt. Tiefwurzelnde Gemüse sind alle Wurzelgemüse wie Möhren, Pastinake, Rettich, Wurzelpetersilie, aber auch Mais, Kartoffeln und Spargel. Eher flache Wurzeln bilden alle Kräuter, Salate, Knollensellerie, Radieschen und Zwiebeln.

Ein weiterer Vorteil der Mischkultur ist die Wirkung von Pflanzenausscheidungen auf die Nachbarpflanzen. So empfindet zum Beispiel die Möhrenfliege den Geruch von Zwiebelpflanzen als unangenehm. Setzt man Möhren und Zwiebeln in Einzelreihen nebeneinander, werden die Möhren kaum von der Möhrenfliege befallen.

Familienbande bei Gemüse, Gründüngung und Kräutern

FAMILIE (BOTANISCH)	ARTEN
Baldriangewächse *(Valerianaceae)*	Feldsalat, Kräuter: Baldrian
Doldenblütler *(Apiaceae)*	Knollenfenchel, Knollensellerie, Möhre, Pastinake, Stangensellerie, Kräuter: Anis, Kerbel, Koriander, Petersilie, Schnittsellerie
Gänsefußgewächse *(Chenopodiaceae)*	Mangold, Rote Bete, Spinat
Knöterichgewächse *(Polygonaceae)*	Rhabarber
Korbblütler *(Asteraceae)*	Artischocke, Bataviasalat, Chicorée, Eissalat, Endivie, Kopfsalat, Löwenzahn, Pflück- und Schnittsalat, Radicchio, Romanasalat, Schwarzwurzel, Topinambur, Zuckerhut, Gründüngung: Ringelblume, Sonnenblume, Tagetes
Kreuzblütler *(Brassicaceae)*	Asia-Salate, Blumenkohl, Brokkoli, Chinakohl, Grünkohl, Kohlrabi, Meerrettich, Pak Choi, Radieschen, Rettich, Rosenkohl, Rucola, Speiserübe, Weiß-, Rot- und Wirsingkohl, Gründüngung: Ölrettich, Senf, Raps
Kürbisgewächse *(Cucurbitaceae)*	Gurke, Kürbis, Squash, Zucchini, Zuckermelone
Nachtschattengewächse *(Solanaceae)*	Aubergine, Paprika, Pepino, Tomate, Kartoffel
Portulakgewächse *(Portulacaceae)*	Portulak, Winterportulak
Schmetterlingsblütler *(Lamiaceae)*	Buschbohne, Feuer- und Stangenbohne, Puffbohne, Erbse; Kräuter: Bohnenkraut, Lavendel, Minze, Rosmarin, Ysop; Gründüngung: Klee- und Wicken, Luzerne, Lupine
Spargelgewächse *(Asparaceae)*	Spargel
Süßgräser *(Poaceae)*	Zuckermais, Zitronengras
Zwiebelgewächse *(Alliaceae)*	Knoblauch, Porree, Zwiebeln; Kräuter: Schnittlauch, Bärlauch, Schnittknoblauch

Muss das Umgraben
wirklich sein?

Es gibt nicht viele Gartentätigkeiten, die so kontrovers und beinahe ideologisch diskutiert werden wie das Umgraben. Galt früher „je tiefer, desto besser", weiß man heute, dass das Umgraben das Bodenleben gehörig durcheinander bringen kann und gar nicht so vorteilhaft ist, wie immer angenommen.

Vorteile des Umgrabens

☛ Beim Umgraben werden Verdichtungen aufgebrochen, und Luft kann in tiefere Bodenschichten eindringen. Dadurch werden Nährstoffe schneller freigesetzt, da die mikrobielle Aktivität zunimmt.

☛ Wird schon im Herbst umgegraben, und bleiben die Schollen unbedeckt liegen, kann der Frost tief in den Boden eindringen und besonders bei schwerem Boden Verdichtungen aufsprengen.

☛ Der lockere Boden erwärmt sich im Frühjahr schneller als fester, dichter Boden.

Nachteile des Umgrabens

☛ Das Bodenleben wird gehörig durcheinander gebracht. In jeder Bodenschicht tummelt sich eine Unzahl an Mikroorganismen – bis zu zehn Milliarden pro Liter Boden –, die sich sehr speziell an die bestimmten Schichten angepasst haben.

☛ Tief im Boden ruhende Unkrautsamen kommen an die Oberfläche und keimen dann. Das ist auch ein Grund, warum eine sauber umgegrabene, geharkte und abgezogene Beetfläche schon nach kürzester Zeit wieder voller grüner unerwünschter Pflänzchen steht.

☛ Es ist anstrengend.

☛ Beim Umgraben mit motorbetriebenen Gartengeräten wird viel Energie verbraucht, es entstehen Abgase und Lärm.

UMGRABEN NUR BEI SCHWEREN BÖDEN UND NEUANLAGEN

Bei der Neuanlage eines Gemüse- oder Blumenbeets empfiehlt es sich, die Fläche umzugraben: So können Wurzelunkräuter leichter abgesammelt werden. Regelmäßiges Umgraben ist nur sinnvoll, wenn auf schweren Lehm- und Tonböden Gemüse angebaut werden soll. Dabei müssen jedes Mal reifer Kompost und Sand mit eingearbeitet werden, um Verdichtungen zu lösen und den Boden aufzulockern.

Alternativen zum Umgraben

Statt jedes Jahr den Boden umzugraben, ist es sinnvoller, im Herbst auf den abgeernteten und grob gehackten Beeten eine dicke Schicht Mulch auszubringen. Diese kann aus Laub, gehäckseltem Heckenschnitt, Rindenhumus und angetrocknetem Rasenschnitt bestehen. Die dicke Auflage aus organischem Material schützt den darunter liegenden Boden vor Austrocknung und Winderosion, bei Regen vor Verschlämmung. Sie verhindert, dass Unkräuter, die Licht zum Keimen brauchen, austreiben, und sorgt für einen reich gedeckten Tisch für die Helfer des Gärtners bei der Bodenbearbeitung: Regenwürmer, Asseln, Käfer und anderes Kleingetier.

Im Frühjahr wird dann kurz vor der Neuaussaat die oberste Mulchschicht zusammengeharkt und entsorgt. Die untere ist meist schon so fein verrottet, dass man sie wie Kompost einharken kann. Der Boden wird dann oberflächlich mit einem Sauzahn oder einem Kultivator gelockert. Diese Geräte lockern den Boden auch in tieferen Schichten, ohne dass wie beim Umgraben die ganze Scholle gewendet wird.

Während der Anbausaison verhindert eine kontinuierliche Bodenbedeckung mit Pflanzen (Gemüse oder Gründüngung) und Mulch zusätzlich, dass der Boden durch das Betreten beim Bearbeiten und Ernten verschlämmt und verdichtet wird.

Die Gründüngung mit tiefwurzelnden Arten wie Lupinen sorgt für die Tiefenlockerung des Bodens. Wenn die bis über ein Meter tief wachsenden Wurzeln im späten Herbst absterben, dringen durch die Kanäle, die im Boden zurückbleiben, Luft und Wasser, Regenwürmer und andere Tiere ein.

Wie wird richtig gegossen im Gemüsegarten?

Gemüse ist durstig. Salat, Kohlrabi, Zucchini und Tomaten bestehen zu über 90 % aus Wasser – dementsprechend viel des kühlen Nasses brauchen sie. Daher muss der Gemüsegarten in Trockenheitsphasen regelmäßig bewässert werden, vor allem, wenn frisch ausgesät wurde oder Jungpflanzen neu gesetzt wurden.

Hacken

Eine der einfachsten Methoden, um (nicht nur) im Gemüsebeet die Verdunstung von Feuchtigkeit aus dem Boden zu vermindern, ist das regelmäßige Hacken der Oberfläche. Denn wenn die offene Erdoberfläche nach einem Regenguss verschlämmt und geschlossen wurde, bilden sich im Boden viele sehr feine Zwischenräume, die sogenannten Kapillaren. Durch den Sog der Verdunstung an der Erdoberfläche wird Wasser aus den unteren Bodenschichten nach oben gezogen und verdunstet dann auch.

Werden diese kapillaren Zwischenräume im Boden nun durch Hacken zerstört, bleibt das Wasser im Boden und kann dort von den Pflanzenwurzeln aufgenommen werden. Deshalb sollten Sie nach Regenschauern die obersten 1–2 cm der Erde mit einem Grubber oder Schuffel lockern und aufhacken, sobald der Boden etwas abgetrocknet ist.

Mulchen

Eine weitere Möglichkeit, die Verdunstung zu vermindern, ist eine Mulchdecke. Sie verhindert, dass die Sonne den Boden zu schnell austrocknet, und sie hält wie eine Isolierschicht die Feuchtigkeit im Beet.

Im Gemüsegarten haben sich feiner Rindenhumus, Kompost, Stroh oder Laubstreu zum Mulchen bewährt, aber auch eine Abdeckung mit Schlitz- oder Mulchfolien ist möglich. Letztere haben jedoch den Nachteil, dass sie schließlich mit dem Hausmüll entsorgt werden müssen.

Wann und wie gießen?

Wenn Sie in der Mittagshitze bewässern, wenn der Boden aufgeheizt ist, dann verdunstet ein spürbarer Anteil des Gießwassers, bevor es überhaupt versickern kann. Außerdem halten viele Pflanzen bei großer Hitze ihre Spaltöffnungen auf der Blattunterseite, durch die sie Wasserdampf abgeben und so für den Sog in den Wurzeln zur Wasseraufnahme sorgen, geschlossen, um Wasserverluste zu vermeiden.

Gießen Sie also am besten in den kühlen Morgenstunden oder auch am frühen Abend. Die Bewässerung am Morgen hat den Vorteil, dass die Beete bis zum Abend, wenn die Schnecken kommen, abgetrocknet sind. Außerdem haben die Pflanzen den ganzen Tag Zeit um abzutrocknen, und sie sind nicht so anfällig für Pilzkrankheiten.

Gießen Sie daher auch immer gezielt „von unten" an die Wurzeln und nicht wie beim Rasensprengen von oben mit der Brause über die ganzen Pflanzen.

Bewässerungssysteme

Mit Tropf- oder Perlschläuchen, die zwischen den Pflanzen verlegt werden, ist eine zeit- und wassersparende Bewässerung möglich. Man schließt sie an einen Wasserhahn an und regelt die Bewässerung von Hand – oder, was eleganter ist – mittels eines Bewässerungscomputers, zum Beispiel von Gardena, dem wohl bekanntesten Hersteller. Mit so einem System ist es auch möglich, während einer kürzeren Abwesenheit, zum Beispiel übers Wochenende, die Wasserversorgung des Gemüses zu gewährleisten.

Es gibt auch Messsysteme, die die Feuchtigkeit im Boden messen und nur dann die Ventile der Tropfschläuche öffnen, wenn der Boden trocken ist. Gegenüber einem rein zeitgesteuerten System hat man den Vorteil, dass zum Beispiel bei Regen die Bewässerungsanlage nicht angeht. Lassen Sie sich im Gartenfachhandel oder bei

Bewässern Sie mit Augenmaß und nicht – wie hier beim Salat – direkt ins Herz der Pflanze. Bei Kulturen wie Gurken und Tomaten, die die ganze Saison an einem Ort stehen, lohnt sich eine Bewässerungsanlage.

einem Gewächshaushersteller ausführlich beraten, welches System für Sie das beste ist.

Regenwasser nutzen

Regenwasser kann in den meisten Regionen bedenkenlos zum Gießen verwendet werden. Nur wenn Sie in der Stadt oder in einer Industrieregion wohnen, kann es durch Staub und Schadstoffe belastet sein.

Regenwasser können Sie von den Dächern des Hauses, der Garage und des Gewächshauses in Regentonnen oder einer Zisterne auffangen. Lassen Sie es vor dem Gießen in Kannen oder in der Tonne in der Sonne aufwärmen, denn sonst können Ihre Gemüse einen Kälteschock an den Wurzeln bekommen. Besonders empfindlich auf „kalte Füße" reagieren wärmeliebende Gemüse wie Zucchini, Tomaten, Paprika und Auberginen.

Brunnenwasser

Brunnenwasser ist Grundwasser, das mit einer Pumpe an die Oberfläche gepumpt wird. Es hat eine konstante, aber relativ niedrige Temperatur und muss vor dem Gießen etwas abstehen, damit es sich aufwärmt.

Wenn Sie beabsichtigen, einen neuen Brunnen zu bohren und zu bauen, erkundigen Sie sich vorher bei der zuständigen Behörde Ihrer Gemeinde, ob dies erlaubt ist. Je nach Bundesland gibt es unterschiedliche Regelungen.

Besonders in ländlichen Gegenden kann das Grundwasser, und damit das Brunnenwasser, mit Nitrat belastet sein. Lassen Sie es daher unbedingt regelmäßig untersuchen oder führen Sie einen Nitrattest (im Gartenfachhandel oder in Aquaristikgeschäften erhältlich) durch. Mit Nitrat belastetes Wasser ist nicht per se als Gießwasser unbrauchbar, man muss jedoch die Stickstoffmenge, die man den Pflanzen mit dem Wasser zukommen lässt, bei der Düngung berücksichtigen und gegebenenfalls die Gabe von Stickstoffdüngern reduzieren oder diese ganz weglassen.

Wie wird richtig gedüngt?

Gemüse entzieht dem Boden viele Nährstoffe, und da diese mit dem Erntegut entfernt werden, müssen sie dem Boden für die Folgekulturen neu zugeführt werden, damit der nicht auslaugt. Dies kann durch organische Düngemittel wie Kompost, Hornspäne, Mist oder Gründüngung erfolgen oder durch mineralische Dünger.

Kleine Nährstoffkunde

Außer Wasser und Kohlendioxid aus der Luft brauchen Pflanzen verschiedene Nährstoffe zum Wachsen und Gedeihen. Je nach benötigter Menge werden sie in Hauptnährstoffe – von diesem braucht die Pflanze viel – und Spurenelemente – von diesen nur wenig – eingeteilt.

HAUPTNÄHRSTOFFE

Zu den Hauptnährstoffen zählen Stickstoff (chemisches Symbol: N), Phosphor (P) und Kalium (K), aber auch Schwefel (S), Kalzium (Ca) und Magnesium (Mg).

STICKSTOFF ist für die Bildung von Aminosäuren und damit Proteinen (Eiweißen) sowie den grünen Zellfarbstoff Chlorophyll unabdingbar, der die Fotosynthese ermöglicht. Stickstoff kann organisch in Form von Hornspänen und Hornmehl oder mineralisch als Nitrat, Salpeter oder Ammonium gegeben werden. Es wird im Boden nicht an Bodenpartikel gebunden und leicht ausgewaschen.

NITRAT IM ÜBERSCHUSS

Nitrat wird von der Pflanze in den Blättern und in den unterirdischen Organen (Wurzelknollen) eingelagert, besonders wenn der Boden zu viel Stickstoff enthält, bei Lichtmangel und niedrigen Temperaturen. Salat, Rettich, Radieschen und Spinat, vor allem aus dem Frühbeet oder dem Gewächshaus im Winter oder Frühjahr, sind daher besonders nitratreich.
Nitrat steht im Verdacht, bei übermäßigem Verzehr Gesundheitsschäden zu verursachen. Ernten Sie deshalb Pflanzen, die potenziell viel Nitrat enthalten, am besten in der zweiten Tageshälfte, dann ist der Nitratgehalt niedriger.

PHOSPHOR wird zur Bildung von Blüten und Knospen, aber auch zur Fruchtausbildung benötigt. Phosphor wird mineralisch in Form von Phosphatdüngern gegeben, organisch ist Kompost oder Mist eine gute Quelle. Guano (Kot von Seevögeln) ist auch phosphatreich, da aber durch den unkontrollierten Abbau die Nistplätze der Tiere zerstört werden, ist von seinem Einsatz aus ökologischen Gründen abzuraten. Alternative organische Phosphatquellen sind Knochen- und Blutmehl.

KALIUM ist wichtig für die Festigung der Zellwände und damit die Widerstandsfähigkeit der Pflanze gegen Krankheitserreger, aber auch gegen Kälte und Frost. Außerdem regelt es den Wasserhaushalt in der Pflanze. Kalium ist als Kalidünger, Bittersalz und organisch in Form von Kompost verfügbar. Besonders Kompost, der viel Rasenschnitt und viele Küchenabfälle enthält, gibt einen sehr kaliumhaltigen Humus.
Achten Sie darauf, dass das Kalium in mineralischen Düngern als Kaliumsulfat und nicht als Kaliumchlorid vorliegt, da viele Pflanzen empfindlich auf Chlorid reagieren.

PHOSPHAT IM ÜBERSCHUSS

Die meisten Gartenböden sind durch jahrzehntelange (zu) großzügige Düngung und zu üppige Kompostgaben reichlich mit Phosphat versorgt. Lassen Sie daher regelmäßig Bodenproben untersuchen, bevor Sie Ihren Boden düngen. Die gleichzeitige Gabe von Kompost, Knochenmehl und Volldünger ist zu viel des Guten!

SCHWEFEL wird von der Pflanze als Bestandteil von Eiweißen und Enzymen benötigt, die wiederum für viele Stoffwechselprozesse wichtig sind. Die Düngeform von Schwefel ist Sulfat, organisch ist er in Kompost und Mist enthalten.

KALZIUM ist wichtig für den Stoffwechsel und beeinflusst zudem im Boden den pH-Wert und die Bodenstruktur und ist dort für die Verfügbarkeit verschiedener andere Nährstoffe wichtig. Kalzium wird durch Kalk verabreicht, aber auch Kompost enthält relativ viel dieses Minerals.

MAGNESIUM ist ein Bestandteil des grünen Zellfarbstoffs Chlorophyll und wird außerdem bei vielen Stoffwechselvorgängen gebraucht. Magnesium ist in Bittersalzen und in Kompost enthalten. Achten Sie beim Düngerkauf darauf, dass das Magnesium als Magnesiumsulfat und nicht als Magnesiumchlorid vorliegt, da viele Pflanzen empfindlich auf Chlorid reagieren.

SPURENELEMENTE

Zu den Spurenelementen gehören Eisen (Fe), Kupfer (Cu), Molybdän (Mb), Zink (Zn) und Bor (B). Spurenelemente werden – der Name lässt es vermuten – in geringen Mengen benötigt, manche nur in kaum messbaren Konzentrationen. Auf sie verzichten kann die Pflanze allerdings nicht, ein Mangel hemmt Entwicklung und Wachstum.

Die Pflanze braucht diese Spurenelemente für ihren Stoffwechsel und die Bildung von Enzymen. Eisen ist außerdem ein Bestandteil des Chlorophylls und für die Fotosynthese wichtig.

Spurenelemente sind in organischen Düngemitteln meist in ausreichender Menge vorhanden, bei Bedarf können sie aber auch als spezielle Spurenelementedünger gegeben werden.

Darf man mit Mist düngen?

Mist gehört zu den nährstoffreichen organischen Düngern, die einen hohen Anteil leicht löslicher und damit direkt pflanzenverfügbarer Nährstoffe enthalten. Gerade weil er so gehaltvoll ist, muss sehr umsichtig gedüngt werden, wenn Mist verwendet wird.

Die Diskussionen über die Düngung mit Mist unter Gärtnern und im Internet in den einschlägigen Foren sind ähnlich kontrovers wie die zum Umgraben (siehe Seite 147).

Als Mist werden die Ausscheidungen von Tieren (Kot und Harn) bezeichnet, manchmal vermischt mit der Einstreu in Ställen wie Stroh oder Sägespäne. Frischer Mist ist für die Pflanzen zu scharf, da er durch den hohen Gehalt an Harnstoffen und anderen löslichen Nährsalzen zu Wurzelschäden führen kann. Geben Sie deshalb nur gut abgelagerten und verrotteten Mist auf Pflanzenbeete.

PFERDEMIST ist bei Gärtnern sehr beliebt, denn er enthält viele Nährstoffe – Pferde sind keine Wiederkäuer wie Rinder und daher schlechtere Futterverwerter – und er entwickelt beim Verrotten kaum unangenehme Gerüche.

Frischer RINDERMIST sollte nicht im Garten ausgebracht werden, da er viele Fliegen anlockt. Wegen seines recht strengen Geruchs kommt er meist nur

als pelletierter Dünger in den Garten. Die Pellets lassen sich leicht verteilen, sind schon verrottet und entwickeln kaum noch Gerüche.

GEFLÜGELMIST hat einen sehr hohen Anteil an Ammonium und riecht dementsprechend streng nach Ammoniak. Auch er lockt, frisch ausgebracht, viele Fliegen an. Im Garten sollten Sie deshalb nur gut verrotteten Hühner-, Gänse-, Enten- oder Putenmist ausbringen.

KANINCHENMIST ist, gut verrottet, ein idealer Dünger. Wenn er mit einer Einstreu aus Heu kompostiert wird, muss er lange lagern, damit Unkrautsamen im Heu beim Rottevorgang im Komposter zerstört werden.

Mit Mist richtig düngen

Da Mist zu den gehaltvollsten Düngern gehört und viele gut lösliche Nährstoffe enthält, sollte er nicht im Herbst ausgebracht werden, da dann im Winter durch die Niederschläge und das versickernde

Schmelzwasser viele Nährstoffe ausgewaschen werden, vor allem Nitrat und Ammonium, aber auch Kalium. Diese landen dann in tieferen Bodenschichten oder im Grundwasser, wo sie für die Pflanzen nicht mehr erreichbar sind.

Die Mikroorganismen, die die Nährstoffe im Mist freisetzen, brauchen viel Sauerstoff, daher sollte der nicht in tiefere Bodenschichten gelangen. Bringen Sie den vorkompostierten oder abgelagerten Mist in einer dünnen Schicht aufs Beet aus und lassen Sie ihn dort ein bis zwei Tage liegen, bevor sie ihn locker einarbeiten. Nur auf sehr leichten Sandböden können Sie den Mist auch etwas tiefer untergraben.

Mist ist nur für die Düngung von Starkzehrern geeignet, die das großzügige Nährstoffangebot zu schätzen wissen. Vor Aussaaten oder vor der Pflanzung von Schwachzehrern Mist zu geben, ist nicht sinnvoll, im Gegenteil, es kann sogar zu Ausfällen kommen.

Und es gibt noch eine weitere Einschränkung: Wo Wurzel- oder Zwiebelgemüse wie Möhren, Pastinaken, Rote Bete, Zwiebeln, Porree und Lauch sowie Kartoffeln gesät oder gesetzt werden sollen, darf im selben Frühjahr kein Mist auf der Fläche verteilt werden. Durch frischen Mist werden Schädlinge wie die Gemüsefliege angelockt, die Ernteschäden und -ausfälle verursachen. Die genannten Gemüse kommen deshalb erst im zweiten Jahr nach der Mistgabe auf die Beete.

VORSICHT: KEIME

Frischer Mist und Jauche enthalten große Mengen an Keimen, darunter Darmbakterien wie Kolibakterien, die Durchfall und Gesundheitsprobleme verursachen können. Mist wird immer nur vor Beginn der Pflanzung ausgebracht.
Geben Sie niemals Mist als Dünger oder Mulch auf bereits wachsende Kulturen!

Mist ist ein sehr gehaltvoller Dünger, vor allem für Starkzehrer. Für viele Wurzel- und Zwiebelgemüse ist er aber nicht geeignet.

Was tun, wenn falsch gesät oder gepflanzt wurde?

Da hat man ganz nach Anleitung auf der Samentüte im Februar und März mit dem Aussäen und der Anzucht der Jungpflanzen für die kommende Gartensaison auf der Fensterbank und im Gewächshaus begonnen, und im April, wenn die ersten Pflänzchen raus ins Beet sollen, ist es noch viel zu kalt oder es liegt sogar noch Schnee ... was tun?

Zu frühe Aussaat

Beachten Sie trotz aller Ungeduld die Aussaatangaben auf den Samentütchen. Wer zu früh mit der Aussaat beginnt, riskiert, dass die Pflanzen durch das geringe Lichtangebot in den ersten Monaten des Jahres „vergeilen", also zu lange, dünne und weiche Triebe bekommen. Auch können sie zu früh die optimale Auspflanzgröße erreicht haben, müssten dann eigentlich ins Beet, können aber nicht, weil es draußen noch zu kalt ist.

Es ist durchaus möglich, die Jungpflanzen einige Tage in ihrem Wachstum zu bremsen, indem man sie zum Beispiel kühler stellt. Achten Sie dabei immer auf genug Licht. Ist es zu dunkel, gehen sie ein oder vergeilen. So lassen sich jedoch immer nur wenige Tage, vielleicht auch einmal eine Woche gewinnen, mehr ist nicht drin.

Zu früh ausgesäte Küchenkräuter können statt ins Freiland auch in Töpfe gepflanzt werden und dann später ins Beet gesetzt werden. Wenn sich bei Kürbisjungpflanzen an den Ranken auf der Fensterbank schon Blütenknospen zeigen (das kann schon bei 30 cm langen Trieben der Fall sein), kneift man diese einfach aus. Sie würden sich ohnehin nicht gut entwickeln und die Jungpflanze viel Kraft kosten. Bei Rettich muss die Sortengruppe beachtet werden (frühe, mittlere oder späte Sorten). Wird zu früh ausgesät, besteht die Gefahr, dass die Pflanze keine Rübe ausbildet, sondern schießt (also einen Samenstand bildet).

Auch Zuckerhut ist heikel, denn er schießt, wenn er zu früh ausgesät wird, und bildet keinen Kopf, wenn er zu spät ins Saatbett kommt. Ideal zur Aussaat ist die letzte Juniwoche. Petersilie, die direkt ins Freiland gesät wird, sollte nicht vor Mitte März ausgesät werden. Sie braucht ohnehin recht lange zum Keimen, drei Wochen vergehen auf jeden Fall, bis die ersten Pflänzchen erscheinen. Wird früher ausgesät, ist die Gefahr groß, dass die Samen verfaulen, bevor sie keimen.

Zu frühe Pflanzung im Freien

Wenn sonnige Apriltage dazu verleitet haben, die ersten Jungpflanzen bereits ins Freie zu setzen, und dann wieder Frost droht, hilft nur eine Abdeckung mit Glas- oder Kunststoffhauben. Diese gibt es elegant (und nicht ganz billig) als sogenannte Cloches aus mundgeblasenem Glas (Seite 107 unten) oder in der einfachen Variante aus durchsichtigen Plastiksprudel- oder Wasserflaschen, denen man den Boden herausgeschnitten hat und die über die kleinen Salat- oder Kohlpflänzchen gestülpt werden. Damit es nicht zu warm und feucht wird, wenn tagsüber die Sonne auf diese Minigewächshäuser scheint, kann man einfach den Deckel abschrauben. Die Glascloches kippt man leicht und legt ein Hölzchen darunter.

Auch ein tragbares Frühbeet, das über die Jungpflanzen gestülpt wird, und ein Vlies- oder Folientunnel schützen bei Kälteeinbrüchen.

Zu späte Aussaat

Wird zu spät ausgesät, und möchten Sie nicht auf eine bestimmte Gemüseart oder Sorte verzichten, so bleibt nur die Möglichkeit, in einer Gärtnerei oder einem Gartencenter nach Jungpflanzen zu suchen. Auch hat vielleicht der eine oder andere Nachbar etwas übrig?

Zu dichte Bestände

Zu dichte Bestände lassen sich nur durch „Jäten" oder Auszupfen überzähliger Pflanzen auslichten. Dabei kann man dies durchaus als Ernte nutzen, wenn zum Beispiel zu dichte Petersilie ausgedünnt wird. Auch Kopfsalat kann man schon verzehren, wenn er noch ganz jung ist, quasi wie Schnittsalat. Zu dichte Kohlpflanzen werden ausgedünnt und kompostiert.

Zu weite Bestände

Wenn nur ein Teil der Aussaat aufgegangen ist, zum Beispiel weil das Saatgut überlagert war, so bringt es wenig, die Lücken nachzusäen. Eine Reihe unterschiedlich weit entwickelter Pflanzen ist die Folge. Sie können in die Lücken aber einzelne andere Pflanzen setzen, zum Beispiel Knoblauch, oder schnell wachsende Gemüse wie Radieschen einsäen, damit die Beetfläche nicht ungenutzt bleibt.

Was tun gegen Schädlinge?

Knackige Gemüse ziehen nicht nur die Blicke neidischer Nachbarn auf sich, sondern wirken auch auf zahlreiche eher unerwünschte Kreaturen ausgesprochen anziehend. Gegen fast alle Schädlinge, die im Gemüsegarten auftauchen, ist vielleicht nicht immer ein Kraut gewachsen, aber man kann passende Gegenmaßnahmen ergreifen.

Schädlinge an Gemüse

Fast alle an Gemüse vorkommenden Schädlinge, seien es Gemüsefliegen, Läuse, Erdraupen, Schmetterlingslarven oder Käfer, haben sich auf eine bestimmte Pflanzengruppe oder Art spezialisiert. Regelmäßiges Unkrauthacken und Jäten gehören zu den wichtigsten vorbeugenden Maßnahmen, denn viele Unkräuter (und auch Gründüngungspflanzen) dienen den Schädlingen ebenso als Wirtspflanze und ermöglichen ihnen, sich trotz Bekämpfung im Beet immer wieder auf das Gemüse zu stürzen.

Maßnahmen

GRÖSSERE SCHÄDLINGE WIE RAUPEN UND KÄFER sowie deren Larven kann man in einem normal großen Gemüsegarten durch regelmäßiges Absammeln recht gut unter Kontrolle halten. Bei manchen Insekten wie dem Kohlweißling und dem Kartoffelkäfer sind auch die Eigelege gut sichtbar. Sie können abgesammelt oder mit den Fingern zerdrückt werden.

GEMÜSEFLIEGEN können von Möhren, Lauch, Zwiebeln und Kohl durch feine Kulturschutznetze abgehalten werden, die über Drahtbögen (Tunnel) gespannt oder einfach über die Kultur gelegt werden.

BODENSCHÄDLINGE wie Engerlinge (Käferlarven), Schnakenlarven und Erdwürmer (Eulenfalterraupen) sowie Drahtwürmer (Käferlarven) und

Maulwurfsgrillen kann man mit Fallen oder Lockpflanzen fangen. Maulwurfsgrillen fallen in ebenerdig eingegrabene Gläser, Drahtwürmer lieben zarte Salatjungpflanzen, halbierte Kartoffeln und Zwiebeln, an denen sie dann abgesammelt und vernichtet werden können. Nützliche Nematoden werden gegen Maulwurfsgrillen, Schadnematoden und Wiesenschnakenlarven eingesetzt. Die entsprechenden Präparate gibt es im Gartenfachhandel oder bei Nützlingsversendern (Adressen siehe Seite 203) auf Bestellung.

Vorbeugung

Um zu verhindern, dass sich Schädlinge dauerhaft im Boden ansiedeln, ist ein Fruchtwechsel (siehe Seite 142) wichtig. Besonders schädliche Wurzelnematoden können lange im Boden überdauern und immer wieder die Kulturpflanzen befallen, wenn sie in zu dichter Fruchtfolge hintereinander angebaut werden. Einige Gründüngungspflanzen wie Tagetes vertreiben sie mit ihren Wurzelausscheidungen, andere können selbst Wirt sein und befallen werden.

Häufige Schädlinge an Gemüsepflanzen

GEMÜSEART	SCHADBILD	VERURSACHER	MASSNAHME
Möhre, Zwiebel, Kohl, Rettich, Bohnen	Fraßgänge in Blättern, Stängeln und Früchten, aber auch an den Rüben, in denen sich kleine, helle Maden finden.	Gemüsefliegen	Vorbeugend spezielle Kulturschutznetze über den Beeten auslegen.

GEMÜSEART Kohl, Radieschen, andere Kohlgewächse und Kreuzblütler
SCHADBILD An den Blättern viele kleine Löcher, oft schon an den Keimblättern. An den Pflanzen kleine, sich sehr schnell bewegende dunkle Käfer
VERURSACHER Erdflöhe
MASSNAHME Bei trockenem Wetter ausreichend gießen. Regelmäßig hacken.

GFMÜSEART Kohl, andere Kohlgewächse und Kreuzblütler
SCHADBILD Löcher und Fraßstellen an den Blättern. Kahlfraß bis zu den Blattadern und -rippen
VERURSACHER Kohlweißlingslarven (Raupen)
MASSNAHME Raupen und Eigelege absammeln. Biologische Bekämpfung mit Bacillus-thuringiensis-Präparaten möglich

Lauch / Porree, Zwiebeln, Knoblauch	In den Blättern Fraßgänge, in denen sich kleine gelblich-weiße Raupen befinden.	Lauchmottenlarven	Kulturschutznetze zur Vorbeugung. Besonders stark befallene Pflanzen entfernen und vernichten beziehungsweise in den Hausmüll geben.

GEMÜSEART Kartoffeln, Zwiebeln, Lauch / Porree, Möhren, Rüben, Pastinaken, Rote Beete
SCHADBILD Angefressene Zwiebeln und Knollen
VERURSACHER Drahtwürmer oder Maulwurfsgrillen
MASSNAHME Nützliche Nematoden. Drahtwürmer mit halbierten Kartoffeln oder jungen Salatpflanzen anlocken, einsammeln und vernichten.

GEMÜSEART	SCHADBILD	VERURSACHER	MASSNAHME
Fast alle Gemüse	Nest- oder beetweises Kümmern/Absterben der Pflanzen	Wurzelnematoden oder -älchen	Weite Fruchtfolge (mind. 4–5 Jahre). Tagetes als Gründüngung. Nützliche Nematoden

GEMÜSEART Möhren, Pastinaken, Rettich
SCHADBILD Missbildungen an den Rüben
VERURSACHER Wurzelnematoden oder -älchen
MASSNAHME Weite Fruchtfolge (mind. 4–5 Jahre). Tagetes als Gründüngung. Nützliche Nematoden

GEMÜSEART	SCHADBILD	VERURSACHER	MASSNAHME
Zwiebel, Lauch/Porree, Knoblauch, Schnittlauch	Blätter mit gelben Flecken und angeschwollenen Flecken	Stängelnematoden oder -älchen	Weite Fruchtfolge (mind. 4–5 Jahre)

Schneckenplagen

Schnecken sind der natürliche Feind des Gärtners, nicht nur im Gemüsebeet. Mit vielen bekannten oder unbekannten Methoden ist ihnen nicht beizukommen. Worauf der eine Gärtner schwört, muss beim anderen noch lange nicht wirken. Der schlimmste Schädling ist die vor Jahrzehnten mit spanischen Gemüsekisten nach Holland eingeschleppte Rote oder Spanische Wegschnecke, die vor praktisch keiner Pflanze Halt macht und sich heute überall findet. Die kleineren Gehäuseschnecken sind weniger schädlich. Zwar raspeln sie auch an den Pflanzen, richten aber nicht so verheerende Kahlfraßschäden an.

FALLEN Schneckenfallen sind im Boden vergrabene Behälter mit der Öffnung auf Bodenniveau, in die als Lockmittel Bier gefüllt wird. Der Geruch wirkt auf die schleimigen Kriecher unwiderstehlich, aber auch auf andere Insekten, unter ihnen viele nützliche. Und mit dieser Methode tun Sie vor allem Ihren Nachbarn einen Gefallen, denn Sie locken alle Schnecken aus der Umgebung in Ihren Garten.

BARRIEREN Branntkalk, Sägespäne, Eierschalen, Kaffeesatz, Asche, Sand oder Fichtennadeln um die Pflanzen gestreut sollen den Schnecken das Darüberkriechen erschweren, da sie – im trockenen Zustand – die Schnecke zur Produktion von viel Schleim zwingen und sie dann austrocknet... wie gesagt, im trockenen Zustand. Bei Regen oder nach dem Bewässern helfen alle Barrieren nichts, die Schnecken überkriechen sie, als ob nichts wäre.

ZÄUNE Schneckenzäune verhindern durch ihre Form, dass Schnecken von außen ins Beet zu den Pflanzen gelangen können. Sie haben eine nach außen umgeknickte Oberkante, über die die Schnecke nicht kriechen kann. Allerdings verhindern sie generell, dass Gliedertiere, darunter auch nützliche wie Laufkäfer und Spinnen, die Schnecken vertilgen, ins Gemüsebeet gelangen können.

LOCKPFLANZEN Pflanzen Sie überzählige Jungpflanzen von Salat oder anderen Schneckenleibspeisen am äußersten Rand des Gemüsegartens entlang. Sie fangen von außen einwandernde Schnecken ab und verhindern so halbwegs, dass diese zu den eigentlichen Gemüsepflanzen in den Beeten vordringen. Auch flach auf den Erdboden ausgelegte große Salat-, Rhabarber- oder Kohlblätter locken Schnecken an, die dann leicht abgesammelt werden können.

Eine Kapuzinerschnecke mit typischen Fraßlöchern an Kopfsalat

BRETTER Unter Brettern, die als Trittwege zwischen den Gemüsereihen dienen, sammeln sich besonders nach Regen viele Schnecken, die dann leicht abgesammelt werden können.

SCHNECKENKORN Eine der wirksamsten Schneckenbekämpfungsmethoden ist und bleibt das Streuen von Schneckenkorn. Bei gefährdeten Pflanzen wie Salat sollte es in feuchten Jahren schon vorbeugend ausgebracht werden. Im Handel sind unterschiedliche Formen erhältlich, einmal mit dem Wirkstoff Eisen-III-Phosphat, der, wenn das Korn nicht gefressen wird, im Boden zu unschädlichem Eisendünger zerfällt, und Mittel auf Metaldehyd-Basis, die nicht ganz so wirksam sind. Schneckenkorn, das das Nervengift Methiocarb enthält, ist in Gärten, in denen sich Haustiere oder kleine Kinder aufhalten, absolut tabu.

Aus Umweltschutzgründen sollte man auf das gut wirksame Schneckenkorn auf Eisen-III-Phosphat-Basis zurückgreifen.

WAS TUN MIT EINGESAMMELTEN SCHNECKEN?

Am wirkungsvollsten ist es immer noch, im Frühling und Frühsommer regelmäßig auf Nacktschnecken-Jagd zu gehen. Die Entsorgung eingesammelter Schnecken ist leichter gesagt als getan. Leben sie noch, kriechen sie aus der Mülltonne schneller wieder heraus, als man denkt. Zwar kann man sie recht schnell und schmerzfrei töten, wenn man sie mit kochendem Wasser überbrüht oder im Tiefkühlfach einfriert, was aber eine eher unappetitliche Angelegenheit ist. Sie mit Salz überstreuen oder in einem Eimer Wasser ertränken ist Tierquälerei. Bei aller Verachtung, die man ihnen aus Wut und Frust über die Schäden, die sie anrichten, entgegenbringt, sollte man sie schnell und schmerzlos töten.

Im Garten geht das am besten, indem man sie mit einer Schere in der Mitte durchschneidet. Anschließend sammelt man sie ein und entsorgt sie im Hausmüll, da die Schneckenkadaver andere Nacktschnecken anlocken, die sich von Aas ernähren.

Wenn man Schneckenschleim an die Finger oder Zehen bekommt, lässt sich dieser mit Essigwasser leicht von der Haut oder den Geräten, mit denen er in Berührung gekommen ist, abwaschen.

Was tun gegen Krankheiten?

Krankheiten an Gemüse können entweder die Pflanzen so schwächen, dass der Ertrag zurückgeht oder das Erntegut durch Verkrüppelung, Verfärbungen oder Wuchsstörungen völlig ungenießbar wird.

Häufige Gemüsekrankheiten

Die meisten Krankheiten bei Gemüse werden von Pilzen verursacht, die Blätter, Stängel, Triebe oder Wurzeln befallen. Bakterielle Krankheiten (Bakteriosen) sind seltener, ebenso Viruserkrankungen (Virosen), die eher im kommerziellen Gemüseanbau unter Glas eine Rolle spielen. Da man im Hausgarten auf industrielle Spritzmittel verzichten sollte, heißt es, durch vorbeugende Maßnahmen den Befall mit Krankheiten zu vermindern oder gar nicht erst aufkommen zu lassen.

VORBEUGUNG Kontrollieren Sie Ihre Gemüsepflanzen regelmäßig, entfernen Sie dabei Blätter mit Flecken und Schimmelpilzbelägen, welke Blätter und abgeerntete Pflanzen.

Regelmäßiges Unkrauthacken und Entfernen der gejäteten Pflanzen verhindert, dass sich an diesen Krankheitserreger halten können und dann wieder neue Kulturen infizieren.

Pilzinfektion Kohlhernie: Wucherungen an der Wurzel

Eine weite Fruchtfolge, bei der die gleiche oder verwandte Arten nicht nacheinander und nicht in Folgejahren angepflanzt werden, verhindert, dass sich Pilze oder andere Krankheitserreger anreichern.

Kohlhernie

Eine der gefürchtetsten Krankheiten an allen Kohlgewächsen *(Fam. Brassicaceae)* ist die Kohlhernie. Sie befällt die Wurzeln von Kohl, Rettich, Radieschen, aber auch Gründüngungspflanzen wie Senf und Raps sowie Zierpflanzen wie die Gänsekresse. Dort bilden sich schorfige Verwachsungen, kropf- oder krebsgeschwürartige Wucherungen, das Gewebe wird braun. Wenn Sie diese Symptome entdecken, schneiden Sie einige der aufgewölbten Stellen an den Wurzeln auf. Wenn sich in ihnen kleine helle Larven befinden, handelt es sich um einen Befall mit dem lästigen, aber im Vergleich zur Kohlhernie harmlosen Kohlgallenrüssler.

Wenn nicht, müssen die befallenen Pflanzen komplett entfernt und mit dem Hausmüll entsorgt werden. Die Pilzsporen können leider jahrelang im Boden überdauern, daher ist eine mindestens fünfjährige Anbaupause für Kohlgewächse und Kreuzblütler aller Art die einzige Möglichkeit, den Infektionskreislauf zu unterbrechen. Achten Sie darauf, dass auch keine Gründüngungspflanzen aus dieser Familie (z.B. Senf) auf die Beete gesät werden.

Der Pilz bevorzugt einen eher sauren Boden, daher wirkt eine Kalkung zur Anhebung des Boden-pH-Werts vorbeugend und verhindert nach einem Befall, dass sich die Sporen allzu lange im Boden halten.

Weitere Pilzkrankheiten an Gemüse

GEMÜSEART	SCHADBILD	VERURSACHER	MASSNAHMEN
Lauch/Porree, Bohnen, Spargel, Zwiebeln	Auf der Blattoberseite gelbe, rote oder braune Flecken. Später pustelartige, anfangs rötliche, später braun bis schwarze Sporenlager auf der Blattober- und unterseite.	Rostpilze	Weite Fruchtfolge einhalten. Befallene Blätter aufsammeln und entsorgen, nicht im Boden lassen oder auf den Kompost geben.
Gurke, Zucchini, Salbei	Blätter, Triebe und Blütenknospen oberseits mit weißlich-grauen mehligen Belägen.	Echter Mehltau	Tritt vor allem bei warmer, auch trockener Witterung auf. Vorbeugend nicht über die Blätter gießen. Befallene Pflanzenteile entfernen und entsorgen.
Salat, Spinat, Gurken, Erdbeeren	Auf der Blattoberseite gelbe oder braune Flecken, blattunterseits graue bis braungraue Pilzrasen und Beläge. Auch Triebe und Blütenknospen können befallen sein.	Falscher Mehltau	Tritt vor allem bei kühler, feuchter Witterung auf. Vorbeugend nicht über die Blätter gießen. Befallene Pflanzenteile entfernen und entsorgen.
Salat, Gurken, Bohnen, Tomaten, Zwiebeln, Erdbeeren	Blätter, Triebe, Knospen und Früchte mit fauligen Stellen, über die sich ein dichter grauer bis weißgrauer Schimmelrasen zieht, der bei Wind oder Berührung stäubt.	Grauschimmel *(Botrytis)*	Tritt vor allem bei kühler, feuchter Witterung auf. Erdbeeren mit Stroh mulchen, damit die Früchte nicht auf dem feuchten Erdboden liegen. Vorbeugend nicht über die Blätter gießen. Befallene Pflanzenteile entfernen und entsorgen.

Kraut- und Braunfäule

Tomaten und Kartoffeln sind regelmäßig von dieser Pilzkrankheit durch *Phytophthora infestans* befallen. Bei Tomaten beschreiben wir die Erkrankung ausführlich auf Seite 161.

Bei Kartoffeln kann es ebenfalls zu Blattverfärbungen kommen, an den Knollen erscheinen graubraune, eingesunkene Flecken, das Gewebe darunter ist rötlich braun, die Knollen schmecken korkig-bitter und faulen nach der Ernte rasch.

BEKÄMPFUNG Eine Bekämpfung ist nur mit Spritzmitteln (Fungiziden) möglich, die aber im Hausgarten nicht lohnt.

VORBEUGUNG Kartoffeln und Tomaten dürfen nie in benachbarten Beeten oder nacheinander auf derselben Fläche angepflanzt werden. Ein Regenschutz bei Tomaten verhindert, dass die Blätter mit Pilzsporen infiziert werden, die im Boden überdauern.

Tomatenkrankheiten

Tomaten gehören zu den beliebtesten Fruchtgemüsen überhaupt, und leider bereiten sie besonders häufig Probleme. Da man sie nicht, wie zum Beispiel Salat, einfach neu auspflanzen oder aussäen kann, wenn einmal eine Partie von Krankheiten und Schädlingen befallen wurde, sollen hier die wichtigsten Tomatenprobleme vorgestellt werden, ebenso vorbeugende und Bekämpfungsmaßnahmen.

SCHÄDLINGE

Die WEISSE FLIEGE oder MOTTENSCHILDLAUS tritt besonders an Tomaten, aber auch an vielen anderen Gemüsen im Gewächshaus auf, da sie warme Temperaturen braucht. An der Blattunterseite sitzen die kleinen weißen Fliegen, die bei Berührung der Pflanze auffliegen. Durch die klebrigen Ausscheidungen siedeln sich auf den Blättern und Früchten schwarze Rußtaupilze an. Abhilfe: Im Tomatenhaus sollten vorbeugend gegen Weiße Fliegen spezialisierte Schlupfwespen angesiedelt werden (gibt es bei Nützlingsversendern, Adressen siehe Seite 203).

PILZKRANKHEITEN

KRAUT- UND BRAUNFÄULE Anfangs zeigen sich auf den Blättern nur gelbliche, später gräulich-braune Flecken. Auf der Unterseite der Blätter bildet sich ein grauer Schimmelrasen. Die Blätter fallen ab, bei starkem Befall werden auch die Stängel und Früchte befallen. Die Früchte bekommen braune, harte Flecken und sind nicht mehr genießbar. Abhilfe: Die Infektion findet vor allem bei warmem, feuchtem Wetter, Tau und Regen statt. Daher ist es wichtig, die Tomatenpflanzen trocken zu halten. Achten Sie darauf, die Pflanzen nicht zu dicht zu pflanzen, die Blätter müssen schnell abtrocknen können. Gegossen wird nur von unten, ein einfaches Dach aus Folie schützt vor Regen und nächtlichem Tau. Vor und nach dem Tomatenanbau keine Kartoffeln im selben Beet anpflanzen, auch nicht im Nachbarbeet (diese werden ebenfalls befallen, siehe Seite 160).

FRUCHT- UND STÄNGELFÄULE An den Stängeln zeigen sich bräunlich verfärbte, eingesunkene Stellen, die mit der Zeit schwarz werden. Die Pflanze welkt, das Laub wird gelb und fällt ab. Abhilfe: Vorbeugend nur bei trockenem Wetter ausgeizen (die Seitentriebe auskneifen), damit die Wunde, über die der Pilzerreger eindringen kann, schnell abtrocknet. Keine Samen von befallenen Pflanzen aussäen, keine Früchte auf dem Boden liegen lassen. Auf eine ausreichend weite Fruchtfolge achten.

DÜRRFLECKENKRANKHEIT Beginnend an den untersten Blättern zeigen sich zwischen den Blattadern graubraune und braune, rundliche Flecken. Nach und nach breiten sich die Symptome nach oben aus, stark befallene Blätter fallen ganz ab. An den Stängeln zeigen sich eher längliche Flecken, an den Früchten bilden sich, ausgehend vom Kelch, weiche Faulstellen. Der Pilz überdauert im Boden, aber auch an den Stäben, an denen die Tomatenpflanzen angebunden werden. Abhilfe: Die Stäbe sollten am Ende der Saison gesäubert werden, Bambus- oder Tonkinstäbe am besten wegwerfen oder kompostieren. Der Erreger befällt auch Kartoffeln, daher gelten dieselben Vorbeugungsmaßnahmen. Fruchtwechsel planen, keine Tomaten neben Kartoffeln pflanzen.

GRAUSCHIMMEL Grauschimmel oder *Botrytis* ist ein typischer Schwächeparasit, der sich an Verletzungen oder zu stark gedüngten Pflanzen ansiedelt. Er befällt feuchte Pflanzenteile, an den Stängeln zeigen sich anfangs graugrüne Flecken, später auch

Tomatenfrucht und -blätter mit Kraut- und Braunfäule

an den Blättern und Blattstielen. Bei einem starken Befall, besonders des Stängels, stirbt die Tomatenpflanze ab. Abhilfe: Vermeiden Sie es, dass Laub feucht wird. Gießen Sie bodennah. Ein weiter Pflanzabstand sorgt dafür, dass die Blätter nach einem Regen schnell abtrocknen. Befallene Pflanzenteile im Hausmüll entsorgen.

ECHTER MEHLTAU Weiße oder grauweiße, mehlige Beläge auf der Blattoberseite und den Stielen sind ein Zeichen für einen Befall mit Echtem Mehltau. An der Blattunterseite zeigen sich (im Gegensatz zum Falschen Mehltau) keine Symptome. Befallene Blätter vertrocknen und fallen ab. An den Früchten zeigt sich kein Belag. Abhilfe: Da sich die Sporen bei Wärme und erhöhter Luftfeuchtigkeit ausbreiten, wie sie in jedem normalen Sommer auftreten, ist es ratsam, resistentere Sorten wie ‹Philovita› oder ‹Phantasia F1› zu pflanzen. Befallene Pflanzenteile entfernen und in den Hausmüll geben.

PHYSIOLOGISCHE PROBLEME

Auch eine unausgewogene Düngung, schwankende Temperaturen, Kälte und Hitze, Nässe und Trockenheit führen zu Symptomen, die auf den ersten Blick wie Krankheiten aussehen.

KÄLTESCHÄDEN Aufhellungen an den unteren Blättern zwischen den Blattadern, später braune, trockene Blätter deuten auf zu niedrige Temperaturen hin. Maßnahmen: Setzen Sie Jungpflanzen erst nach den Eisheiligen ins Freie und bedecken Sie die Tomatenpflanzen in kühlen Nächten mit einem Vlies.

GRÜN- ODER GELBKRAGEN Bei großer Hitze oder Sonneneinstrahlung bleiben an den Tomatenfrüchten am Stielansatz grüne oder gelbliche, harte Bereiche, die sich nicht rot verfärben. Besonders Früchte im äußeren Pflanzenbereich sind davon betroffen. Auch zu viel Stickstoff oder zu kräftiges Ausgeizen begünstigen diese Symptome. Abhilfe: Im Hoch-

sommer kann eine leichte Schattierung vorteilhaft sein, besonders wenn die Tomaten in einem Gewächshaus oder einem Tomatenhaus unter Glas oder unter Folie wachsen. Helle oder gelbe Sorten erhitzen sich in der Sonne nicht so stark und scheinen weniger anfällig zu sein.

AUFPLATZEN Ringförmig oder längs aufgeplatzte Tomatenfrüchte entstehen bei hoher Sonneneinstrahlung, schwankender Wasserversorgung, zum Beispiel wenn starker Regen auf einen heißen Sommertag folgt. Auch eine unausgewogene Nährstoffversorgung kann die Früchte platzen lassen. Abhilfe: Möglichst gleichmäßige Wasserversorgung und beim Gießen die Früchte nicht benetzen.

LÖFFELBLÄTTER Eingerollte Blätter, die die Pflanze wirklich krank aussehen lassen, werden von einem Nährstoffüberschuss (Überdüngung) verursacht, auch Trockenheit oder ein zu starkes Ausgeizen kann diese Symptome verursachen. Die Pflanzen sehen zwar nicht schön aus, auf den Ertrag hat dieses Phänomen aber keinen Einfluss.

BLÜTENENDFÄULE wird durch einen Mangel an Kalzium verursacht. An älteren Blättern zeigen sich Flecken, in denen das Gewebe abstirbt, jüngere sind klein und dunkelgrün. Das Hauptsymptom sind aber schwarze, eingesunkene Bereiche an der Fruchtspitze, wo vorher die Blüte saß. Die Früchte sind ungenießbar. Abhilfe: Zur Soforthilfe mehrmals kalziumhaltige Blattdünger einsetzen. Während der Fruchtentwicklung auf eine ausgeglichene Wasserversorgung achten.

MAGNESIUMMANGEL Gelbe Verfärbungen an den unteren und mittleren Blättern, bei grünen Mitteladern, sind ein Zeichen für Magnesiummangel. Die Blattbereiche zwischen den Adern werden mit der Zeit braun und trocknen ein. Abhilfe: Bei den ersten Anzeichen vorbeugend einen magnesiumhaltigen Dünger geben.

Was tun, wenn
die Erträge spärlich sind?

Nicht immer fällt die Ernte so reichlich aus, wie man sich es erhofft hat oder wie in Büchern angegeben wird. Dabei muss unterschieden werden, ob die Ernte spärlicher ist, weil zum Beispiel die Früchte kleiner sind, oder ob insgesamt weniger Früchte erntereif werden.

Ursachen herausfinden

Ursachen für geringe Erträge können Krankheiten, schlechtes Wetter, zu viel oder zu wenig Regen, eine falsche Frucht- bzw. Kulturfolge sein oder natürlich eine Kombination aus mehreren der genannten Faktoren. Während man Krankheiten und Schädlinge durch vorbeugende Maßnahmen oder direkte Bekämpfung wenigstens etwas in Schach halten kann, ist man der Witterung relativ machtlos ausgeliefert. Außerdem ist es, wenn man bemerkt, dass die Erträge hinter den Erwartungen zurückbleiben, meist ohnehin zu spät für korrigierende Maßnahmen. Manchmal lässt sich aber wenigstens ein Teil der Resternte retten oder bis zur Erntereife durchbringen, sodass die Anbaumühen im wahrsten Sinne des Wortes nicht ganz fruchtlos bleiben.

SCHLECHTER STANDORT Sonne ist für fast alle Gemüse und Kräuter unabdingbar. Wenn durch dicht belaubte Obstbäume im Gemüsegarten, zu hoch gewordene Hecken am Rand, die eigentlich dem Windschutz dienen sollten, oder durch neue Gebäude oder Bäume auf dem Nachbargrundstück der Gemüsegarten zu stark verschattet wird, so müssen entweder die Ursachen beseitigt oder der Gemüsegarten an einer anderen Stelle im Garten angelegt werden.

Da im Gemüsegarten in der Regel relativ viel Kompost als organischer Dünger und Humuslieferant ausgebracht wird, ist ein Nährstoffmangel eher unwahrscheinlich, es sei denn, es wurde mit Holzhäckseln, Rindenhäckseln oder Stroh gemulcht (siehe folgender Abschnitt). Viel wahrscheinlicher als Ursache für zurückgehende Erträge ist eine Bodenermüdung wegen sich in der Erde anreichernder Krankheitserreger oder eine zu dichte Kulturfolge derselben Art (siehe Seite 142).

MULCH Mulchmaterialien aus Stroh, wie es zur Abdeckung von Erdbeerbeeten verwendet wird, aber auch Holzhackschnitzel und Rindenhäcksel haben die Eigenschaft, relativ viel Stickstoff aus dem Boden zu binden. Das Material ist reich an kohlenstoffhaltigen Holzfasern (Ligninen) und arm an Stickstoff. Beim Abbau im Boden brauchen die beteiligten Pilze und Bakterien während des Verrottungsprozesses Stickstoff, den sie effizienter aus dem Boden aufnehmen können als die Gemüsepflanzen. Dieser Stickstoff fehlt dann den Pflanzen zum Wachstum.

Daher ist es sinnvoll, beim Mulchen die Pflanzen genau zu beobachten und beim ersten Anzeichen von Stickstoffmangel (kleine, helle Blätter, besonders an den Triebspitzen bzw. den jüngeren Blättern) zusätzlich leicht zu düngen. Auch eine Gabe von groben Hornspänen zusammen mit dem Mulch sorgt dafür, dass dem Boden kein zusätzlicher Stickstoff entzogen wird.

Das Mulchmaterial, besonders Stroh, sollte auch, solange das Gemüse oder die Erdbeeren im Beet stehen, nicht eingearbeitet, sondern nur oberflächlich aufgebracht werden.

STICKSTOFFFIXIERUNG FÜR DEN BODEN NUTZEN

Am Ende des Gartenjahrs – nach dem Abräumen oder wenn die Gründüngung abgefroren und eingearbeitet ist, kann es vorkommen, dass der Boden noch sehr viel Nitrat enthält, das leicht in tiefere Bodenschichten ausgewaschen wird. Es steht dann den Pflanzen im kommenden Jahr nicht mehr zur Verfügung, außerdem wird das Grundwasser belastet.

Ein paar Sägespäne, Stroh oder frisches Häckselgut (zum Beispiel Heckenschnitt) sorgen dafür, dass die Bakterien und Pilze, die das organische Material abbauen, diesen Stickstoff binden. Wenn sie dann im Frühjahr selbst absterben, wird der Stickstoff dabei wieder freigesetzt und steht den Pflanzen zur Verfügung.

KRANKHEITEN UND SCHÄDLINGE Bei mickrigen Gurken, kleinen Tomaten oder schlechtem Fruchtansatz bei Zucchini, Kürbis und Co gilt der erste Blick den Blättern: Sind diese gesund oder zum Beispiel von Mehltaupilzen befallen? Die Ausbildung von Früchten verlangt viel Energie, die nur von einer gesunden Pflanze mit gesundem Laub aufgebracht werden kann. Besonders bei Zucchini können auch die Blüten mit Mehltau befallen sein und setzen dann keine Früchte an.

Bei Möhren werden, wenn das Laub von Schnecken angefressen wird, nur kleine Rüben angesetzt – oder gar keine.

Eine Übersicht über die häufigsten Krankheiten und Schädlinge im Gemüsegarten finden Sie ab Seite 156.

ZU WARMES WETTER Bei zu großer Hitze stellen fast alle Gemüsepflanzen das Wachstum ein. Die Verdunstung wird reduziert, indem die Spaltöffnungen auf der Blattunterseite geschlossen bleiben. Da sie

Häckselgut auf den Beeten kann Stickstoff über den Winter binden. Folientunnel und Frühbeete schützen vor zu strenger Kälte.

kaum noch Wasser verdunstet, nimmt die Pflanze während der Hitze fast kein Wasser mehr auf. Es bringt also auch nichts, während der größten Hitze zusätzlich zu bewässern, da dieses Wasser von der Pflanze wenn überhaupt, dann erst in den kühlen Abendstunden aufgenommen wird. Abhilfe: Bei längeren Hitzeperioden ist eine Schattierung durchaus zu überlegen. Diese kann durch ein Schattiergewebe geschehen, das über ein Gestell gespannt und mit größerem Abstand über den Pflanzen aufgestellt wird, damit sich darunter kein Hitzestau bildet.

ZU KALTES WETTER Kaltes, meist auch nasses Wetter verlangsamt das Wachstum und die Fruchtbildung bei vielen Gemüsen. Abhilfe: Gegen kalte Nächte hilft ein Folientunnel über der Kultur, dieser ist besonders bei frühen Sätzen von Salat, Möhren oder Erbsen empfehlenswert. Auch später sorgt eine Abdeckung der Pflanzen oder des Bodens mit Vlies oder Folie, dass die Pflanzen darunter etwas mehr Wärme abbekommen, da die im Boden gespeicherte Wärme in der Nacht nicht so schnell verloren geht. In Regionen, die für längere Kälteperioden berüchtigt sind, in rauen Lagen in den Mittelgebirgen zum Beispiel, lohnt es sich, über die Anschaffung eines Kleingewächshauses nachzudenken.

ZU VIEL REGEN Wenn durch lange Regenperioden der Boden im Gemüsebeet kaum noch abtrocknet und die Blätter durch die dauernde Nässe von Pilzen befallen werden, verhindert ein Überbau aus Folie, dass zu viel Regen an die Pflanzen gelangt. Allerdings muss gewährleistet sein, dass das Wasser, das von der Folie abfließt, an einer anderen Stelle versickern kann oder abgeleitet wird. Wer im Garten Platz hat, kann auch das ablaufende Wasser in kleinen Regentonnen oder Mörteleimern auffangen, um damit die Vorräte für trockenere Zeiten aufzustocken.

ZU WENIG REGEN Bei langen Trockenperioden oder hohen Temperaturen muss Gemüse bewässert werden. Dazu wird idealerweise Regenwasser verwendet, das sich in einer Tonne oder Zisterne vor dem Ausbringen etwas erwärmen kann. Leitungs- oder frisches Brunnenwasser ist mit 11–15 °C sehr kalt und kann an den Wurzeln einen regelrechten Kälteschock verursachen. Um die Verdunstung zu vermindern, wird nach dem Bewässern, wenn die oberste Bodenschicht leicht angetrocknet ist, gehackt, damit die Kapillarwirkung unterbrochen wird (siehe Seite 148). Eine Mulchschicht aus gehäckseltem Heckenschnitt oder Rasenschnittgut verhindert zudem, dass der Boden schnell wieder austrocknet.

FALSCHE NACHBARPFLANZEN Viele Gemüse und Kräuter beeinflussen sich gegenseitig. Während sich viele gegenseitig im Wuchs fördern (siehe Seite 144 / 145), gibt es auch einige Pflanzen, die sich überhaupt nicht miteinander „vertragen" und die, wenn sie nebeneinander gepflanzt werden, im Wachstum zurückbleiben. Abhilfe: Daher ist es wichtig, schon bei der Anbauplanung insbesondere schlechte Nachbarpflanzungen zu vermeiden.

FALSCHE FRUCHT- UND KULTURFOLGE Nicht nur die direkten Nachbarn im Beet beeinflussen das Wachstum der Pflanzen, sondern auch, welche Pflanzen unmittelbar davor oder im Vorjahr im Beet an derselben Stelle wuchsen. Auf keinen Fall sollte die gleiche Kultur mehrmals unmittelbar nacheinander angebaut werden. Dadurch können sich Krankheitserreger im Boden anreichern, dem Boden werden einseitig Nährstoffe entzogen, und manche Pflanzen geben über die Wurzeln Stoffe ab, die das Wachstum anderer Pflanzen oder der Folgekultur hemmen. Abhilfe: Um dieser Bodenmüdigkeit vorzubeugen, die sich in kümmerlichem Wachstum (und damit geringen Erträgen) äußert, muss eine sinnvolle Frucht- und Kulturfolge (siehe Seite 142) eingehalten werden.

Wie wird Gemüse richtig geerntet?

Die Erntetechnik und der Erntezeitpunkt beeinflussen die Qualität und Lagerfähigkeit von Gemüse und auch die Inhaltsstoffe. Deshalb ist es wichtig zu wissen, welches Gemüse wann und wie geerntet wird.

Wann wird geerntet?

Gemüse wird im Gegensatz zu einigen Obstsorten geerntet, kurz bevor es vollreif ist. Dies gilt zum Beispiel für Erbsen, Bohnen, Möhren, Kürbisse, aber auch für Kartoffeln, Radieschen und Rettiche. Viele Sorten schmecken zarter und aromatischer, wenn sie jung geerntet werden, das gilt vor allem für Salate, die leicht bitter werden, wenn sie älter sind. Auch Mangold, Spinat und Kohlrabi schmecken feiner, wenn sie jung geerntet werden.

Der richtige Zeitpunkt fürs Gemüse

Viele Gemüse wie Gurken, Zucchini und Brokkoli reifen ausgesprochen schnell, und es ist wichtig, den richtigen Erntezeitpunkt nicht zu verpassen, sonst werden sie bitter, pelzig oder – wie im Falle des Brokkoli – blühen schon auf, denn hier wird ja der Blütenstand geerntet.

Zucchini haben das beste Aroma, wenn sie 15 bis maximal 20 cm lang sind. Sie schmecken sogar schon, wenn sie nur fingerlang sind, und sind dann ein besonders feines Gemüse.

Frühgemüse wie Salat und Kohlrabi wird geerntet, wenn es noch unreif ist. Reif wäre Salat durch den Milchsaft sehr bitter und Kohlrabi holzig.

Fruchtgemüse wie Tomaten erntet man jedoch erst, wenn sie am Stock voll ausgereift sind, denn dann haben sie ihr volles Aroma entfaltet. Grün sind sie sogar ungenießbar.

Grünkohl und Rosenkohl lässt man im Herbst so lange stehen, bis es den ersten Forst gegeben hat, denn dann wird ein Teil der in den Blättern beziehungsweise Knospen eingelagerten Stärke in Zucker umgewandelt, was den Geschmack sehr positiv beeinflusst. Auch Zwiebeln und Porree vertragen einige Minusgrade und können im Beet bleiben, bis das Laub vergilbt (bei Zwiebeln) oder sich die Blattspitzen gelb verfärben (bei Porree).

Ernte in Sätzen

Bei Bohnen, Erbsen und Tomaten bilden sich immer wieder neue Früchte, die deshalb über einen langen Zeitraum hinweg geerntet werden. Auch

TIPP: SATZWEISE SÄEN

Schnellwüchsige Gemüse, vor allem Blattgemüse, aber auch Schnittkräuter wie Petersilie und Dill können in sogenannten Sätzen ausgesät werden: Man sät dabei im Abstand von zwei bis vier Wochen jeweils kleinere Mengen ins Beet, die dann nach und nach erntereif werden. Das ist besser, als alles Saatgut auf einmal auszusäen, denn dann werden auch alle Pflanzen zur selben Zeit reif und man hat große Erntemengen, die gar nicht in der kurzen Zeit konsumiert werden könnten. Von etlichen Gemüsesorten gibt es auch frühe, mittelfrühe, mittelspäte und späte Sorten, sodass Sie bei der Anbauplanung für eine längere Erntezeit vorsorgen können.

*Gemüse erntet man am besten kurz vor der maximalen Reife, dann schmecken Möhren, Radieschen
und viele Blattgemüse noch aromatisch und zart.*

bei Brokkoli erscheinen nach dem Ernten des Haupttriebs in den Seitenachseln der Blätter kleine neue Triebe, die man nach und nach ernten kann. Und Gemüse wie Möhren, Radieschen, Rote Bete sowie auch Salate, die nicht alle gleich schnell wachsen, kann man nach und nach durchernten und so von einem Satz Pflanzen über einen längeren Zeitraum profitieren.

Bei Pflücksalat werden immer die äußeren Blätter geerntet, bei Schnittsalat, Portulak und Spinat kann man die Blätter schneiden, wenn sie etwa zehn Zentimeter hoch sind.

Wie wird geerntet?

Wird Gemüse bei Regen oder feuchtem Wetter geerntet, fault es schneller als solches, das bei trockener Witterung aus dem Beet geholt wurde. Für die meisten Gemüse, die frisch verzehrt werden sollen, ist der beste Zeitpunkt zum Ernten der zeitige Vormittag. Besonders bei Blattgemüse wie Spinat ist der Nitratgehalt dann niedriger.

Lagergemüse wie Kartoffeln oder Möhren erntet man hingegen eher am Nachmittag.

Was wird wann geerntet?

GEMÜSE	ERNTEZEITRAUM
Bohnen (Busch- und Stangenbohnen)	Mitte Juli bis Ende September
Erbsen (Mark- und Schalenerbsen)	Juni
Gurken (Freilandsorten)	Juli bis September
Kohlrabi	Ab Juni
Lauch / Porree	Frühe Sorten ab Juli, späte ab Dezember
Mangold	Ab Juni bis September
Möhren	Frühe Sorten ab Juni
Paprika	Ab Ende Juli
Radieschen	Von Frühjahr bis Herbst
Rote Bete	Juli bis in den Herbst
Salat (Kopf-, Pflück- und Schnittsalat)	Ab Juni
Sellerie, Knollensellerie	Ab September
Spinat	Ab Ende Juni bis zur Blütenbildung
Tomaten	Juli bis zum Herbst
Zucchini	Ende Juni
Zwiebeln	Steckzwiebeln ab Juli, Saatzwiebeln ab August

Gemüse richtig lagern
und verarbeiten

Während sich Wurzel- und Knollengemüse relativ gut in einem kühlen Keller mehrere Wochen oder sogar Monate lagern lässt, sind Blatt- und Fruchtgemüse nicht so lange lagerfähig. Dafür gibt es aber viele Möglichkeiten des Einmachens, Trocknens oder das Einfrieren.

Viele Gemüsearten können sowohl im Haus (im kühlen Keller) oder auch im Freien gelagert werden. Wenn Sie dabei einige Grundregeln beachten, sind viele Gemüse bemerkenswert lange bis ins Frühjahr hinein haltbar.

➧ Nicht alle Gemüse lassen sich gleich gut und lange einlagern. Weiche Fruchtgemüse wie Tomaten, Gurken und Zucchini, aber auch Blattgemüse wie Salate, Mangold und Pak Choi lassen sich nur kurze Zeit aufbewahren.

➧ Beim Fruchtgemüse stellen Kürbisse eine Ausnahme dar: Sie sind lange lagerfähig, wenn man sie nach der Ernte bei 20–25 °C zwei Wochen lang nachreifen lässt und dann bei 10–15 °C kühl, dunkel und trocken einlagert.

➧ Bei Knollen mit Blättern wie Sellerie, Kohlrabi und Roter Bete verliert das Gemüse viel Saft, wenn die Blätter zu dicht an der Knolle abgeschnitten oder gar herausgerissen werden. Am besten drehen Sie die äußeren Blätter vorsichtig mit der Hand ab. Die zarten inneren Herzblätter sollten immer stehen bleiben.

➧ Lagern Sie nur reifes, aber nicht überreifes Gemüse ein, das frei von Krankheiten und Beschädigungen ist.

➧ Lagern Sie Obst und Gemüse nicht zusammen. Das Obst gibt Reifegas (Ethylen) ab, das das Gemüse vorzeitig altern lässt und es verdirbt.

➧ Wurzelgemüse wie Möhren, Kartoffeln, Pastinake, Rote Bete und Rübchen sollten vor dem Einlagern abtrocknen, Sie können sie auch mit einer weichen Bürste von grobem Schmutz befreien. Wurzelgemüse vor dem Einlagern aber nicht waschen, denn dadurch entstehen mikroskopisch kleine Verletzungen der äußeren Schale oder Haut, und das Gemüse fault in kurzer Zeit.

Lagerung im Freien

Früher übliche Lagermethoden wie eine Erdmiete, in der Kartoffeln, Kohl und Wurzelgemüse gelagert wurden, trifft man nur noch selten an. Ein Geräteschuppen, Kleingewächshaus, Frühbeet oder Kalter Kasten bieten sich jedoch zum Lagern von Gemüse im Freien ideal an.

Nässe und Frost sind der Feind von Lagergemüse. Bei der Lagerung im Freien (zum Beispiel in einem Frühbeetkasten) müssen Sie unbedingt darauf achten, dass das Gemüse nicht einfriert.

Im Frühbeet

Der Vorteil der Lagerung im Frühbeet ist, dass das Glasdach gegen Regenfälle schützt. Ideal ist es zum Lagern von winterlichen Blattgemüse wie der Winterendivie, die, mitsamt der Wurzeln ausgegraben, im Frühbeet eingeschlagen wird. Das bedeutet, dass der Erdballen locker eingegraben und mit trockener Erde bedeckt wird.

Ist Frost angekündigt, sorgen geschlossene Scheiben und gegebenenfalls eine Abdeckung mit einer Schilfmatte oder Sackleinen dafür, dass die Temperatur im Frühbeetkasten nicht zu tief sinkt. Eine regelmäßige Kontrolle ist notwendig, vor allem um einen Befall mit Mäusen oder Fäulnis rechtzeitig zu erkennen.

Lagerung im Haus

Räume, in denen Gemüse eingelagert werden, sollen kühl und frostfrei sein. Die ideale Luftfeuchtigkeit liegt zwischen 80 und 90 %, darunter welkt das Gemüse schnell und wird schrumpelig, darüber ist die Gefahr von Schimmel- und Fäulnisbildung groß. Besonders in alten Kellern ohne betonierte Bodenplatte sind die Bedingungen meist ideal, da sie kühl und feucht sind, aber selten schimmelig.

In trockenen Kellern lohnt es sich, das Gemüse, besonders Wurzelgemüse, in Kisten mit feuchtem Sand zu lagern. So wird es nicht so schnell weich und trocknet nicht ein. Befeuchten Sie den Sand gelegentlich mit einer Blumenspritze oder decken Sie die Kisten mit einem feuchten Tuch ab. Für Wurzelgemüse wie Knollensellerie, Möhren, Pastinaken, Rüben, Kartoffeln und Schwarzwurzeln sollte die Temperatur unter 5 °C liegen, aber auf keinen Fall unter den Gefrierpunkt sinken. Frische Luft ist dabei wichtig – in stehender, muffiger Luft kommt es schnell zu Fäulnis.

Auch ein ungeheizter Wintergarten, ein Geräteschuppen oder eine leer stehende Garage bieten sich als Lagerraum an, wenn der Keller selbst zu warm und zu trocken ist.

GEMÜSE UND OBST TRENNEN

Da Obst beim Lagern Reifegase abgibt, die Gemüse vorschnell altern und verderben lassen, müssen zum Beispiel Äpfel getrennt von Kartoffeln und anderen Gemüsen gelagert werden. Da dies räumlich nicht immer möglich ist, können Äpfel auch in einer verschließbaren Tonne oder in Kunststoffboxen mit Deckel gelagert werden, wie man sie im Baumarkt zur Aufbewahrung bekommt.

Holzregale im Keller, auf denen Obst und Gemüse gelagert werden, sollten einmal im Jahr (bevor die neue Ernte eingelagert wird) mit Sodawasser (drei Esslöffel Haushaltssoda auf 5 l Wasser) abgebürstet werden. So werden Schimmelpilzsporen abgetötet. Vergessen Sie dabei die Wände des Kellers oder der Garage nicht, vor denen die Regale stehen!

Kohl und Blattgemüse lagern

Kohl lässt sich recht gut einlagern, wenn der Strunk komplett erhalten ist und bei der Ernte nicht beschädigt wurde. Entfernen Sie die äußeren Blätter, sodass nur der kompakte feste Kopf übrig bleibt.

Nun gibt es zwei Möglichkeiten der Lagerung: Entweder hängen Sie den Kohl kopfüber an den Wurzeln auf oder Sie lagern ihn in feuchten Sand in Kisten gesteckt. Auch Kohlrabi und Blumenkohl bleiben mehrere Wochen lang frisch, wenn sie mit dem Strunk oder den Wurzeln in feuchten Sand eingeschlagen eingelagert werden. Welke Blätter sind in dieser Zeit, vor allem bei Kohlrabi, gleich zu entfernen, damit sie der Knolle nicht noch mehr Feuchtigkeit entziehen. Die Sorte ‹Superschmelz› ist besonders lagerfähig und kann, in Sand eingeschlagen, mehrere Monate lang gelagert werden.

Rosenkohl wird mit den Wurzeln flach in Kisten mit Sand gelegt und mit feuchtem Sand bedeckt, bis nur noch die kleinen Röschen herausschauen.

Auch Blattgemüse wie Chinakohl, Endivie, Zuckerhut und Pak Choi hält sich, wenn es mit Wurzeln geerntet und dann in Sandkisten gestellt wird.

Zwiebeln und Lauch lagern

Zwiebeln lässt man nach dem Ausgraben noch einige Tage auf dem Beet abtrocknen, bis sich das Laub komplett eingezogen hat. Dann können Sie trockene Erdreste abkratzen oder -bürsten (nicht waschen!), die Zwiebeln zu Zöpfen flechten und kühl, dunkel und trocken aufhängen. Oder Sie drehen die trockenen Blätter ab und legen die Zwiebeln in Stiegen.

Lauch kann zwar den ganzen Winter über im Freien bleiben, da er Frost verträgt, ließe sich aber bei hartgefrorenem Boden nicht ernten. Deshalb werden die Stangen geerntet, das untere Drittel in feuchten Sand eingeschlagen und welke Blätter entfernt.

Möhren, Schwarzwurzeln und andere Wurzeln

Auch für Möhren, Pastinaken und Schwarzwurzeln bieten sich Sandkisten für die Lagerung an. Sie können in mehreren Schichten übereinander gestapelt werden: Sand, Möhren, Sand, Möhren und so fort.

Knollensellerie wird mitsamt dem Laub zu einem Drittel (der Knolle) in Sand eingeschlagen. Wenn Blätter welken oder gelb werden, entfernt man sie. Auch Rote Bete und Rübchen können Sie so lagern.

Kartoffeln halten sich im Keller meist problemlos über den ganzen Winter. Sie sollten aber nicht zu hoch geschichtet werden, sonst keimen die Knollen im Innern. Auch Licht ist ungünstig, das es die Keimung fördert. Ideal sind Kartoffelkisten mit schrägem Boden, bei denen die benötigten Knollen unten durch eine Klappe entnommen werden, denn dann werden die Knollen bei jeder Entnahme bewegt, was die Bildung von Keimsprossen zusätzlich unterdrückt. Wenn Sie Kartoffeln so nicht lagern können, empfiehlt es sich, sie alle drei bis vier Wochen vorsichtig durchzurütteln.

Erbsen kann man einfrieren oder auch trocknen.
Einkochen ist sowohl für Obst als auch für viele Gemüsearten geeignet.

Probleme mit Kompost

Was tun, wenn der Kompost stinkt?

Unangenehme Gerüche oder gar Gestank sind immer ein Zeichen dafür, dass mit dem Kompost etwas nicht stimmt. Er ist zu nass, falsches Material wurde kompostiert, oder es haben sich Fäulnisherde gebildet.

Fäulnis

Wenn genügend Sauerstoff im Kompost vorhanden ist, kann es nicht zu Fäulnis kommen. Fäulnis entsteht dann, wenn im Kompostmaterial kein oder zu wenig Sauerstoff vorhanden ist. Dann kommt die Stunde der sogenannten anaeroben Bakterien, die im Gegensatz zu den aeroben zum Ab- beziehungsweise Umbau der organischen Substanz keinen Sauerstoff brauchen. Als Abbauprodukte entstehen dann nicht Kohlendioxid und Wasser, sondern Methan und der übel riechende Schwefelwasserstoff – der typisch nach faulen Eiern stinkt.

FÄULNIS TRITT ALSO AN STELLEN AUF, DIE …

… ZU NASS SIND. Wenn Wasser sich im Kompost staut, verdrängt es aus dem Kompost die Luft und damit den Sauerstoff. Staunässe kann sich nach langen Regenperioden einstellen, vor allem, wenn der Untergrund unter dem Kompost keinen ausreichenden Wasserabzug gewährleistet. Abhilfe: Wenn der Kompost auf offenem Gartenboden aufgestellt ist, reicht es meist aus, einige richtig dicke Äste oder Wurzelstubben als unterste Schicht einzubringen. Da diese lange brauchen, bis sie verrotten und zerfallen, sorgen sie viele Monate lang dafür, dass von unten Luft in den Kompost gelangen kann.

Steht der Kompost auf einer festen, wasserundurchlässigen Fläche, zum Beispiel einer Pflaster- oder Betonfläche, muss für eine gute Dränage gesorgt werden. Diese kann durch ein auf Ziegel gelegtes Gitter erreicht werden oder, wie oben beschrieben, durch eine dicke Schicht aus Ästen und Zweigen. Das Sickerwasser sollte dann aufgefangen werden und nicht einfach in die Kanalisation fließen. Es enthält viele Nährstoffe und kann verdünnt als organischer Flüssigdünger an die Pflanzen gegossen werden.

… ZU STARK VERDICHTET SIND. Wenn der Kompost zu hoch aufgeschüttet wird, drückt sich die Masse durch ihr eigenes Gewicht zusammen. Eine normale Gartenkompostmiete sollte bei einer normalen Grundfläche (in der Regel sind dies 1–1,2 m im Quadrat) maximal 0,8–1 m hoch sein. Abhilfe: Wenn diese Größe nicht ausreicht, um alle organischen Abfälle aufzunehmen, die im Garten anfallen, sollte eine zweite Miete angelegt werden. Verdichtete Kompostnester mit einer Forke auflockern und mit gröberem Material vermischen.

… AUS ZU FEINEM MATERIAL GESCHICHTET WURDEN. Besonders, wenn feines oder feuchtes Material wie Rasenschnitt oder Laub in großen Mengen anfällt und ohne Antrocknen oder Vermischen mit gröberem Material auf den Kompost gegeben wird, entstehen Nester aus weichem, matschigfaulem Material. Abhilfe: Lassen Sie feines, feuchtes Material wie Rasenschnitt und feine Zweigspitzen, die beim Frühjahrschnitt zum Beispiel einer Ligusterhecke anfallen, erst antrocknen, und mischen Sie dann noch grobes Material wie Zweige und Holzhäcksel unter.

Schimmel

Schimmel bildet sich vor allem bei warmem Wetter auf feuchten oder nassen Küchenabfällen oder Gemüseresten aus. Aber auch dichte Rasenschnittklumpen können von einem weißen Pilzrasen überzogen werden. Schimmel ist auf dem Kompost gar kein Problem – im Gegenteil, Schimmel gehört zu den zersetzenden Pilzen, und genau die sollen ihre Arbeit hier ja verrichten. Abhilfe: Wer sich trotzdem am Anblick stört, kann einfach etwas Gartenerde oder reifen Kompost darüber streuen oder den Kompost mit einer Grabegabel oder Forke auflockern und die obersten Schichten vermengen.

TIPP: HOLZHÄCKSEL-VORRAT ANLEGEN

Wenn im Herbst oder Frühjahr beim Auslichtungs- oder Rückschnitt von Bäumen und Sträuchern viel Holzmaterial anfällt, lohnt es sich, einen Vorrat an grobem Material anzulegen, der im Laufe der Vegetationsperiode mit feuchtem, feinem Kompostgut wie Rasenschnitt, Gemüse- und Küchenabfällen oder Laub vermischt auf den Kompost gegeben wird. So haben Sie immer eine optimale Mischung aus feinem und grobem Material zum Kompostieren zur Verfügung.

Richtig kompostieren – so geht's

Das Schöne beim Kompostieren ist die Tatsache, dass man diesen Teil der Gartenarbeit, das Zersetzen und Zerkleinern organischer Abfälle anderen, nämlich den Bodenmikroorganismen überlassen kann. Außer der Nachschubbereitstellung, gelegentlichem Wässern im Hochsommer und dem Sieben im Herbst oder Frühjahr macht ein Kompost keine Arbeit.

STANDORT Der optimale Platz für eine Kompostmiete (siehe Seite 176) oder einen Thermokomposter ist geschützt, schattig oder halbschattig. In der prallen Sonne oder an einem windigen Standort trocknet das Kompostgut zu schnell aus, und der Rotteprozess kommt ins Stocken. Bei normalen Kompostmieten ist der Bodenkontakt wichtig, damit Kompost- und Mistwürmer, Asseln, Käfer und das ganze Kleingetier, das sich von der organischen Substanz ernährt, ungehindert in den Haufen kriechen kann.

BEFÜLLUNG Als unterste Schicht geben Sie einige dickere Äste und Zweige sowie Holzhackschnitzel in den Kompost. So ist eine gute Dränage gewährleistet, und die Gefahr der Vernässung bei längeren Regenperioden ist verringert.

➼ Füllen Sie dann in Schichten feineres und gröberes, feuchteres und trockeneres Material ein. Außerdem sollten sich stickstoffreiche Stoffe wie Küchenabfälle, Gemüsereste, Rasenschnitt und Mist mit kohlenstoffreicheren wie Stroh, Sägespänen, Rinden- und Holzhackschnitzeln abwechseln.

➼ Gelegentlich eine Handvoll Gesteinsmehl oder Kalkstickstoff sorgt für einen ausgeglichenen pH-Wert und beschleunigt die Kompostierung.

➼ Zum Schluss kommt als oberste Abdeckschicht eine Abdeckung aus Erde, Rasenschnitt, Laub oder auch Zeitungspapier oder Pappe, dann kann der Rotteprozess starten.

Zuerst setzt die sogenannte Heißrotte ein, bei der die Temperatur im Innern der Miete auf bis zu 70 °C ansteigt. So werden schädliche Pilze und Unkrautsamen abgetötet. Anschließend kommen Pilze, Insekten und Würmer zum Einsatz, die das Material zerkleinern. Da beim Abbau Kohlendioxid freigesetzt wird und das Material immer feiner wird, sackt es mit der Zeit in sich zusammen und das Volumen wird kleiner. Füllen Sie einfach von oben frisches Material auf.

MATERIAL Im Prinzip kann alles organische Material, das im Garten und im Haushalt anfällt, auf den

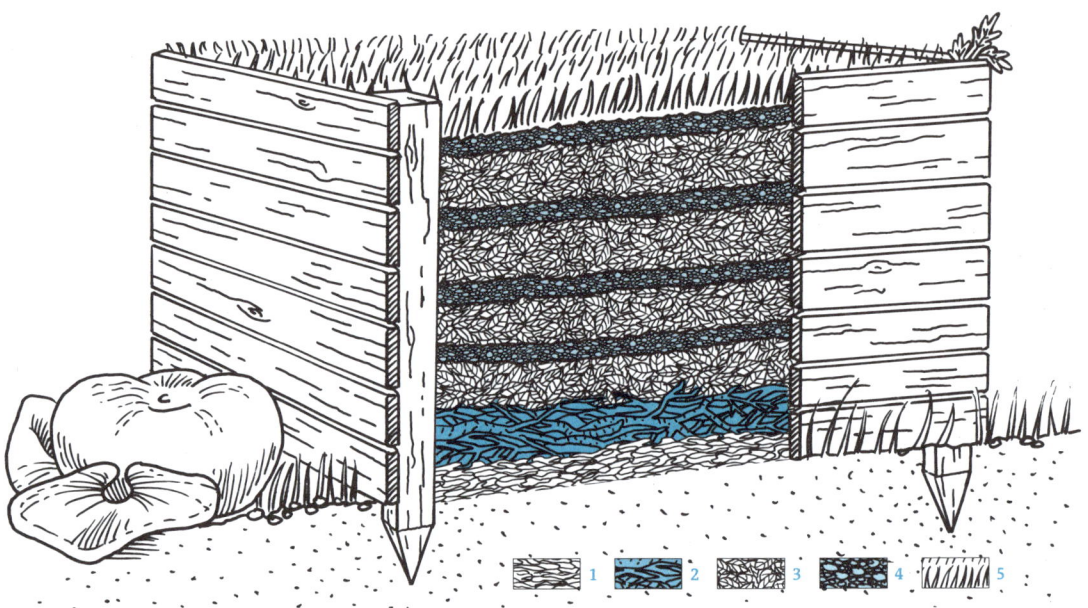

Schnitt durch einen gut geschichteten Kompost: (1) Holzhäcksel als Saugschicht; (2) Dränageschicht aus groben Materialien; (3) Garten- und Küchenabfälle; (4) Humoser Boden oder Kompost; (5) Abdeckung mit Grasschnitt oder Laub

Kompost. Das sind Ernterückstände vom Gemüse-beet, Fallobst, Heckenschnitt, Holzhäcksel, Laub, Rasenschnitt, Moos, Stroh, Sägemehl (von ungestri-chenem beziehungsweise unbehandeltem Holz), Stallmist, Küchenabfälle wie Kaffeesatz und -filter, Teeblätter, alte Blumenerde, Haustierstreu, Federn, Holzasche (keine Koksasche oder Ruß) sowie in klei-nen Mengen zerknülltes Zeitungspapier und Pappe.

NICHT AUF DEN KOMPOST gehören Fleisch- und Fisch-reste, Speisereste wegen des hohen Salzgehalts und der Gefahr, Ratten und andere Tiere anzu-locken (siehe Seite 189 ff.), Schalen von Zitrus-früchten, Zigarettenasche, der Inhalt von Staubsau-gerbeuteln, Straßenkehricht und nicht verrottende Substanzen wie Plastik, Glas und Metall. Auch mit ungekochten Kartoffelschalen und Unkraut muss man vorsichtig sein, denn sie können im Kompost wieder neu austreiben. Unkraut lassen Sie vor dem Kompostieren verwelken und trocknen, Samen-stände werden über den Hausmüll entsorgt.

KOMPOSTBESCHLEUNIGER UND STARTERBAKTERIEN

Im Gartenfachhandel werden spezielle Kompostbeschleuniger angeboten, die Bak-terien, Pilze und Nährstoffe enthalten, die die Verrottung beschleunigen sollen. Scha-den kann man mit ihnen kaum anrichten, für normalen Gartenkompost tut es aber auch eine Handvoll reifer Kompost, frische Gartenerde oder etwas Laub- oder Nadel-streu aus dem Wald.

Bei Thermokompostern hat sich die Zugabe jedoch bewährt, da hier der Rotteprozess viel schneller ablaufen soll und muss.

Auch, wenn man viel holzhaltiges Material kompostieren oder Wurzelstubben im Bo-den schneller verrotten lassen möchte (sie-he Seite 63), sind Kompostbeschleuniger nützlich.

BEWÄSSERUNG Bei Trockenheit im Sommer sollten Sie den Kompost gelegentlich mit dem Schlauch oder der Gießkanne bewässern, damit er nicht von oben und den Seiten her austrocknet. Umgekehrt sollte er bei langem Regen abgedeckt werden oder Sie arbeiten gelegentlich lockeres Material ein, damit keine Fäulnis durch Staunässe entsteht.

ERNTEN UND SIEBEN Nehmen Sie im Jahr nach dem Ansetzen des Komposts die unteren Bretter der Kompostmiete heraus. Der reife schwarze, nach frischer Erde riechende Kompost kann dann entnommen werden und mit einer Siebtrommel oder durch Werfen durch ein Kompostsieb von den groben, noch nicht ganz zerfallenen Partikeln

getrennt werden. Diese gibt man einfach wieder oben auf die Miete.

AUSBRINGEN Kompost ist ein hervorragender organischer Dünger und versorgt den Boden und die Pflanzen mit Phosphor, Kalium und Spurenelementen, zum Teil auch mit Stickstoff. Vor allem verbessert er aber auch die Bodenstruktur, fördert das Bodenleben und erhöht den Humusgehalt. Ein hoher Humusgehalt ist wichtig für einen ausgeglichenen Wasser- und Nährstoffhaushalt im Boden. Geben Sie trotzdem nicht zu viel Kompost auf einmal an die Pflanzen, eine zwei bis fünf Zentimeter dicke Schicht (entsprechend etwa 1 kg/m^2), leicht eingeharkt, reicht aus.

Was tun, wenn der Kompost nicht verrottet?

Dass der Kompost nicht verrottet, kommt eigentlich nicht vor, denn alle organischen Stoffe werden sich – die einen schneller, die anderen langsamer – mit der Zeit zersetzen. Es ist also eher so, dass der Kompost nicht so schnell reif ist und nicht so schnell entnommen werden kann wie gewünscht, wenn die Rede davon ist, dass sich der Kompost nicht zersetzt.

Gründe für langsame Zersetzung

Eine langsame oder ungleichmäßige Zersetzung kann unterschiedliche Ursachen haben, die sich alle durch nicht optimale Rottebedingungen erklären lassen:

ZU TROCKEN Im Sommer während lang anhaltender Hitzeperioden ohne Regen kann es passieren, dass die Feuchtigkeit zu stark abnimmt oder der Kompost ganz austrocknet. Dadurch verlangsamt sich die Aktivität der beim Abbau der organischen

Substanz beteiligten Organismen, und die Rotte kann sogar zum Stillstand kommen.

Abhilfe: Prüfen Sie vor dem Bewässern den Feuchtigkeitsgehalt im Inneren des Komposthaufens. Die oberste und äußere Schicht kann ruhig trockener sein, aber nach etwa einer Handbreit sollte das Material feucht sein. Bewässern Sie den Kompost im Sommer bei langen Trockenperioden mit dem Schlauch oder der Gießkanne. Lauwarmes Regenwasser ist ideal, mit kaltem Leitungswasser sollte vor allem abends nicht gegossen werden.

Eine Abdeckung aus einer 5–10 Zentimeter dicken Schicht Rasenschnitt hilft, die Feuchtigkeit im Kompost zu halten.

ZU NASS Nach langen Regenperioden oder durch zu viel feines, nasses Kompostgut wie nasses Laub, frischer Rasenschnitt oder feuchte Küchen- und Gemüseabfälle sowie Fallobst kann sich im Kompost viel Feuchtigkeit oder sogar Nässe ansammeln. Durch den Kühlungseffekt und bei kalten Außentemperaturen kommt es zu einer Verlangsamung des Rotteprozesses und wegen des fehlenden Sauerstoffs zur Fäulnis mit entsprechender Geruchsbildung. Abhilfe: Als Soforthilfe bei längerem Regen sollte der Kompost mit einer Plane oder einem Deckel abgedeckt werden. Lockern Sie den Kompost mit einer Forke oder setzen Sie ihn um und mischen gleichzeitig gröberes, trockenes Material wie Holzhäcksel, grob zerkleinerte Zweige, Stroh oder Sägespäne mit unter. So kommt mehr Luft in die Kompostmiete und der Abbauprozess wieder in Gang.

ZU KALT Bei kalten Temperaturen laufen alle Abbauprozesse langsamer ab. Zwar kann die Verlangsamung im Herbst noch etwas verringert werden, indem man mehr feuchtes Kompostgut wie Laub und Rasenschnitt aufbringt, das beim Rotten Hitze entwickelt. In der Regel müssen Sie aber damit leben, dass im Herbst oder bei kühleren Perioden die Kompostierung nicht ganz so schnell voranschreitet.

ZU WARM Bei großer Hitze trocknet der Kompost schnell aus, dann muss er bewässert werden (siehe Seite 177). Ein anderer Grund für ein plötzliches Verlangsamen der Rotte kann die zu starke Hitzeentwicklung sein, denn wenn nach der Heißrotte die thermophilen (hitzeliebenden) Bakterien die Abbauarbeit an die moderatere Temperaturen bevorzugenden Pilze und Abbaubakterien abgeben, geschieht dieser Wechsel nicht immer nahtlos.

Manchmal kommt es vor, dass durch die große Hitzeentwicklung nicht nur Krankheitserreger und Unkrautsamen, sondern auch nützliche Bakterien und Pilze abgetötet oder dezimiert werden. Abhilfe: Hier hilft abwarten. Der Rotteprozess setzt fast immer von alleine wieder ein. Wer ungeduldig ist, kann durch das Hinzufügen von Kompostbeschleuniger (oder von etwas reifem Kompost) und Lockern mit einer Forke den Abbauprozess wieder in Gang bringen.

LANGSAMER VERROTTENDES MATERIAL Abgesehen von Plastik, Glas, Steinen und Gummi, welche natürlich nicht verrotten, brauchen manche organischen Abfälle länger, bis sie zersetzt werden. Dies sind zum Beispiel Laub von Walnüssen oder Eichen, die viele Gerbstoffe enthalten, harte Nussschalen, Schnittmaterial von Nadelgehölzen (siehe Seite 182) oder dickere Holz- und Wurzelstücke. Zeitungspapier und Pappe zersetzt sich zwar auch, und schadet in geringen Mengen auch nicht, zum Beispiel als Abdeckung gegen Regen oder Sonne, sollte aber generell eher sparsam eingesetzt werden. Abhilfe: Wenn der Holzanteil des Kompostguts sehr hoch ist, Stroh oder Sägespäne kompostiert werden sollen, empfiehlt sich die Zugabe von Kalkstickstoff oder Hornspänen.

DAS GEHÖRT NICHT AUF DEN KOMPOST

- Asche aus Kohle- und Koksöfen
- Ruß
- Schalen von behandelten Zitrusfrüchten
- Mit Krankheitserregern infizierte Pflanzenteile
- Wurzeln von Unkraut wie Quecke, Ackerwinde und Löwenzahn
- Essensreste
- Fleisch und Knochen
- Nicht verrottende Substanzen wie Plastik, Glas und Metall

Was tun bei Problemen
mit Thermokompostern?

Thermokomposter werden als wahre Wunderwaffe des Gärtners angepriesen. Durch die in ihnen entstehenden hohen Temperaturen werden schädliche Pilze und Unkrautsamen im Kompostgut abgetötet, und die Kompostierung soll (und kann durchaus auch) viel schneller ablaufen als in einer normalen Kompostmiete.

Während in einem normalen Kompost die Verrottung und Zersetzung des organischen Materials eher langsam und gemächlich geschieht und man nach knapp einem Jahr feinen, reifen Kompost entnehmen kann, geht dieser Prozess bei Thermokompostern viel schneller – oft ist der Kompost schon nach sechs bis acht Wochen fertig. Wichtig ist, dass Sie sich bewusst machen, dass in diesem Hochleistungskomposter „Fehler" nicht so schnell verziehen werden. Bei Thermokompostern muss sehr genau auf die richtige Mischung aus gröberem und feinerem Material geachtet werden. Größere Äste oder dicke Zweige gehören nicht hinein. Nasse Abfälle wie Kaffeesatz, Gemüsereste und frischer Rasenschnitt müssen mit trockenerem Material wie Sägespänen und Heckenschnitt gemischt werden. Etwas Kalk, Kalkstickstoff oder Kompoststarter als Zugabe beim Befüllen beschleunigt den Rotteprozess. Da dieses System viel anfälliger auf nicht optimale Ausgangsmaterialien reagiert als die klassische Kompostmiete, treten auch mehr Probleme auf.

Ameisen, Fruchtfliegen und Fliegen

Sie sind ein Zeichen für gekochte Essensreste, zu viel feuchtes Kompostmaterial oder zu viel Fallobst. Abhilfe: Gekochte Essensreste wie Kartoffeln, Reis oder Nudeln gehören nicht auf den Kompost. Mischen Sie das feuchte Material mit gröberem Kompostgut oder lassen Sie es vor dem Einfüllen in den Thermokomposter antrocknen.

Schnecken

Durch die höhere Feuchtigkeit bietet ein Thermokomposter, wenn er nach unten nicht verschlossen ist, Nacktschnecken und ihren Nachkommen ideale Vermehrungsbedingungen. Abhilfe: Thermokomposter sollten nach unten dicht abschließen und nicht offen auf den Boden gestellt werden. Gekochte Essenreste wie Kartoffeln, Reis oder Nudeln gehören nicht auf den Kompost.

Im Winter füllt er sich zu schnell

Thermokomposter sind meist relativ klein dimensioniert, da sie ja den Kompost besonders schnell umsetzen und man sie von Frühling bis Herbst deshalb mehrmals befüllen und entleeren kann. Im Spätherbst und Winter, wenn die Außentemperaturen sinken, verlangsamt sich die Verrottung. Besonders billigere Modelle, die keine doppelwandigen, isolierenden Außenwände haben, gehen nun „in die Knie" und werden eher zu Fäulnisbehältern. Abhilfe: Legen Sie neben dem Thermokomposter als Zwischenlager oder Reserve eine traditionelle offene Kompostmiete an, wenn Sie den Platz dazu haben. Andernfalls müssen im Winter organische Abfälle auch mal in der Biotonne landen.

Der Kompost ist zu nass

Rasenschnitt und anderes feuchtes Kompostgut sollten Sie vor dem Einfüllen leicht antrocknen lassen, damit es nicht matschig wird und fault. Das

Material sollte sich anfühlen wie ein feuchter, ausgedrückter Küchenschwamm.

Der Kompost wird nicht heiß

Die Ursache wird in der Regel zu trockenes Kompostgut sein. Nur bei einem optimalen Feuchtigkeitsgehalt kann die Heißrotte einsetzen. Abhilfe: Gegebenenfalls muss trockenes Material mit feuchterem gemischt werden, bevor es eingefüllt wird, oder Sie befeuchten es mit dem Schlauch oder einer Gießkanne vor dem Einfüllen.

Der Komposter lässt sich nicht mehr schließen

Billige Modelle warten nach kurzer Zeit mit vielen „Überraschungen" auf. Sie erhitzen sich langsamer oder nicht so intensiv, weil sie meist schlecht oder gar nicht isoliert sind. Außerdem sind Klappen, Türen und Scharniere schlampig verarbeitet und leiern schneller aus. So entpuppt sich ein vermeintliches Schnäppchen schnell als Ärgernis. Abhilfe: Achten Sie bei der Anschaffung auf qualitativ hochwertige Produkte, lassen Sie sich das Befüllen und Entleeren im Gartencenter vorführen und erklären. Wenn es schon ohne Kompost wackelt und scheppert, können Sie nicht erwarten, dass der Komposter bis zum Rand gefüllt stabil bleibt und sich leicht entleeren lässt.

KOMPOSTWÜRMER UND THERMOKOMPOSTER

Im Gartenfachhandel werden Kompostwürmer angeboten. Das sind Regenwürmer, die sich von toten Pflanzenteilen ernähren und diese zu Humus abbauen. Die Würmer werden besser nur in normalem Kompost eingesetzt, da sie in einem Thermokomposter bei Temperaturen bis zu 70 °C im wahrsten Sinne des Wortes gegart würden.

Normale Kompostmieten und Thermokomposter können sich im größeren Garten auch gut ergänzen.

Was tun, wenn zu viel
Material einer Sorte anfällt?

Nicht immer fallen die Gartenabfälle in einer gleichmäßigen Mischung aus feinem und grobem Material, trockenen und feuchten Abfällen an und lassen sich optimal mischen. Je nach Jahreszeit oder bei bestimmten Gartenarbeiten fallen Rasenschnitt, Laub oder Unkraut in großen Mengen an, die – einfach so auf den Kompost gegeben – die gleichmäßige Rotte beeinträchtigen würden.

Zu viel Rasenschnitt

Besonders bei großen Flächen kommt beim wöchentlichen Mähen eine enorme Menge an Rasenschnitt zusammen. Dieser ist relativ feucht und enthält sehr viele Nährstoffe, vor allem Kalium, was bei einer Kompostierung dazu führt, dass sich das Kompostgut enorm erhitzt – 70 °C und mehr sind nicht außergewöhnlich – und durch den hohen Kaliumgehalt sehr „salzhaltig" ist. Das kann bei empfindlichen Pflanzen später zu Wachstumsproblemen führen, wenn diese mit dem Rasenkompost gedüngt werden. Abhilfe: Wenn Sie keinen Heckenschnitt oder gehäckselte Zweige und Äste zur Verfügung haben, die mit dem Rasenschnitt vermengt werden können, ist es ratsam, den Rasenschnitt quasi „auf Vorrat" beiseite zu legen. Lassen Sie ihn dazu antrocknen – gelegentliches Wenden und Auflockern mit einer Forke hilft dabei –, und lagern Sie ihn dann in einer separaten Kompostmiete. So haben Sie, wenn zum Beispiel im Herbst beim Baum- und Strauchschnitt mehr holziges Material anfällt oder viel Heckenschnitt, immer auch feines Material zur Verfügung. Alternativ kann der Rasenschnitt auch als Mulch zur Flächenkompostierung in einer zwei bis drei Zentimeter dicken Schicht unter Hecken oder zwischen den Reihen im Gemüsebeet ausgebracht werden.

Zu viel Laub

Im Herbst fällt unter Bäumen oder entlang von Hecken viel Laub an, das nicht immer liegen bleiben kann. Auf Gehwegen und der Straße muss es aus Gründen der Verkehrssicherheit entfernt werden und auf dem Rasen kann zu viel Laub zu kahlen Stellen und Lücken führen. Laub von Baumarten wie Eiche und Walnussbaum, das viele Gerbstoffe enthält, dabei hart und ledrig ist, verrottet auch nur sehr langsam. Das Laub mit dem Hausmüll oder dem Grüngutabfall zu entsorgen, ist jedoch keine gute Lösung, denn es gibt keinen besseren Kompost als Laubhumus aus verrotteten Blättern. Abhilfe: Lagern Sie das Laub (wie beim Rasenschnitt links beschrieben) zwischen. Alternativ können Sie es durch einen Gartenhäcksler laufen lassen, dann werden die Blätter schon zerkleinert, und das Laub kann zum Schutz vor Frost als Mulchschicht 10–15 Zentimeter hoch auf den Beeten verteilt werden. Im Gemüsegarten kann es im Frühjahr dann untergegraben werden, im Staudenbeet wird es oberflächlich eingearbeitet oder von den sich einfindenden Kleintieren zersetzt und in tiefere Bodenschichten verlagert. Wenn Sie diese Maßnahme regelmäßig durchführen, bildet sich mit der Zeit ein überaus aktives Bodenleben mit gesünderen Pflanzen und einem natürlichen Humushaushalt.

Hier verläuft der Verrottungsprozess in der Kompostmiete optimal, nicht zuletzt dank der Tätigkeit der Kompostwürmer.

Zu viel Heckenschnitt

Heckenschnitt, vor allem von LAUBHECKEN, bereitet eigentlich keine Probleme. Er enthält von Natur aus eine gute Mischung aus lockerem, eher trockenem Material, den Ästen und Zweigen, und feuchten, nährstoffreichen Anteilen, den Blättern. Wenn Sie Heckenschnitt von Hainbuchen, Rotbuchen, Liguster oder anderen Laubgehölzhecken mit einem Gartenhäcksler zerkleinern und etwas abtrocknen lassen, falls die Blätter sehr feucht sind, haben Sie ein hervorragendes Material zum Kompostieren.

Wenn relativ viel Schnittgut von NADELGEHÖLZHECKEN wie Eibe, Thuja und Scheinzypresse anfällt, empfiehlt es sich, dieses mit Rasenschnitt, älterem Kompost oder Gartenerde zu versetzen, um die Verrottung zu beschleunigen. Durch den höheren Anteil an schwer verrottenden Wachsen (aus der Wachsschicht der Nadeln) und keimhemmenden aromatischen Substanzen (bei Thujen und Scheinzypressen) kommt sonst der Kompostierungsvorgang langsamer in Gang.

Zu viele Äste

Fallen im Frühjahr oder Herbst beim Rückschnitt von Bäumen und Sträuchern größere Mengen an Holzhäcksln an, sollten Sie diese, bevor Sie sie auch den Kompost geben, mit Laub (aus der Reserve) oder Rasenschnitt vermischen. Außerdem ist eine Handvoll Hornspäne oder Kalkstickstoff pro Lage auf dem Kompost hilfreich, um den Verrotteprozess zu beschleunigen, da Holz kaum Stickstoff enthält, dieser aber für den Abbau durch die holzabbauenden Pilze und Bakterien notwendig ist.

Falsche Anwendung von Kompost

Kompost ist nicht nur ein humusreicher Bodenverbesserer, sondern – besonders wenn es sich um Kompost aus Küchenabfällen und Ernteabfällen von Gemüse handelt – aufgrund des hohen Gehalts an Nährstoffen ein äußerst gehaltvoller organischer Dünger.

Zusätzliche Düngergaben selten nötig

Ein Boden, der mit Kompost aufgewertet wird, erhält alle notwendigen Nährstoffe und Spurenelemente, besonders, wenn dem Kompost zur schnelleren Gare Stickstoff in Form von Hornspänen (organisch) oder Kalkstickstoff (mineralisch) zugegeben wurde. Durch eine allzu großzügige Kompostgabe, und das kann schon eine 5–10 Zentimeter hohe „Mulchschicht" sein, werden dem Boden mehr Nährstoffe zugeführt als die Pflanzen aufzunehmen in der Lage sind oder der Boden an seinen Partikeln binden kann. Vor allem Stickstoff, aber auch Kalium werden dann in tiefere Bodenschichten ausgewaschen, wo sie für die Pflanzenwurzeln nicht mehr erreichbar sind, oder ins Grundwasser, wo sie einfach nicht hingehören.

Zu viel Kompost

Wenn Sie zu viel Kompost auf einer Fläche verteilt haben, können Sie diesen „abmagern", indem Sie zum Beispiel zusätzlich Sägespäne oder Kleintierstreu einarbeiten. Auf dem Holz siedeln sich Bakterien und Pilze an, die für ihr Wachstum und zum Abbau des im Holz enthaltenen Lignins (den Holzfasern) viele Nährstoffe – besonders Stickstoff – verbrauchen und binden. So wird verhindert, dass Nährstoffe bei Regen oder durch die Bewässerung ausgewaschen werden. Alternativ können Sie auch Gründüngungspflanzen einsäen, die überschüssige Nährstoffe aufnehmen und binden.

Frischer Rasenschnitt als Flächenkompost

Rasenschnitt enthält viel Feuchtigkeit und erhitzt sich sehr schnell, wenn er in einem Haufen oder in einer mehr als 10 Zentimeter dicken Schicht als Mulch ausgebracht wird. Zarte Pflanzen können so an den Stängeln und den oberflächennah wachsenden Wurzeln durch die sich entwickelnde Wärme geschädigt werden. Abhilfe: Lassen Sie den Rasenschnitt erst etwas antrocknen, bevor Sie ihn auf den Beeten verteilen. So verrotten die Halme langsam und ohne die Hitzeentwicklung.

Probleme mit Tieren im Garten

Was tun, wenn
Katzen zum Problem werden?

„Das beste Mittel gegen Nachbars Katze ist ein Hund." Im Prinzip stimmt das, allerdings sollte das nie der Grund sein, einen Hund anzuschaffen. Katzen, ob es die eigenen oder die des Nachbars sind, können auf unterschiedliche Weise lästig werden.

Katzen und Vögel

Von den in Deutschland etwa sieben Millionen lebenden Hauskatzen werden nur etwa eine Million als reine Wohnungskatzen gehalten. Die übrigen dürfen mehr oder weniger oft ins Freie oder dürfen ohne Einschränkungen zwischen Innen und Außen wechseln. Zwar machen Vögel „nur" etwa 20 % der Beutetiere aus, der Rest sind Mäuse und andere Nager, trotzdem erbeutet jeder Freigänger etwa 25 Vögel im Jahr, wie Wissenschaftler in der Schweiz und am Institut für Haustierkunde in Kiel herausgefunden haben. Multipliziert und aufsummiert bedeutet das, dass alleine in Deutschland jedes Jahr etwa 150 Millionen Vögel von Katzen getötet werden!

Katzen stellen Vögeln am Futterplatz, am Vogelbad und an den Nestern nach. Sie erklimmen sogar Bäume und können Nistkästen und Nester ausräubern. Abhilfe: Die folgenden Maßnahmen helfen, die Zahl der Vogelopfer im Garten und der Nachbarschaft zu reduzieren, wenn Sie selbst eine Katze besitzen:

➥ Lassen Sie Ihren Kater kastrieren oder Ihre Katze sterilisieren. Sie werden dadurch weniger in der Gegend herumstreunen, sind häuslicher und locken auch weniger Katzen aus der Nachbarschaft an. Außerdem verhindern Sie eine unerwünschte Vermehrung.

➥ Gestalten Sie den Garten abwechslungsreich und naturnah. So haben Vögel mehr Versteck- und Fluchtmöglichkeiten und sitzen nicht auf dem Präsentierteller einer offenen Rasenfläche.

➥ Damit Katzen nicht an den Stämmen von Bäumen in die Kronen oder zu aufgehängten Nistkästen klettern können, gibt es spezielle Abwehrmanschetten, zum Beispiel von Schwegler, die verhindern, dass sich Katzen oder Marder als Nesträuber verdingen können.

➥ Alternativ können Sie auch dornige Äste und Triebe, zum Beispiel von Brombeeren, um den Stamm wickeln oder unter dem Baum aufschichten. Stacheldraht ist tabu, denn er stellt nicht nur für die Katze, sondern auch für die Vögel ein Verletzungsrisiko dar.

➥ Nistkästen können auch so aufgehängt werden, dass Katzen keinen Zugang haben, mindestens zwei Meter über dem Boden zum Beispiel freihängend an waagerechten Ästen oder an glatten Fassaden.

➥ Futterhäuschen und Vogelbad werden im Abstand von mindestens zwei Meter zum nächsten Gebüsch oder Beet aufgestellt, das einer Katze als Anschleichversteck dienen könnte.

➥ Lassen Sie im Frühling von April bis Mai die Katze möglichst nicht raus, denn dann sind die Jungvögel der ersten Brut von Amseln, Meisen und Finken gerade ausgeflogen und für Katzen eine leichte Beute.

Katzen plündern den Gartenteich

Wenn die Zahl der Goldfische im Teich immer weiter abnimmt, so könnte die eigene oder Nachbars Katze dafür verantwortlich sein.

Abhilfe: Gegen räuberische Fischzüge hilft ein Schutznetz über dem Teich oder ein Elektrozaun um das Gewässer. Auch ein Katzenschreck, zum Beispiel von Variona, hilft.

Schäden durch Krallen, Kot und Urin

Nicht nur Vögel, Eidechsen, Molche und Fische, sondern auch Pflanzen leiden unter Katzen. Katzen schärfen an der Rinde von Gehölzen ihre Krallen (oder an den neuen Gartenmöbeln), zerwühlen Beete, wenn sie ihren Kot vergraben, und können durch das Markieren mit Urin an Stauden und Gehölzen so starke Blattschäden verursachen, dass die Pflanze eingeht. Abhilfe: Setzen Sie keine Pflanzen in den Garten, die Katzen anziehen, wie Katzenminze oder Baldrian. Um Katzen aus dem Garten fernzuhalten, muss dieser so „katzenunfreundlich" wie möglich sein. Verjagen Sie die Katze mit einem gezielten Spritzer aus einer Wasserpistole oder dem Schlauch.

Installieren Sie einen Katzenschreck, dessen Bewegungssensor einen für die Katze unerträglichen Ultraschallton aussendet.

DAS HILFT NICHT

Ein Halsband mit einem Glöckchen verhindert nicht, dass eine Katze Vögel fängt. Das ständige Klingeln stresst die Katze nur unnötig, und sie kann sich durch Strangulieren verletzen, wenn sie mit dem Halsband im Gebüsch hängen bleibt.

Duft-Streupulver gegen Hunde und Katzen zeigen kaum Wirkung und verlieren diese komplett, sobald es geregnet hat oder der Garten bewässert wurde.

Über die Wirkung der sogenannten „Verpiss-Dich-Pflanze" (*Plectranthus caninus*) wurde viel geschrieben, 100-prozentig bewährt hat sie sich nicht.

Was tun gegen Marder,
Waschbären und Füchse?

Füchse, Waschbären und Steinmarder gehören heute zur normalen Fauna fast jeder Großstadt. Sie haben sich dem Leben in den Städten perfekt angepasst, finden Unterschlupf unter Dächern, in Schuppen oder unter der Terrasse; Futter ist im Überfluss auf Kompostplätzen und in den Mülltonnen vorhanden, und bejagt werden sie auch nicht.

Füchse

Hat sich im Garten ein Fuchs oder gar eine ganze Fuchsfamilie angesiedelt, so können die folgenden Maßnahmen helfen, ihn wieder zu vertreiben.

➤ Schließen Sie Lücken oder Durchschlüpfe im Zaun, durch die der Fuchs in den Garten gelangt. Dies ist jedoch nicht immer möglich, man kann

nicht jeden Garten komplett abschotten. Außerdem würde so genauso verhindert, dass nützliche Tiere wie Igel in den Garten kommen können.

➤ Alle Futterquellen, die Füchse anlocken, müssen entfernt oder gesichert werden. Das gilt besonders für Katzen-, Hunde- oder Igelfutter, das offen im Garten oder auf der Terrasse steht. Essensreste gehören grundsätzlich nicht auf den Kompost, sondern nur in den Hausmüll. Mülleimer müssen fest verschlossen sein, entweder mit einem Schloss oder einem Schließmechanismus, der verhindert, dass der Deckel von Füchsen mit der Schnauze und den Pfoten geöffnet werden kann. Auch der Grill muss nach jedem Gebrauch gereinigt werden, damit er keine betörenden Gerüche verbreitet. Füchse, die angefüttert werden, verlieren jede Scheu vor dem Menschen, dringen ins Haus ein und stellen für Kinder und Haustiere eine ernstzunehmende Gefahr dar!

☛ Füchse meiden Licht und beleuchtete Bereiche. Installieren Sie im Garten Lampen, die mit einem Bewegungsmelder verbunden sind und angehen, wenn sich ein Tier – oder auch ein Mensch – in ihrer Nähe aufhält.

☛ Füchse mögen keinen Lärm. Wenn Sie den Fuchs jedes Mal durch lautes Rufen und Klatschen verscheuchen, sobald er sich zeigt, lernt er schnell, dass er in Ihrem Garten nicht willkommen ist.

☛ Wildvergrämungsmittel wie Hukinol, die auch an Straßen eingesetzt werden, wirken zuverlässig gegen Füchse, riechen aber auch für den Menschen unangenehm.

Marder

Steinmarder können vor allem an parkenden Autos durch das Anfressen von Kabeln und Schläuchen Schäden verursachen. Sie fühlen sich in Schuppen, Dachböden, Holzstapeln und Garagen wohl. Um Marder zu vertreiben sind dieselben Maßnahmen wie gegen Füchse möglich.

Ultraschallgeräte und handelsübliche Geruchsmittel sind selten wirksam, gegen Schäden am Auto helfen elektrische Abschrecksysteme, wie sie zum Beispiel vom ADAC angeboten werden. Auch ein Maschendraht, der lose unter den Motorraum des geparkten Autos gelegt wird, soll eine abschreckende Wirkung haben, da der Marder ungern über den Draht läuft.

DAS HILFT NICHT:

Hunde-, Katzen- oder Menschenhaare zeigen bei Mardern kaum Wirkung, ebenso die in vielen Internetforen vorgeschlagenen Klosteine.

Waschbären

In vielen Städten werden Waschbären mehr und mehr zum Problem. Haben sie sich einmal eingenistet, sind sie kaum mehr zu vertreiben. Sie richten an Gebäuden große Schäden an, da sie Dachziegel lösen, Isolierungen beschädigen, Holzkonstruktionen benagen und im Garten in den Beeten wahre Verwüstungsfeldzüge durchführen können. Vertreibungs- und Vergrämungsmaßnahmen wirken bei Waschbären nur kurz, die intelligenten Tiere lernen schnell, dass ihnen keine eigentliche Gefahr droht.

☛ Töten oder fangen und wegbringen bleiben ohne Erfolg, denn Waschbären können hohe Verlustraten durch vermehrte Fortpflanzung ausgleichen: Je mehr Waschbären getötet werden, umso mehr Jungtiere kommen nach.

☛ Decken Sie an der Hausfassade Regenfallrohre mit einer ein Meter breiten, glatten Metallmanschette ab, die 30 Zentimeter über dem Boden an die Hauswand geschraubt wird.

☛ Entfernen Sie Kletterpflanzen und Spaliere von der Fassade.

☛ Äste von Bäumen und Sträuchern dürfen nicht an die Hauswand oder über das Dach ragen. Der Abstand muss mindestens ein Meter betragen.

☛ Schuppen, Kompost- und Mülleimer müssen verschlossen sein. Waschbären entwickeln mit ihren Vorderpfoten, die sogar greifen können, eine unglaubliche Fingerfertigkeit.

☛ Der Kamin muss mit einem fest verschraubten Eisengitter abgedeckt sein, damit der Waschbär nicht ins Haus eindringen kann.

Was tun gegen
Mäuse und Ratten?

Mäuse und Ratten gehören nicht nur zu den lästigen Gartenbewohnern, sie können durch ihre Fraßtätigkeit auch große Schäden an Früchten und Samen, Knollen und Zwiebeln anrichten. Außerdem übertragen sie Krankheiten und verunreinigen durch Kot und Urin die Umgebung, Regale im Schuppen oder eingelagertes Obst und Gemüse im Keller.

Mäuse

Tüten mit Blumen- und Gemüsesamen, offene Körbe mit Blumenzwiebeln, Schachteln, Pappe, Unordnung im Gartenschuppen – ein Paradies für Mäuse. Ordnung und Sauberkeit sind eine Möglichkeit, der Ansiedlung der Nager vorzubeugen. Haben sie sich aber erst einmal eingenistet, so sollten Bekämpfungsmaßnahmen getroffen werden. Im Garten richten sie durch das Fressen von Keimlingen – besonders Möhren und Salat stehen auf Ihrer Lieblingsfutterliste –, aber auch von Krokusknollen und vielen anderen Pflanzen Schaden an.

SPITZMÄUSE

Spitzmäuse sind keine Nagetiere, sondern Insektenfresser und im Garten ausgesprochen nützlich. Sie vertilgen Raupen, Würmer, Engerlinge und viele andere Insekten. Häufig sieht man eine ganze Familie im Gänsemarsch laut raschelnd und schnuppernd durchs Beet ziehen. Spitzmäuse stehen unter Naturschutz und dürfen nicht getötet werden.

ERKENNEN Dass sich Mäuse eingenistet haben, erkennen Sie am Mäusekot, der aussieht wie kleine, getrocknete schwarze Reiskörner, auf Regalböden, in Ecken und auf Arbeitsflächen. Im Schuppen kann auch der typische Mäusegeruch, der von ihrem Urin kommt, ein Hinweis sein, und natürlich Sägespäne, Nagespuren und Fasern in Kisten oder Kartons, die als Nest dienen.

VERTREIBEN Mäuse lassen sich kaum vertreiben, da sie sich sehr schnell an menschliche Tätigkeiten in ihrer Umgebung gewöhnen. Hier hilft nur, es den Mäusen schwerer zu machen, sich einzunisten, Verstecke gar nicht erst entstehen zu lassen und Nahrungsmittel nicht unverschlossen zu lagern.

FALLEN Mit Fallen lassen sich einzelne Tiere fangen, einer größeren Mäuseplage werden Sie mit ihnen jedoch nicht Herr. Lebend- und Totschlagfallen gibt es im Gartenfachhandel. Als Köder hat sich Schokolade bewährt, die auf Mäuse eine größere Anziehungskraft als Speck oder Käse ausübt. Außerdem macht sie in Lebendfallen gefangene Mäuse nicht so durstig, da sie kein Salz enthält.

GIFT Giftköder sind ein zuverlässiges Mittel, um Mäuse zu bekämpfen. Verwenden Sie nur zugelassene Präparate, die sicher für andere Tiere sind. Die Giftköder enthalten einen Stoff, der die Blutgerinnung hemmt. Die Tiere schlafen nach einer Weile ein und verbluten dann innerlich. Diese Methode ist im Gegensatz zum oft qualvollen Tod in einer Falle wesentlich humaner. Man findet in der Regel die toten Mäuse nicht – die Tiere sterben meist in ihren Verstecken. Das kann erst einmal eine Erleichterung sein, weil man die Körper nicht

Waschbär und Fuchs fühlen sich in unseren Städten durchaus wohl. Ratten gehören schon seit Jahrtausenden zu den Begleitern des Menschen.

beseitigen muss, kann aber auch zu unangenehmen Geruchsbelästigungen führen, je nachdem, wo sich die Verstecke befinden.

KATZEN „Die Katze lässt das Mausen nicht" – diese alte Redensart beinhaltet viel Wahres, und eine Katze im Garten ist normalerweise in der Lage, die Mäuseschar in Schach zu halten. Dafür müssen Sie jedoch mit gelegentlich unter der Wohnzimmercouch oder im Hausflur abgelegten „Opfern" der Jagdlust Ihres Stubentigers leben.

Ratten

Alle genannten Bekämpfungsmaßnahmen gegen Mäuse gelten auch für Ratten. Diese großen Nagetiere nisten sich oft in der Nähe des Komposts oder unter Gartenschuppen an. Die großen, etwa 6 – 8 Zentimeter breiten Löcher zu den unterirdischen Bauten sind ein Indiz für ihre Anwesenheit. Da Ratten Krankheiten übertragen können und an Lebensmitteln im Keller Schäden durch Fraß und Verunreinigungen durch Kot verursachen, müssen sie im Haus auf jeden Fall bekämpft werden.

Bei einem deutlich massiven und länger andauernden Befall wird nur ein professioneller Schädlingsbekämpfer die Bekämpfung so organisieren können, dass der komplette Bestand beseitigt werden kann. Das Problem ist nämlich, dass sich auch eine ganz kleine Restpopulation der Nager rasant vermehren kann und so bald wieder lästig wird.

Was tun gegen Vögel?

Des einen Freud, des andern Leid. Fast jeder freut sich über die kleinen Meisen am Futterhaus, das Leben, das die gefiederten Besucher in den Garten bringen, und dass sie viele Insekten vertilgen. Es gibt aber auch Situationen, wenn Vögel wirklich lästig werden.

Amseln fressen Krokusse

Im Frühling zeigt sich im Garten ein seltsames Phänomen: Gelbe Krokusse (aber auch Narzissen und Primeln) werden von Amseln zerfleddert und zerpflückt. Weiße oder blaue Krokusse bleiben praktisch unbehelligt. Besonders schlimm scheint es, wenn sich die Blüten an einer Reviergrenze zweier Männchen befinden. Die gelben Blüten scheinen bei ihnen als Aggressionsauslöser zu wirken (wie die gelben Schnäbel) und sind viel besser zum Abreagieren geeignet als ein echter Rivale … natürlich nur in den Augen eines liebestollen Amselmännchens und nicht in denen des Gärtners.

Abhilfe: Gegen Krokusattacken kann man nicht viel unternehmen: Bänder mit glitzerndem Stanniolpapier (Alufolie) sollen die Tiere vertreiben, diese Maßnahme wirkt aber nur kurzfristig. Wirksamer ist es, entweder viele verschiedene Krokusse durcheinander zu setzen, dann fallen die gelben nicht so auf und stellen kein so prägnantes „Ziel" für die Amselangriffe dar.

Tauben

Die verwilderten Stadt- oder Straßentauben sind vor allem in der Stadt lästig, wenn sie auf Balkon und Terrasse Nester bauen, sich auf den Sitzmöbeln niederlassen und das Geländer verkoten. Zwar geht von ihnen keine so große Ansteckungsgefahr mit Krankheitserregern aus, wie oft behauptet wird, doch sind sie durch den Kot und Lärm, den sie verursachen, sehr lästig. Tauben dauerhaft zu vertreiben, kann eine Lebensaufgabe sein. Abhilfe: Die folgenden Maßnahmen können zum Erfolg

führen, leider gibt es aber immer wieder Ausnahmen beziehungsweise Tauben, die lernen, sie zu umgehen:

NETZE Taubenschutznetze verhindern, dass sich die Vögel an Gesimsen, Mauervorsprüngen und Erkern oder auf dem Balkon niederlassen können. Leider stören sie auch die Sicht etwas. Die Netze müssen überall bündig und ohne Schwachstellen montiert werden, denn diese werden von den Tauben schnell gefunden und durch ständiges Picken und Zerren geöffnet.

SPIKES Diese mit Stahlstiften gespickten Bänder werden auf Fensterbänken oder Simsen befestigt und verhindern relativ zuverlässig, dass sich Tauben (und andere Vögel) auf ihnen niederlassen. Leider verschmutzen sie mit der Zeit und sehen dann nicht mehr besonders attraktiv aus.

DRAHT Mehrere etwa sieben Zentimeter über dem Sims gespannte Drähte können denselben Zweck erfüllen wie Spikes – sie verhindern, dass sich die Tauben niederlassen. Besonders effektiv sind sie, wenn sie unter Strom stehen – solche Anlagen müssen aber von einem Fachmann installiert werden und durch die Stromimpulse ist oft ein Ticken hörbar, das auch störend sein kann.

PLASTIKKRÄHEN Krähen sind die natürlichen Feinde der Tauben. Daher meiden Tauben Figuren, die so aussehen – aber nur so lange, bis sie merken, dass es sich um Attrappen handelt. Am längsten wirken

Figuren, die sich im Wind bewegen. Eine langfristige Taubenvergrämung ist mit ihnen jedoch nicht möglich.

AKUSTISCHE SIGNALE Es gibt im Fachhandel Geräte, die in Abständen aufgezeichnete Schreie von Wanderfalken oder Habichten wiedergeben, ebenfalls natürliche Feinde der Tauben. Abgesehen davon, dass dies auf Dauer für Ihre Ohren und die Ihrer Nachbarn lästig ist, lernen die Tauben auch schnell, dass von den Schreien keine Gefahr ausgeht. Auch mit Ultraschallgeräten, ähnlich jenen, die zur Vertreibung von Katzen oder Füchsen er-folgreich wirken, erzielen Sie bei Tauben keinen dauerhaften Erfolg.

Krähen

Krähen im Garten oder in der Umgebung können durch ihr Geschrei, den Kot und das Fressen von Saatgut und Jungpflanzen lästig sein. Da sie um einiges intelligenter als andere Vögel sind, lassen sie sich kaum mit den üblichen Abwehrmaßnahmen vertreiben. Abhilfe: Im Prinzip hilft nur ein Verscheuchen, wenn sie im Garten auftauchen. Gemüsebeete und Jungpflanzen müssen mit Netzen geschützt werden.

Was tun gegen
Wespen und Hornissen?

Wespen und Hornissen sind im Prinzip ausgesprochen nützliche Insekten, denn sie füttern ihre Laven mit tierischem Eiweiß – und das sind zu fast 100 Prozent Insekten. Darunter sind auch viele wie Blattläuse, Raupen und Mücken, über deren Verschwinden der Gärtner froh ist.

Vorbeugende Maßnahmen

Um Wespen und Hornissen nicht unnötig anzulocken, sollten Sie keine Speisen und Getränke offen stehen lassen und Abfallbehälter immer gut verschließen.

➤ Wenn Sie Fallobst auf den Kompost geben, bedecken Sie es mit einer Schicht Rasenschnitt oder ähnlichem feinen Material.

➤ Vermeiden Sie im Garten intensive Parfüms, duftende Cremes, Haarspray und bunte Kleidung. Besonders die Farben Blau, Weiß und Gelb ziehen Wespen an. Aber auch Schweißgeruch wirkt auf die gelbschwarzen Insekten anziehend.

➤ Zum Essen im Garten sollten Sie sich nicht unter einen Obstbaum mit reifen Früchten oder eine mit Wildem Wein oder Weintrauben berankte Hausfassade setzen.

➤ Bieten Sie eine alternative Nahrungsquelle in fünf bis zehn Metern Entfernung vom Tisch an, und zwar am besten bereits ein bis zwei Tage vor einer geplanten Veranstaltung. Die Wespen kennen dann schon die Futterquelle und steuern diese gezielt an.

➤ Kinder sollten Getränke im Garten am besten nur mit Strohhalm trinken und Eis am Stiel oder im Becher möglichst im Haus verzehren.

- Schlagen oder fuchteln Sie nicht nach Wespen, um sie zu vertreiben. Das macht sie aggressiv, da sie sich – zu Recht – angegriffen fühlen.
- Wespenfallen (siehe Seite 194) locken Wespen an, darin liegt ja gerade der Sinn. Stellen Sie diese deshalb nicht in unmittelbarer Nähe von Sitzplätzen, auf dem Gartentisch oder am Hauseingang auf, sondern abseits.

Wespen vertreiben

Es gibt verschiedene Gerüche und Aromen, die von Wespen als unangenehm empfunden werden und sie vom Tisch oder Sitzplatz vertreiben.

Am wirksamsten ist Kaffeepulver, das in einer feuerfesten (!) Schale, zum Beispiel aus Terrakotta oder Steingut, angezündet wird. Es glimmt langsam vor sich hin, duftet für Menschen angenehm nach geröstetem Kaffee und vertreibt Wespen zuverlässig. Verwenden Sie keine gläsernen Schalen oder Aschenbecher, diese können so heiß werden, dass sie zerspringen und man sich an den umherspritzenden Scherben und Splittern verletzen kann. Achten Sie auch darauf, dass durch die heiß werdende Schale keine Brandflecken auf Tisch oder Tischtuch entstehen.

Auch aromatische Öle wie Zitronella- und Nelkenöl, die in Schälchen aufgestellt werden können oder als Zusatzstoffe in Duftkerzen eingesetzt werden, wirken abschreckend auf Wespen. Dasselbe gilt für Salmiakgeist, der in Schälchen oder auf Tüchern um den Tisch aufgestellt werden kann. Allerdings wirkt der strenge Ammoniakgeruch auch auf uns Menschen unangenehm.

Neuerdings werden Wespennestattrappen angeboten, die, unter den Sonnenschirm, in der Pergola oder in Bäumen über dem Sitzplatz aufgehängt anfliegenden Wespen bedeuten sollen: „Achtung! Dieses Revier ist belegt." Die Erfahrung in der Praxis zeigt, dass diese Attrappen eine eher bescheidene Vertreibungs- oder Vergrämungswirkung zeigen.

Tauben (oben) und Ameisen (unten) sind eher lästig als schädlich. Hornissen (Mitte) sind nicht aggressiv und im Garten sogar nützlich.

Wespenfallen

Fallen funktionieren mit Lockstoffen und physikalisch. Wespenfallen sind zum Beispiel Flaschen mit engem Hals, in die süße Fruchtsäfte oder Sirup gefüllt wird. Die Wespen fliegen hinein, finden den Weg nicht mehr hinaus und ertrinken letztendlich in der Flüssigkeit. Am besten hängen Sie die Flaschen außerhalb der Reichweite von Kindern an einem Seil oder einer Schnur in Bäume. Statt Fruchtsaft eignen sich auch Obstessig, Bier, Frittierfett und (süßer) Wein oder Likör.

Wespen ernähren sich als erwachsene Insekten von süßem Obst, Säften und Baumharzen, die Larven werden mit tierischem Eiweiß (andere Insekten, Fleisch) gefüttert. Mit einer Scheibe Lyoner, Bierschinken oder einem Stückchen Grillfleisch, das Sie fernab an einen Zweig hängen oder auf den Kompost legen, lenken Sie die Aufmerksamkeit der Wespen vom gedeckten Gartentisch oder der Picknickdecke ab und haben (hoffentlich) mehr Ruhe.

Nester entfernen und Gifteinsatz

Da Wespen vornehmlich nützlich sind, sollten Nester im Garten nur dann entfernt werden, wenn sie eine akute Gefahr darstellen, zum Beispiel wenn sich Allergiker im Garten aufhalten oder wenn die Wespen ihre Nester an Fenstern, in Rollladenkästen oder in Schuppen bauen.

Da ein Wespenschwarm sein Nest vehement verteidigt, wenn er sich angegriffen fühlt, sollten Sie Nester nur von einem Fachmann (Kammerjäger) oder der Feuerwehr entfernen lassen. Das gilt auch für den Einsatz von Gift, das in die Nester gesprüht wird.

HORNISSEN STEHEN UNTER NATURSCHUTZ

Hornissen sind die größte einheimische Wespenart. Entgegen der landläufigen Meinung ist ihr Gift, das sie beim Stechen abgeben, nicht gefährlicher als das von Wespen, allerdings ist die injizierte Menge größer und damit auch der Schmerz und die Schwellung. Hornissen sind aber relativ friedliche Tiere. Außerhalb ihres Nestbereichs fliehen sie bei Bedrohung lieber und zeigen kaum Verteidigungsbereitschaft. Wenn sie nicht aus Versehen eingeklemmt werden, ist kaum ein Stich zu befürchten. Außerdem werden Hornissen uns Menschen nicht lästig, da sie sich nicht – wie Deutschen Wespe oder die Gewöhnliche Wespe – für Kuchen oder süße Getränke interessieren.

Hornissen stehen unter Naturschutz, dürfen also nicht einfach vergiftet oder ausgeräuchert werden. Wenn sich ein Nest mit der Ein- und Ausflugschneise an einer Stelle am Haus oder im Garten befindet, die häufig begangen wird und an der sich die großen Insekten durch die Aktivitäten des Menschen bedroht fühlen könnten, sollten Sie einen Fachmann zurate ziehen. Ansonsten erfreuen Sie sich an diesen ungewöhnlichen Vertretern der Insektenwelt, von denen ein durchschnittlich großes Volk (300 bis 400 Tiere) pro Tag durchaus ein halbes Kilogramm Insekten vertilgen kann.

Was tun gegen Ameisen?

Ameisen gehören zwar zu den effizientesten Insektenvertilgern, sie werden aber sehr lästig, wenn sie sich im Rasen, unter Terrassenplatten oder in Kübeln ansiedeln.

Ameisen legen ihre Nester gerne unter Terrassenplatten an – dort ist es warm, der Untergrund ist sandig und das Nest leicht anzulegen. Sand und Erde, die beim Nestbau zwischen den Fugen nach oben geschafft werden, sind nicht nur lästig, da sie für eine Verschmutzung der Platten sorgen. Mit der Zeit lockern sich diese auch und fangen an zu kippeln oder sich abzusenken – gefährliche Stolperfallen können so entstehen.

Auch die lockere Erde in Pflanzkübeln bietet Ameisen perfekte Bedingungen für ein Zuhause – zumal sie gleich ein Stockwerk höher ihre Lieblingshaustiere, Blattläuse, ansiedeln, hegen und pflegen können. Diese schwächen durch ihre Saugtätigkeit die Pflanze, lassen zarte Triebe und Blüten verkrüppeln, übertragen Pflanzenviren, und auf den klebrigen Ausscheidungen, dem Honigtau, siedeln sich Rußtaupilze an. Es ist genau dieser zuckerhaltige Honigtau, der für die Ameisen eine energiereiche Delikatesse ist, und weswegen die Blattläuse von den Ameisen gepflegt, vor Feinden beschützt und von Pflanze zu Pflanze verfrachtet werden.

Ameisennester entfernen und bekämpfen

Ameisennester unter Terrassenplatten lassen sich relativ einfach mit kochendem Wasser bekämpfen. Heben Sie dazu die Platten hoch, unter denen sich die Ameisen angesiedelt haben, und gießen Sie kochend heißes Wasser, zum Beispiel aus einem Teekocher, in das Nest. Alternativ können Sie auch im Gartenfachhandel erhältliche Ameisenmittel (Insektizide) in Wasser auflösen und in die Nester gießen.

Nicht dauerhaft wirksam sind sogenannte Kreidestifte. Dabei soll um das Nest eine Linie gezogen werden, über die die Ameisen nicht laufen. Es stimmt zwar, dass die Ameisen die Linie anfangs nicht mehr überqueren, da die unsichtbare Geruchsspur, die die Ameisenstraße markiert, unterbrochen wurde. Die Wirkung hält aber nur wenige Stunden oder Tage an.

An trockenen Stellen im Freien kann als Fraßgift mit Natron oder Borax (aus der Apotheke) versetzter Puderzucker gestreut oder ein Auszug aus Kampfer (aus der Apotheke) in Alkohol (Verhältnis 1:10) gesprüht werden. Auch Zimtpulver vertreibt (für eine gewisse Zeit) die Ameisen von ihren gewohnten Laufstraßen.

Die Annahme, dass als Köder ausgelegte Hefe oder Backpulver, die von den Ameisen gefressen werden, diese dann platzen lassen, gehört ins Reich der Ammenmärchen.

Service

Gärtnerglossar

ABHÄRTEN Langsames und schrittweises Gewöhnen von Kübelpflanzen oder Jungpflanzen im Frühjahr an die Freilandbedingungen, Sonne, Regen und kühle Nächte

ABLEGER Teilstück, Steckling oder → Absenker einer Pflanze

ABSENKER Trieb, der nach Herabbiegen bis zum Boden und anschließendes → Anhäufeln von Erde Wurzeln bildet und dann von der Mutterpflanze abgetrennt werden kann

ABSONNIG Standort im Garten, der keine direkte Sonne erhält, aber trotzdem hell und nicht schattig ist

ACARIZID Gift gegen Zecken und Milben, zum Beispiel Spinnmilben

AMBOSSSCHERE Gartenschere, bei der die untere scharfe Klinge gegen einen Metallblock gepresst wird. Gut für dickere Äste, kann aber Quetschungen verursachen

ANHÄUFELN Aufhäufen von Erde, Mulch oder Kompost um die Basis einer Pflanze, zum Beispiel als Winterschutz bei Rosen und kleinen Gehölzen

ANNUELL Einjährige Pflanze, die in einem Jahr keimt, wächst, blüht, fruchtet und dann abstirbt

ANTHERE Botanische Bezeichnung für die Staubblätter

ART Botanische Einheit innerhalb der Gattung. Pflanzen und Tiere einer Art können sich frei untereinander fortpflanzen, die Nachkommen sehen genauso aus wie die Eltern und sind fruchtbar.

ASTSCHERE Gartenschere, bei der die untere scharfe Klinge gegen eine scharfe obere Klinge gedrückt wird. Schneidet sauber, gut für Rosen und zum Obstbaumschnitt

AUGE Andere Bezeichnung für Knospe

AUSDÜNNEN Entfernen überzähliger Früchte oder Knospen, damit sich die verbleibenden besonders gut entwickeln können

AUSLICHTEN Entfernen alter, abgestorbener oder überzähliger Triebe und Äste bei Sträuchern und Bäumen

AUSPUTZEN Entfernen welker und eingetrockneter Blüten bei Rosen und Stauden Auswintern Das Eingehen von Pflanzen im Winter

BAUMSCHEIBE Bereich um den Stamm eines Baumes unterhalb der Krone

BLATTACHSEL Bereich zwischen Blattstielansatz und Zweig, in dem meist eine Knospe sitzt

BRUTZWIEBEL Zum Beispiel bei Lilien in den Blattachseln am Stängel entstehende kleine Zwiebeln, die abfallen und in der Umgebung der Mutterpflanze anwachsen

BUCHSSCHERE siehe → Schafschere

BULBE Botanische Bezeichnung für Zwiebel

BULBILLE Kleine Zwiebel oder Tochterzwiebel, die entweder an der Basis der Zwiebel erscheint oder in den Blattachseln, zum Beispiel bei Lilien

CULTIVAR Durch gärtnerische Züchtung entstandene Sorte

DAMENSPATEN Spaten mit etwas kleinerem, schmalerem Blatt, dadurch leichter und einfacher in der Handhabung. Damit sind feinere Grabearbeiten möglich als mit konventionellen Spaten, was den Damenspaten nicht nur bei Gärtnerinnen beliebt macht.

DREIZACK Handgerät mit drei Zinken zum Lockern und Graben

DUNKELKEIMER Bezeichnung für Pflanzen, deren Samen nur keimen, wenn sie kein direktes Licht erhalten. Nach der Aussaat müssen sie mit einer dünnen Schicht Erde oder Sand abgedeckt werden.

EDELREIS Trieb einer Obst- oder Ziersorte, der auf eine Unterlage veredelt wird

EDELSORTE Traditionelle Sorten (Alte Sorte genannt), die in der Landwirtschafts- und Gartengeschichte entwickelt wurden, nennt man Edelsorte und Bauernobst.

EINFACHE BLÜTE Auch ungefüllte Blüte, bei der die Staubblätter nicht zu Kronblättern (Petalen) umgeformt sind.

EINHÄUSIG Männliche und weibliche Blüten sind getrennt voneinander auf einer Pflanze vorhanden.

EINJÄHRIG Pflanze, die innerhalb einer Vegetationsperiode aus dem Samen keimt, wächst, blüht, Samen bildet und dann abstirbt

EINSCHLAGEN Lockeres Eingraben von Pflanzen im Herbst und Winter zur Überwinterung, um sie im Frühjahr an den endgültigen Platz zu pflanzen

EINZIEHEN Bezeichnung für das Welken und Absterben oberirdischer Pflanzenteile, zum Beispiel bei Stauden

ENTENFUSSHACKE Hacke zum Hacken und Glattziehen mit drei Zacken und einem flachen Blatt, geformt wie ein Entenfuß Entspitzen Auch Pinzieren. Das Auskneifen weicher Triebspitzen, um (im Frühjahr) die Verzweigung zu fördern oder (im Herbst) das Wachstum zu stoppen, damit der Trieb ausreifen kann

F1-HYBRIDE Erste Generation einer Kreuzung, oft besonders wüchsig und einheitlich im Erscheinungsbild

FASERWURZEL Feine Wurzelhaare, die Wasser und Nährstoffe aufnehmen

FERTIL Fruchtbar

FLOR Blüte

FREMDBEFRUCHTER Bezeichnung für Pflanzen, deren Pollen andere Vertreter ihrer Art befruchten. Viele Obstsorten sind selbststeril und brauchen eine andere Sorte als Pollenspender, um Früchte zu tragen.

FROSTHÄRTE Bezeichnung für die Widerstandskraft einer Pflanze, kalte Temperaturen zu überstehen. Nicht zu verwechseln mit Winterhärte

FRUCHTKNOTEN Blütenorgan, in dem sich die Eizellen befinden, aus denen sich nach Befruchtung durch den Pollen die Samen entwickeln

FUNGIZID Mittel zur Bekämpfung von Pilzkrankheiten

GABIONE Größerer Drahtkorb, der mit Steinen, Holz oder anderen Materialien gefüllt wird und als Sichtschutz oder zur Hangstabilisierung eingesetzt wird

GATTUNG Botanische Einheit, in der mehrere verwandte Arten zusammengefasst werden

GEFÜLLTE BLÜTE Blüte, bei der die Staubblätter zu Kronblättern (Petalen) umgeformt sind

GENERATIVE VERMEHRUNG Vermehrung durch Samen. Die Nachkommen können ein unterschiedliches Erscheinungsbild haben, da sie von zwei verschiedenen Elternpflanzen abstammen.

GRIFFEL Organ der Blüte, ein Teil des → Stempels, der den → Fruchtknoten mit der → Narbe verbindet

GRUBBER Handgerät mit meist 3 Zinken, das zur oberflächlichen Bodenlockerung eingesetzt wird

HABITAT Lebensraum

HABITUS Erscheinungsbild und Wuchsform einer Pflanze

HAFTSCHEIBE Speziell umgeformte Wurzelspitze, zum Beispiel bei Wildem Wein, mit dem sich die Pflanze an einer Unterlage verankert

HAFTWURZEL Speziell umgeformte Wurzel, zum Beispiel bei Efeu, mit der sich die Pflanze an einer Unterlage verankert

HALBIMMERGRÜN Pflanze, die ihr Laub über den Winter behält und es erst im Frühjahr abwirft, zum Beispiel Liguster

HIPPE Klappmesser mit geschwungener Klinge, das zum Veredeln und Säubern von Schnittwunden eingesetzt wird

HOCHBLATT Blatt oberhalb der normalen Laubblätter, das von diesen in Form und Farbe abweicht und entlang eines Blütenstiels entlang des Triebs steht.

HYBRIDE Kreuzung zwischen zwei Arten

IMMERGRÜN Pflanze, die ihr Laub über den Winter behält und erst nach mehreren Jahren abwirft

INSEKTIZID Mittel zur Bekämpfung von Insekten

INTERNODIUM Bereich eines Triebs zwischen zwei Knoten (Nodien)

KALLUS Wundgewebe, das an Verletzungen gebildet wird, zum Beispiel Rindenkallus
Keimblatt Erstes Blatt oder Blattpaar, das aus dem Samen erscheint

KELCHBLATT Auch → Sepale, Blatt der äußeren Blütenhülle

KNOLLE Unterirdisches Speicherorgan

KNOSPE Anlage, aus der Triebe oder Blüten wachsen können

KNOTEN Verdickung eines Triebs, in dem sich → Knospen befinden

KONIFERE Nadelgewächs

KOPFSTECKLING Steckling von der Triebspitze

KOTYL Keimblatt

KRONBLATT Inneres Blütenblatt, auch → Petale

KULTIVAR Durch gärtnerische Züchtung oder Auslese entstandene Sorte

KULTURSCHUTZNETZ Feines Netz, das über die Pflanzen gezogen wird, um zum Beispiel Schadinsekten fernzuhalten

KURZTRIEB Spross mit reduziertem Längenwachstum, an dem Blätter oder Blüten dicht gedrängt stehen

LANGTRIEB Spross mit stärkerem Längenwachstum, bei dem Blüten oder Blätter etwas entfernt voneinander stehen

LEITAST Hauptast eines Baumes

LEITSTAUDE Große Staude, die ein Beet dominiert

LICHTKEIMER Pflanzen, die zum Keimen Licht benötigen, deren Samen also bei der Aussaat nicht mit Erde bedeckt werden dürfen

LICHTSCHATTIG Bereich mit wechselnder Besonnung und Beschattung, zum Beispiel unter lichten Laubbäumen

MERIKLON Durch Gewebekultur vermehrtes Exemplar einer Pflanze

MYZEL Pilzfasern und Pilzgeflecht

NARBE Auffällige Oberseite des Griffels, auf dem der Pollen abgelegt wird

NEKROSE Absterben des Gewebes

NIEDERBLATT Kleine, einfache, oft schuppenförmige Blätter, meist an der Basis eines Triebes

OXALSÄURE Organische Säure, die scharfkantige Kristalle bildet und von vielen Pflanzen als Fraßschutz in Triebe, Früchte und Blätter eingelagert wird

PANASCHIERUNG Durch fehlendes Chlorophyll weiß-, cremefarben oder hellgrün gescheckt, marmoriert oder gezeichnet erscheinendes Blatt

PENDELHACKE Hacke mit beidseitig geschliffenem Blatt, das bei jeder Bewegung Unkraut entfernt

PESTIZID Mittel zur Bekämpfung von Schädlingen

PETALE Kronblatt

PFLANZSPATEN Spaten mit sehr schmalem Blatt, der zur Pflanzung von Stauden und kleinen Gehölzen eingesetzt wird

PIKIEREN Vereinzeln von Sämlingen aus der Saatschale in kleine Töpfe oder Gefäße

PINZIEREN Entfernen des weichen Spitzentriebs zur Anregung von Verzweigungen

POLLENSPENDER Pflanze einer Art, die andere Nachbarpflanzen derselben befruchtet

REMONTIEREN Zweite Blüte oder Flor im Spätsommer oder Herbst, nachdem der erste Flor verblüht ist. Bei Stauden und Rosen wichtig

RHIZOM Verdickter Wurzelstock

RISSLING Steckling, der durch Abreißen vom Haupttrieb gewonnen wird und nicht durch Schneiden

ROSENGABEL Kleine Grabegabel mit nur zwei Zinken, dadurch auch in dichten Pflanzungen einsetzbar

ROSENSCHERE Gartenschere, bei der die untere scharfe Klinge auf eine geschärfte Gegenklinge trifft und nicht auf einen Amboss

SAATBAND Band aus Zellulosevlies, in das im optimalen Abstand Samen eingebettet sind und das einfach in eine Saatreihe gelegt, abgedeckt und angegossen wird.

SAATSCHEIBE Scheibe aus Zellulosevlies, in das die Samen eingebettet sind und das auf einen Topf gelegt wird.

SATZ Begriff aus dem Gemüsebau. Durch gestaffelte Aussaat oder Anpflanzung kleiner Mengen von Arten oder Sorten mit kurzer Kulturzeit kann man über einen ausgedehnten Zeitraum ernten.

SAUZAHN Sichelförmiges Gerät zum Lockern des Bodens zwischen den Reihen, auch zur Tiefenlockerung verdichteter Böden

SCHAFSCHERE Schere zum Scheren von Schafen, die sich hervorragend zum Formschnitt von Buchs und anderen kleinblättrigen Gehölzen eignet

SCHLAFENDES AUGE In der Rinde liegende Knospe, die erst austreibt, wenn der Trieb über ihr gekappt wurde. Eine Reserve und Versicherung der Pflanze, um zum Beispiel nach Feuer, Sturm oder Schneebruch erneut austreiben zu können

SCHWANENHALSGRUBBER Handgrubber mit geschwungenem Hals zum Lockern verdichteter Böden.

SELBSTFRUCHTBAR Bezeichnung für Pflanzen, deren Blüten auch Samen bilden, wenn sie mit dem eigenen Pollen befruchtet wurden

SELBSTSTERIL Bezeichnung für Pflanzen, die nur Früchte oder Samen bilden, wenn sie mit dem Pollen einer anderen Pflanze derselben Art befruchtet wurden

SEPALE Äußeres Blütenblatt

SOMMERGRÜN Pflanze, die im Herbst die Blätter abwirft, oft nach einer Umfärbung von Grün zu Gelb, Orange oder Rot

SORTE Durch gärtnerische Züchtung entstandene Auslese einer Art

SORTENECHT Sorte, deren Nachkommen, die durch Aussaat gewonnen werden, mit denen der Mutterpflanze identisch sind

SORTENSERIE Sorten mit ähnlichen Eigenschaften, zum Beispiel Wuchs, aber auch Unterschieden, zum Beispiel Blütenfarbe. Häufig bei Beet- und Balkonpflanzen anzutreffen

STAUBBLATT Blütenorgan, an dem die Pollen sitzen

STAUDENSICHEL Kleine gebogene Sichel zum Rückschnitt von Stauden

STECKHOLZ Unbelaubter, verholzter Steckling, der im Herbst geschnitten und gesteckt wird und dann im Frühjahr austreibt.

STECKLING Pflanzenteil, meist eines Triebs, das zur vegetativen Vermehrung dient

STERIL Unfruchtbar

SUKKULENT Mit verdickten Blättern und Trieben, die der Wasser- und Nährstoffspeicherung dienen

TRIEBSTECKLING Steckling aus einem jungen, noch nicht verholzten Trieb

UMLEITEN Auch Umlenken. Technik beim Schnitt von Gehölzen, bei der ungünstig stehende Triebe entfernt und die Wuchskraft so in eine gewünschte Richtung gelenkt wird

UNKRAUTSTECHER Handgerät mit schmaler, vorne scharfer Klinge zum Stechen tiefwurzelnder Unkräuter

UNTERLAGE Auch Wurzelunterlage. Bei veredelten Pflanzen der Teil, der die Wurzeln zur Verfügung stellt

VEGETATIVE VERMEHRUNG Ungeschlechtliche Vermehrung zum Beispiel durch Stecklinge oder Teilung. Die Nachkommen sind mit der Mutterpflanze genetisch identisch.

VEREDLUNG Vermehrungsmethode, bei der zwei unterschiedliche Pflanzen miteinander verbunden werden. Die entstehende Pflanze besteht aus einer → Unterlage und einer → Edelsorte. Kommt bei Sorten zum Einsatz, die selbst nur schwache Wurzeln bilden oder die zu stark wachsen und auf eine wachstumsbremsende Unterlage veredelt werden.

VEREINZELN Ausdünnen von Jungpflanzen in der Saatreihe, wenn diese zu eng stehen

VERZIEHEN Vereinzeln oder Ausdünnen von Jungpflanzen im Beet, die zu eng stehen

WIEDEHOPFHACKE Hacke mit zwei Klingen auf jeder Seite des Kopfes, diese sind um 90° verdreht. Ideal zum Ausgraben dicker Wurzeln und Wurzelballen von Bäumen

WINTERHÄRTE Beschreibt die Fähigkeit einer Pflanze, den Winter (Nässe, Kälte, Schnee) zu überdauern. Nicht zu verwechseln mit → Frosthärte, die nur die Kältetoleranz beschreibt

WURZELHALS Bereich zwischen Wurzel und Trieb

WURZELSCHNITTLING Teil einer Wurzel, die zur vegetativen Vermehrung verwendet wird und aus der eine neue Pflanze wächst

WURZELSTECHER → Unkrautstecher

ZWEIZACK Zweizinkiges Gerät zum Entfernen von tiefwurzelnden Unkräutern. Auch zur Bodenlockerung an engen Stellen

ZWIEBEL Unterirdisches Speicherorgan, das aus verdickten Blattbasen oder Niederblättern gebildet wird

Adressen

AMTLICHE PFLANZENSCHUTZ-BERATUNG DER LÄNDER

(Bundesländer in alphabetischer Reihenfolge)

BADEN-WÜRTTEMBERG

Landesanstalt für Pflanzenschutz

Reinsburgstr. 107, 70197 Stuttgart

Tel. 0711–66 42–400, www.lfp.bwl.de

BAYERN

Bayerische Landesanstalt für
Landwirtschaft

Institut für Pflanzenschutz

Lange Point 10, 85354 Freising

www.lfl.bayern.de

Staatliche Fachschule für Agrarwirtschaft
Veitshöchheim

Bayerische Gartenakademie

An der Steige 15, 97209 Veitshöchheim

Tel. 0931–98 01–0

BERLIN

Pflanzenschutzamt Berlin

Mohriner Allee 137, 12347 Berlin

Tel. 030–70 00 06–0

www.stadtentwicklung.berlin.de/pflanzen
schutz

BRANDENBURG

Landesamt für Verbraucherschutz,
Landwirtschaft und Flurneuordnung

Pflanzenschutzdienst

Ringstr. 1010

15226 Frankfurt (Oder)-Markendorf

Tel. 0335–52 76 22

www.lmur.brandenburg.de

BREMEN

Senator für Umweltschutz und Stadtent-
wicklung, Pflanzenschutzdienst

Große Weidestr. 4–16

(Postanschrift: Hanseatenhof 5)

28195 Bremen

Tel. 0421–3 61 25 75

HAMBURG

Institut für Angewandte Botanik

Pflanzenschutzamt Hamburg

Ohnhorststraße 18

22609 Hamburg

Tel. 040–4 28 16–5 56

www.pflanzenschutzamt-hamburg.de

HESSEN

Regierungspräsidium Gießen

Pflanzenschutzdienst Hessen

Schanzenfeldstr. 8, 35578 Wetzlar

www.rp-giessen.de

MECKLENBURG-VORPOMMERN

Landespflanzenschutzamt

Graf-Lippe-Str. 1, 18059 Rostock

Tel. 0381–4 91 23–31 & –33

www.landwirtschaft-mv.de

NIEDERSACHSEN

Landwirtschaftskammer Weser-Ems

Pflanzenschutzamt

Sedanstraße 4, 26121 Oldenburg

Tel. 0441–8 01–0

www.lwk-we.de

Landwirtschaftskammer Hannover

Pflanzenschutzamt

Wunstorfer Landstraße 9, 30453 Hannover

www.lwk-we.de

NORDRHEIN-WESTFALEN

Pflanzenschutzdienst der Landwirtschaftskammer Nordrhein-Westfalen

Siebengebirgsstraße 200, 53229 Bonn

Tel. 0208–4 34–2101

E-Mail: pflanzenschutzdienst@lwk.nrw.de

www.lwk.nrw.de

www.pflanzenschutzdienst.de

RHEINLAND-PFALZ

Dienstleistungszentrum für
den ländlichen Raum (DLR) Rheinhessen-
Nahe-Hunsrück

Rüdesheimer Str. 60–68, 55545 Bad Kreuznach

www.dlr.rlp.de

SAARLAND

Landwirtschaftskammer für das Saarland

Pflanzenschutzamt

Dillinger Str. 67, 66822 Lebach

Tel. 06 81–6 65 05–0

www.lwk-saarland.de

SACHSEN

Sächsische Landesanstalt für Landwirtschaft

Fachbereich Integrierter Pflanzenschutz, Re-
ferat 63

Alttrachau 7, 01139 Dresden

Tel. 0351–85 30 40

SACHSEN-ANHALT

Landespflanzenschutzamt

Lerchenwuhne 125, 39128 Magdeburg

Tel. 0391–25 69–450

SCHLESWIG-HOLSTEIN

Pflanzenschutzamt
Westring 383, 24118 Kiel
Tel. 0431–8 80 13 02
www.pfs.alr-kiel.landsh.de

THÜRINGEN

Thüringer Landesanstalt für Landwirtschaft
Sachgebiet Pflanzenschutz
Kühnhäuser Str. 101
99189 Erfurt-Kühnhausen
Tel. 0362 01–817–0
www.tll.de

BEZUGSQUELLEN – EINE AUSWAHL

(nach Postleitzahlen sortiert)

NÜTZLINGE FÜR DEN GARTEN:

Katz Biotech AG
An der Birkenpfuhlheide 10, 15837 Baruth
www.katzbiotechservices.de
www.floranuetzlinge.de

ÖRE Bio-Protect GmbH
Neuwührener Weg 26, 24223 Raisdorf
www.nuetzlingsberater.de

re-natur GmbH
Kräuter Park
Am Pfeifenkopf 9, 24601 Stolpe
www.re-natur.de

W. Neudorff GmbH KG
Abt. Nutzorganismen
Postfach 12 09, 31857 Emmerthal
www.neudorff.de

AMW Nützlinge GmbH
Ausserhalb 54, 64319 Pfungstadt
www.amwnuetzlinge.de

STB-Control
Triebweg 2, 65326 Aarbergen
www.stb-control.de

Sautter & Stepper GmbH
Rosenstr. 19, 72119 Ammerbuch
www.nuetzlinge.de

Katz Biotech AG
Beratungsstandort Süd
Industriestr. 38, 73642 Welzheim
www.katzbiotech.de

Hatto und Patrick Welte
Maurershorn 10, 78479 Insel Reichenau
www.welte-nuetzlinge.de

PFLANZENLIEBHABER-GESELLSCHAFTEN

(Nach Namen alphabetisch sortiert)

Deutsche Citrus-Gesellschaft
c-o Peter Klock
Stutsmoor 42, 22607 Hamburg

Deutsche Dahlien-, Fuchsien- und Gladio-len-Gesellschaft
c-o Bettina Verbeek
Maasstr. 153, 47608 Geldern-Walbeck
www.ddfgg.de

Deutsche Efeu-Gesellschaft
c-o Robert Krebs
Hauptstr. 48, 24890 Stolk

Deutsche Fuchsien-Gesellschaft e.V.
c-o Renate Ripke
Linnenkämper Str. 10, 37627 Stadtoldendorf
www.deutsche-fuchsien-ges.de

Deutsche Kamelien-Gesellschaft e.V.
Arndtstr. 1A, 52064 Aachen

Europäische Bambus-Gesellschaft
c-o Edeltraud Weber
John-Wesley-Str. 4, 63584 Gründau 2 Rbn.
www.bambus-deutschland.de

Europäische Buchsbaum- und Formschnitt-Gesellschaft
c-o Raphael Witte, Oberstr. 36, 52349 Düren

European Palm Society
c-o Tobias W. Spanner
Tizianstr. 44, 80638 München
www.palmsociety.org

Gesellschaft der Staudenfreunde
Geschäftsstelle
Neubergstr. 11, 77955 Ettenheim
www.gds-staudenfreunde.de

Gesellschaft der Wassergartenfreunde
c-o Herbert Bollerhey
Eichenberger Str. 19
34233 Fuldatal-Rothwesten

Internationale Clematis-Gesellschaft
Horst Weihrauch ICIS
Auf dem Brink 19, 59077 Hamm

Verein Deutscher Rosenfreunde
Pariser Ring 37, 76532 Baden-Baden
www.rosenfreunde.de

Register

IMPRESSUM

© 2012 Stiftung Warentest, Berlin

Stiftung Warentest
Lützowplatz 11–13
10785 Berlin
Telefon 0 30/26 31–0
Fax 0 30/26 31–25 25
www.test.de

Vorstand: Hubertus Primus
Weiteres Mitglied der Geschäftsleitung:
Dr. Holger Brackemann (Bereichsleiter Untersuchungen)

Programmleitung: Niclas Dewitz
Autor: Dr. Folko Kullmann
Projektleitung / Lektorat: Uwe Meilahn
Gestaltung, Layout, Bildredaktion: Martina Römer, Berlin
Produktion: Vera Göring
Bildnachweis – Titel: iStockphoto / infrontphoto (oben),
Elena Kalistratova (unten)
Inntenteil: Flora Press / Biosphoto (S. 79), EWA Stock Photo Library
(S. 16, 71), Gap Photos (S. 38, 51, 97, 101, 149), Practical Pictures
(S. 114); Fotolia / alex (S. 137), Andrea Krawczyk (S. 8), arashamburg
(S. 104), Arman (S. 193), Ars Ulrikusch (S. 5), Baumeister (S. 16),
beerfan (S. 104), Carmen Steiner (S. 97), Carola Schubbel (S. 52),
cook-and-style (S. 137), Daniel Bujack (S. 71), Daorson (S. 42), die-
ter76 (S. 138), Eberhard Räder (S. 110), Elena Kovaleva (S. 171), Elen-
athewise (S. 77), emer (S. 88), Graham Taylor (S. 190), Gyula Gyukli
(S. 107), Herbert Esser (S. 4), Inga Nielsen (S. 101), Ingo Bartussek
(S. 57), jannol (S. 60), Jörg Hackemann (S. 184), Julius Kramer (S. 57,
116), Kanusommer (S. 92), L.Bouvier (S. 104), mahey (S. 129), Martin
(S. 88), Matthias Buehner (S. 119), meyerfranzgisela (S. 119), mirpic
(S. 4), Nicolas Larento (S. 190), Nidor (S. 116), Osterland (S. 23), Petra
Louise (S. 98), photka (S. 52), photocreo (S. 57), ralf walter (S. 23),
Reena (S. 92), regidür Zteil (S. 138), Robosapien (S. 92), Sidney Cromer
(S. 190), sonne fleckl (S. 23), South12th (S. 122), Stefan Balk (S. 119),
Sternstunden (S. 12), tinadefortunata (S. 138); Gardena / S. 149;
iStockphoto: andipantz (S. 79), berpin S.114), celena beech (S. 107),
Chad Truemper (S. 20), Chris Fertnig (S. 149), Chris Price (S. 2, 20, 46,
171, 172), DaveBolton (S. 26), delectus (S. 77), Diana Amster (S. 153),
Eduardo Jose Bernardino (S. 88), Ekely (S. 77), filonmar (S. 71), foto-
linchen (S. 42), gabriela schaufelberger (S. 82), Jamie Farrant (S. 140),
Jane Cooper (S. 167), Jennifer Byron (S. 196), kryczka (S. 38), Mike
Rodriguez (S. 153), Miroslava Arnaudova (S. 20), nilsz (S. 167), Oksana
Struk (S. 129), ooyoo (S. 6), Pawe³ Aniszewski (S. 97), Stacey Newman
(S. 167), TheBiggles (S. 153), Toma Iulian (S. 193), Victor Prikhodko
(S. 129); Wolfgang Redeleit / S. 31, 51, 120, 164, 180, 182; OASE
GmbH / S. 116; Okapia: Denis (S. 193), Josef Ege (S. 52)
Illustration Farbe: Horst Lünser, Berlin
Illustration Schwarz/Weiß: Ingo Neumann, Berlin
Verlagsherstellung: Rita Brosius (Ltg.), Susanne Beeh
Litho: Bildpunkt Druckvorstufen GmbH, Berlin
Druck: Offizin Andersen Nexö Leipzig GmbH, Zwenkau

Einzelbestellung:
Stiftung Warentest
Telefon 0 180 5/00 24 67
Fax 0 180 5/00 24 68
(je 14 Cent pro Minute aus dem Festnetz, maximal 42 Cent pro Minute
aus dem Mobilfunknetz)
www.test.de

ISBN: 978-3-86851-042-3